JN194016

地政学的リスクと日本経済

新たな冷戦時代における構造改革

福田慎一 **編**

東京大学出版会

Geopolitical Risks and the Japanese Economy:
Desirable Structural Reforms in the New Cold War
FUKUDA Shin-ichi, editor
University of Tokyo Press, 2024
ISBN978-4-13-040318-4

はしがき

　本書は，一般財団法人日本経済研究所の特別研究「社会の未来を考える」の一環として行われたシリーズ「高まる地政学的リスクと日本経済」の研究成果をまとめたものである．「下村プロジェクト」とよばれる特別研究は，日本経済研究所の元会長である下村治博士の誕生 100 年を記念して始まった事業で，過去 15 年近くにわたって日本経済や世界経済のさまざまな課題を取り扱ってきた．編者も，2012 年から 2013 年にかけて「日本経済の未来に向けて」，2014 年から 2015 年にかけて「検証・アベノミクス」，2016 年から 2017 年にかけて「アベノミクス『新三本の矢』」，2018 年から 2019 年にかけて「技術進歩と日本経済」，2020 年から 2021 年にかけて「ウィズコロナ・ポストコロナ時代の日本経済」をそれぞれシリーズとして企画し，各分野のエキスパートのご協力を得ることで多角的に考察を行ってきた．今回のシリーズは，これらシリーズの成果をさらに発展させると同時に，新型コロナのパンデミック（世界的大流行）からの回復過程で高まった地政学的リスクが世界経済に及ぼした影響を踏まえて，日本経済が直面する最重要課題を改めて考察することを目的して企画された．

　本シリーズを企画した段階では，2022 年春のロシアのウクライナ侵攻から数カ月がたったばかりであった．ただ，当時でも侵攻による地政学的リスクの高まりは，世界経済にこれまでとは全く異なる試練を新たに突き付け始めていた．サプライチェーンの分断によって，とくに 1 次産品の価格が高騰し，世界経済では深刻なインフレが発生した．長らく低インフレが続いてきた日本でも，円安が進行し，物価の高騰は食料やエネルギーといった生活必需品を中心に徐々に広がり，人々の日常生活に深刻な影響を及ぼし始めていた．そうしたなか，日本でも，高まる地政学的リスクを見据え，経済・社会活動の在り方を抜本的に見直し，経済構造のさらなる改革を大胆に行ってい

くことが必要となっていたといえる.

このような状況は,本シリーズを書籍としてまとめる最終段階になっても依然として続いている.それどころか,イスラエルとハマスの衝突による中東情勢の緊迫化,中露などの権威主義国家と民主主義国家との分断,欧州や米国における国内政治の混乱など,新たな波乱要因も加わるようになった.今後,地政学的緊張がさらに拡大すれば,世界経済はさらに不安定化する可能性がある.加えて,今日の国際社会では,アジア,アフリカ,中南米にある,かつては「開発途上国」と呼ばれていた国々の多くが「グローバルサウス(Global South)」と呼ばれるようになり,大きな存在感を持つようになってきている.そうしたなか,日本は,高まる地政学的リスクと多極化する世界経済において,新時代に順応した経済・社会活動の変革を模索していくことが強く求められている.本書で取り扱うテーマは,このような新たなフェーズに入った日本経済の構造的問題に関する諸課題を取り扱ったものである.

日本経済には,地政学的リスクが高まる以前から,急速に進行する少子高齢化など,さまざまな構造的な問題が存在していた.また,財政政策ではきわめて深刻な財政赤字の累積をいかに食い止めるかが,また金融政策ではこれまでの超低金利をいかに正常化させるかが大きな課題となっている.ただ,わが国の場合,他の主要国とは異なり,物価高の下でも従来からのデフレマインドがいまだ完全に解消されたわけではない.インフレ下でもデフレマインドが残るというジレンマを抱えたまま,いかなる金融政策のかじ取りが望ましいか,その答えは簡単ではない.本書では,このような問題意識から,大きく変容する新時代の経済社会のゆくえを,各分野の専門家が幅広い読者を対象として平易に論じたものとなっている.

本書の各章における内容は,一般財団法人日本経済研究所の研究会で報告されたのち,『日経研月報』の 2023 年 3 月号から 2023 年 12 – 2024 年 1 月号にかけて連載された論文がベースとなっている.ただ,本書を刊行するにあたっては,その後の経済情勢の変化等を踏まえて,すべての章において全面的な加筆・修正を行い,より読み応えのある一冊の書籍に仕上がることを目指した.その際,数多くの方々から,さまざまな機会を通じて,日々刻々と変化する今日の世界経済をいかに捉えるべきかに関して有益なコメントをい

ただいた．スペースの都合上すべての方のお名前を挙げて謝辞を申し上げることはできないが，この場を借りてお礼を申し上げたい．

　最後に，一般財団法人日本経済研究所の理事長・柳正憲氏および前理事・笹野尚氏には，特別研究シリーズとして本書のベースとなる研究の機会を与えていただいたことに心から感謝申し上げたい．また，『日経研月報』の連載では，饗場聖子さんにお世話になった．東京大学出版会の大矢宗樹氏には，タイトなスケジュールのなか，本書の出版に際してさまざまなご尽力をいただいた．この場を借りて厚く御礼を申し上げたい．

　2024 年 7 月

福田　慎一

目　　次

第2章　変革期の労働分配率
——賃金と物価の好循環は何をもたらすのか

第 II 部
リスクを内包する金融機関

終　章　新冷戦時代における日本経済の課題

序　章

高まる地政学的リスクと日本経済

福田　慎一

1.　はじめに

　今日のグローバル経済は，各国がさまざまな相互依存関係を構築することで発展してきた．その複雑なサプライチェーン構造の下では，チェーンの一部が遮断されただけでも需要と供給のバランスが崩れ，世界各国に深刻な影響が及ぶ．2022 年春のロシアのウクライナ侵攻以降の地政学的リスクの高まりは，世界にまさにそのような試練を突き付けた．ロシアは世界有数の資源大国である．ウクライナも，穀物や鉱産物に加えて，半導体など電子機器の輸出国である．これら国々からの輸入が遮断された結果，さまざまな品目で需給のアンバランスが発生し，その悪影響が幅広い国々に及んだ．2023年には，イスラエルとハマスの衝突によって中東情勢が緊迫化し，新たな波乱要因も加わった．今後，地政学的緊張がさらに拡大すれば，世界経済はさらに不安定化する可能性がある．地政学リスクが高まるなか，既存の相互依存関係を見直し，新しいグローバルな生産体制を再構築することは，世界が取り組まなければならない大きな課題である．

　地政学リスクが高まるなか，日本でも，世界的な 1 次産品価格の上昇に加えて，円安の進行が生活必需品を中心に国内物価の上昇をもたらし，国民生活の負担感を大きく高めた．原油や穀物などの 1 次産品は，消費の代替の難しさなどの理由から，分断化の影響を受けやすい．地政学リスクによる世界経済の分断が一段と進めばこれら 1 次産品価格が乱高下し，消費と生産の両

面から大きなダメージが生じる．1次産品のほとんどを海外からの輸入に頼る日本では，その影響はとりわけ甚大である．わが国でも，次々に高まる地政学リスクを見据え，経済・社会活動の在り方を抜本的に見直すことが求められており，経済構造のさらなる改革が必要となっている．

世界では，中露などの権威主義国家と欧米日などの民主主義国家との分断がこれまで以上に強まり，「新冷戦」ともいえる困難な状況に陥りつつある．日本経済は，「新冷戦」の下で，他国と同様の新たな試練に直面しているだけでなく，財政と金融の両面で固有の深刻な課題に直面している．財政面では，増大する防衛費をどのように調達するかが大きな課題である．すでに財政赤字の累積がきわめて深刻なレベルに達しているなか，国債発行によって増大する防衛費を経常的に賄うことは適切でない．他方，防衛費を賄うための増税には，世論の反対は少なくない．限られた予算のなかで防衛費をいかに賄うか，見通しが全くたっていないのが実情である．

金融面では，円安が進行し，食料品やエネルギー関連など，日常生活に欠かせない品目で大きな価格上昇が発生するなか，金融政策をいかに正常化させるかが大きな課題である．長年超低インフレが続いてきた日本経済でも，地政学リスクの高まりからインフレが顕在化した．それを受けて，金融政策は，これまでの超金融緩和政策を見直し，利上げを行う新局面を迎えつつある．ただ，わが国の場合，他の主要国とは異なり，物価高の下でも従来からのデフレマインドが完全に解消されたわけではない．インフレ下でもデフレマインドが残るというジレンマを抱えたまま，いかなる金融政策のかじ取りが望ましいか，その答えは簡単ではない．

地政学リスクが高まるなか，既存のサプライチェーンを見直し，特定の国々に依存しない新しいグローバルな生産体制を再構築することは，コロナ禍を経て日本経済が取り組まなければならない大きな課題である[1]．しかし，既存のサプライチェーンは，「分業」の利益を最大限に生かすという経済合理性の観点からこれまで時間をかけて構築されたもので，その再編は決して容易ではない．もちろん，「新冷戦」の下で，民主主義国家の日本が，政治

---

[1]　コロナ禍で顕在化した日本経済の課題については，福田編（2022）を参照．

情勢を無視して，経済的利益のみを優先できるわけではない．ただ，政治を優先することによる経済的負担（＝「返り血」）があまりにも大きければ，対立する国々への経済制裁も長続きせず，結局は政治的にも経済的にも妥協を迫られることになりかねない．経済を後戻りさせないためにも，制裁と返り血のジレンマを克服するため，長続きする経済体制は何かを模索し，新冷戦時代における新しいサプライチェーンを作り上げていくことが各国政府には求められている．

2.　近年の世界の物価動向

　図序-1 が示すように，1990 年代半ばから 2020 年頃にかけて，多くの先進国では，緩やかな成長の下でインフレ率が低下し，物価が安定的に推移する期間が続いてきた．特に，他の多くの先進国でインフレ率が 2% 前後で推移したのに対して，日本経済では，インフレ率が 0% に近い値で推移し，しば

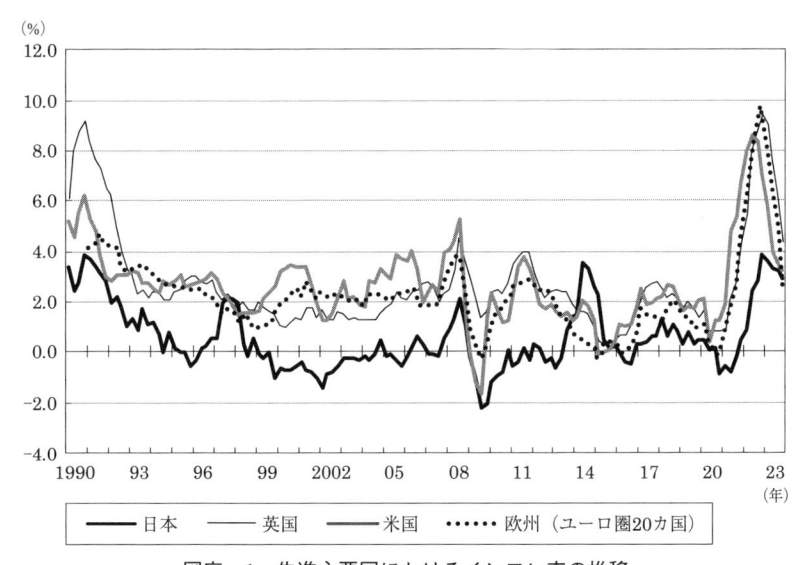

図序 - 1　先進主要国におけるインフレ率の推移

出所）OECD Stat.

しばマイナスの値となるデフレが発生した．デフレの進行は，長期化した成長率の低迷も相まって，当時，日本経済に悪影響を及ぼしているのではないかという指摘も数多くなされた．

　しかし，コロナ不況からの経済活動の急回復や 1 次産品価格の上昇などが原因で，このような物価が安定した世界は一変し，多くの先進国では 2021 年頃からインフレ率が大きく上昇した．特に，2022 年にはロシアのウクライナ侵攻の結果，世界的に資源や食料品の価格が急騰し，多くの先進国で一時 10% 近いインフレが発生した．日本でも，輸入物価の高騰の結果，消費者物価指数が 2022 年には日銀が目標とする 2% を大きく超えて上昇し始めた．この上昇率は，他の先進国に比べると緩やかであったが，消費税の引き上げで消費者物価指数が上昇した 2014 年を除けば，1991 年以来の高いもので，長年，物価の低迷が続いてきた日本にも変化の兆しがあることを示唆するものであった．

　もっとも，世界的にインフレが広がるなか，日本の物価上昇は他の先進国と比べると緩やかであっただけでなく，特定の品目に偏ってきた．図序-2 は，2023 年 1 月と 2024 年 1 月の日本の消費者物価指数における品目別（中分類）上昇率の分布をヒストグラムで示したものである．図から，価格の上昇率は，品目によって大きなばらつきがあることがわかる．2023 年 1 月と 2024 年 1 月いずれでも，全 49 品目中約 1 割の品目で，9% を超える高い物価上昇を記録した．特に，インフレ率がピークを迎えた 2023 年 1 月では，そのすべてが食料品やエネルギー関連という生活必需品の価格上昇であった．その一方，インフレ率が高止まりするなかでも，2023 年 1 月で 4 品目，2024 年 1 月で 5 品目の価格がそれぞれ下落した．インフレは，本来，幅広い品目で物価上昇が起こることをさす．価格上昇が特定の品目に偏っている現状は，日本が長年続いてきた「物価の低迷」から真の意味で脱却できるかを見極めるにはもう少し時間がかかることを示唆する．

　その背景には，日本では，世界的なインフレ下でも，賃金の上昇が限定的であったことがあげられる．図序-3 は，厚生労働省「毎月勤労統計調査」にもとづいて，2020 年 1 月から 24 年 3 月までの実質賃金の上昇率（対前年同月比）の推移を，「現金給与総額」と「きまって支給する給与」について

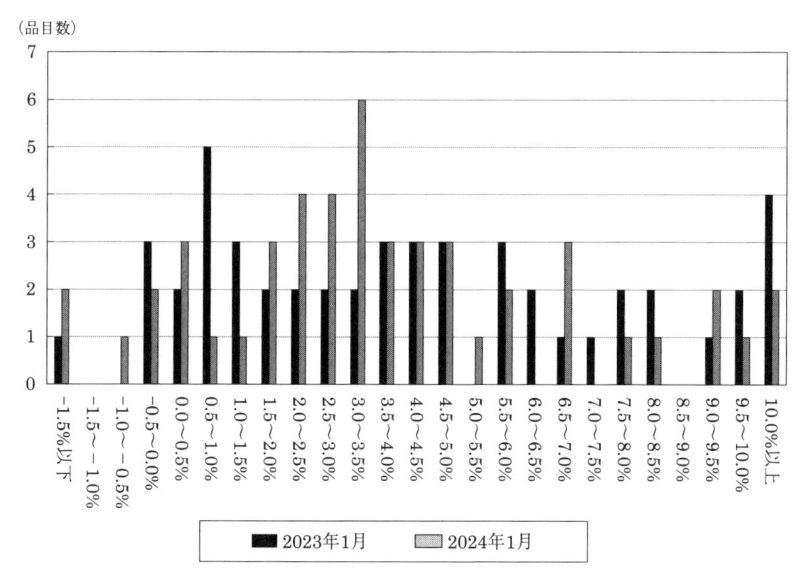

図序 − 2　消費者物価の品目別（中分類）上昇率の分布

出所）総務省「消費者物価指数」より筆者作成.

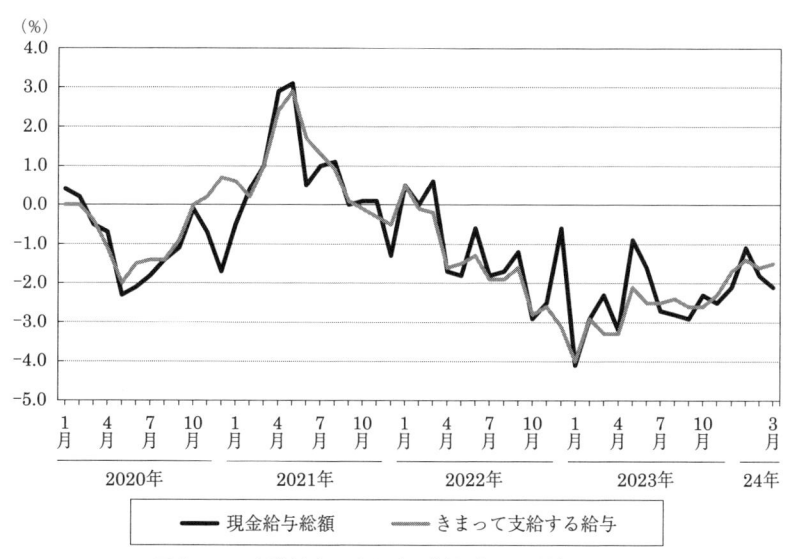

図序 − 3　実質賃金の上昇率（対前年同月比）の推移

出所）厚生労働省「毎月勤労統計調査」.

示したものである．いずれの実質賃金も，コロナ禍からの回復に伴って，2021 年春から夏にかけては上昇していた．しかし，2022 年上旬に下落に転じ，その後も下落を続けた．この時期，「現金給与総額」と「きまって支給する給与」はいずれも名目値では上昇したものの，物価がそれをはるかに上回る形で上昇したことで，実質賃金が大きく下落したといえる．

このような状況を打破するにはわが国でも賃上げが持続する環境を目指すことが必要で，それが実現するまでは，一時的にインフレ率が目標の 2% を上回ったとしても，海外のような大幅な利上げを行うことは適切でない．ただ，デフレマインドの解消には，政府による構造改革が不可欠で，それを伴わない超金融緩和政策ではできることに限界がある．日本経済では，従来からの構造問題に加えて，地政学リスクの高まりで新たに生まれた構造問題が存在しているのが実情である．日本の特殊性を解消するには，経済構造を大胆に改革して賃上げを可能にする生産性の向上を実現することが重要で，それがデフレマインドの解消や「賃金と物価の好循環」を達成する有効な政策といえる．

3.　日本円の例外

「新冷戦」の下で日本経済が特異な動きを示したのは物価だけではない．対米ドル為替レートの推移においても，日本円は，その減価の大きさやそれに伴う為替レートのミス・アラインメント（本来の水準からの乖離）という点で，他の OECD 諸国にはみられない特異な動きを示していたことが指摘されている（詳細は，福田（2024）を参照）．

図序-4（1）が示すように，2021 年 1 月から 2022 年 10 月にかけて，ほとんどの主要国通貨が米ドルに対して大きく減価した．しかし，そのなかでも，日本円が最も減価した通貨の 1 つであった．この期間，極端に減価したトルコ・リラを除いた図では，日本円の減価は，ハンガリー・フォリントの減価とともに，OECD 諸国の通貨のなかで最も大きなものであった．特に，ロシアがウクライナに侵攻した 22 年 3 月以降，日本円の減価は顕著となった．

(1) 2021 年 1 月から 2022 年 10 月

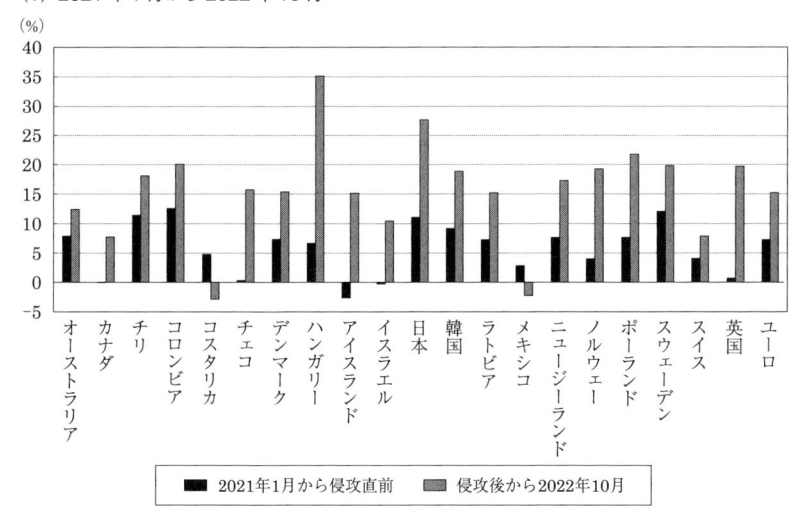

(2) 2022 年 10 月から 2023 年 12 月

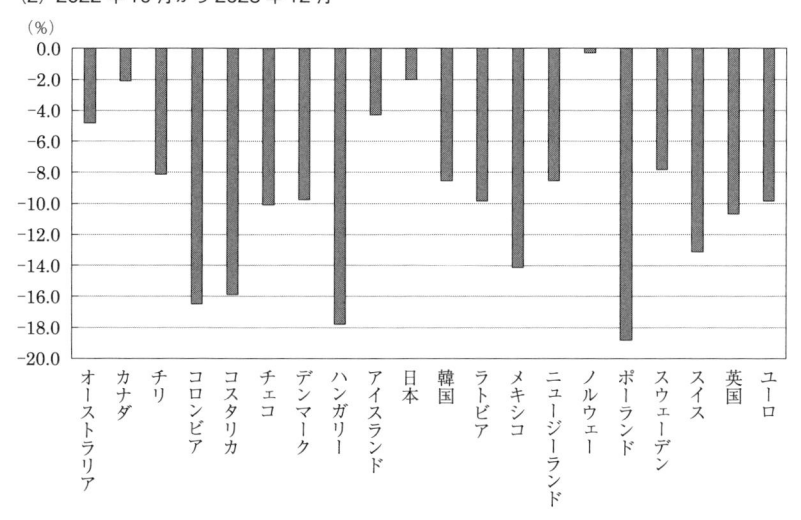

図序 - 4　対米ドル為替レートの減価率の推移

出所）OECD Stat. より筆者作成．プラスが米ドルに対して減価，マイナスが米ドルに対して増価を表す．

　2022 年 10 月以降，米国の長期金利がピークアウトしたことで，米ドル実効為替レートもピークアウトし，ほとんどの OECD 諸国の通貨が米ドルに対して大きく増価し，それらのミス・アラインメントはおおむね是正された．しかし，そうしたなかでも，日本円は減価したままであった．図序-4（2）は，OECD 諸国（インフレが激しかったイスラエルとトルコを除く）の通貨の対米ドル為替レートの変化率を 2022 年 10 月から 23 年 12 月の期間に関して示したものである．図から，2021 年前半から 22 年 10 月までとは対照的に，2022 年 10 月以降は多くの通貨が米ドルに対して増価したことが読み取れる．特に，主要通貨では，スイスフランが約 13.1％，英ポンドが約 10.7％，ユーロが約 9.8％ と，それぞれ米ドルに対して大幅に増価した．

　一方，2022 年 10 月以降でも，日本円は，ノルウェー・クローネの次に増価率が小さい主要国通貨であった．起点の 2022 年 10 月は 1 ドル＝150 円を超えた円安であったが，そのときと比較しても 2023 年 12 月時点の日本円は，米ドルに対してわずかに増価しただけであった．米ドル独歩高だった 2022 年 10 月までとは対照的に，2022 年 10 月以降では日本円の独歩安が際立ったといえる．

　その大きな原因は，日本の低金利政策が依然として続いたことである．世界的なインフレのもと，米国だけでなく，2022 年には多くの主要国が大幅な利上げに踏み切った．その影響で，米国の長期金利がピークアウトした 2022 年 10 月以降では，ほとんどの通貨が米ドルに対して大きく増価した．これに対して，日本では，その後も超低金利政策が続けられた．その結果，日本の低金利が世界で突出することとなり，金利差から収益を狙う「円キャリー取引」が続いたと考えられる．

　米国の長期金利がピークアウトする 2022 年 10 月までは，コロナ禍やロシアのウクライナ侵攻の下で，ほとんどの主要国通貨が米国の金利の拡大に伴って米ドルに対して減価した．日本円も例外ではなく，米国の利上げによって対ドルレートが大きく減価した．ただ，その間，他の主要国では高騰する物価対策として利上げが行われたのに対して，日本では異次元の金融緩和やマイナス金利政策が続いた．その結果，図序-4（1）でみたように，日本円の減価は OECD 諸国の通貨のなかで最も大きなものの 1 つとなった．

　より大きな問題は，米国の長期金利がピークアウトした2022年10月以降，利上げを行った主要国の通貨が米ドルに対して大きく増価したのに対して，日本円はほとんど増価しなかったことである．これは，日本円のミス・アラインメントが是正されないままの状態が続いたことを意味し，それによって日本の物価は，米ドル建てでみた場合，米国だけでなく，他の主要国と比べても極端に安いものになってしまった．購買力平価仮説が成立する場合，為替レートが調整されることで，各国の物価は均等化するはずである．しかし，他の主要国との価格差が拡大（他の主要国の物価が日本の物価よりも大きく上昇）したにもかかわらず，日本円ではそれを是正する為替レートの増価が起こらなかった．その結果，本来の価格調整メカニズムが機能せず，資源配分の大きな歪みが日本経済にもたらされたといえる．

4．労働市場改革の必要性

　前節でみた日本円の特異な動きは，世界的に賃金や物価が高騰したなかでも，日本の賃金や物価の上昇が限定的であったことが大きく影響していた．その結果，各国が金融引き締め（＝利上げ）に転じたのちも，日本では超金融緩和政策が継続され，長期金利でさえほぼゼロの水準にとどまったことで，日本円の動きが特異なものとなったといえる．そして，その背景には，日本経済ではいまだにデフレマインドが完全には払しょくされず，依然として賃金が上がりにくい状況が続いてきたことがある．このため，地政学リスクが高まるなかでの政策的インプリケーションを考える際には，他の主要国とは異なる日本の特殊性に留意が必要である．

　もっとも，このような日本の特殊性は，日本経済に複雑な影響をもたらしてきた．たとえば，円安は，輸出企業など対外的プレゼンスが高い企業の収益を改善させた．コロナ禍から順調に回復するインバウンド（訪日客）需要にも追い風であった．その一方，日本円の独歩安はさまざまな輸入物価の上昇を通じて，国内物価の上昇圧力となり，十分な賃金上昇が起こらない国民生活にマイナスの影響を与えた．

　国内インフレ率は，2022 年 4 月以降すでに日銀が目標とする 2% を大き
く上回った．しかし，それでも，日銀が利上げに踏み切れなかった理由は，
賃上げが物価上昇に追いついていなかったからである．物価を考慮した実質
賃金は，2023 年には大幅な下落が続き，日銀が目指す「賃金と物価の好循
環」は生まれなかった．2024 年に入り，日本国内では，好循環の実現に向
けて，企業の間で踏み込んだ賃上げを行う動きも広がった．しかし，その流
れを本格化させるには，労働市場を中心に経済の新陳代謝を加速させること
が不可欠である．人材のミスアロケーション（非効率な配分）が残るままで
無理に賃上げを行えば，経済は逆に悪循環に陥ってしまう．終身雇用や年功
賃金など，日本型雇用慣行はもはや時代遅れである．賃上げが進む海外でも，
日本のベースアップのように毎年決まった時期に一様に賃金が上がるわけで
はない．真の円安対策は，雇用制度や賃上げの仕組みなど，日本だけ賃金が
上がらない構造を大胆に改革し，急激な外的環境の変化に耐えられるような
経済構造を構築することであり，それが結果的には日本円の独歩安を是正す
る早道かもしれない．

5．ゼロ近傍に集中する企業の利益率

　一般に，債務の利払いすらままならない慢性的な赤字だが，銀行や政府な
どの支援によって存続する企業は，「ゾンビ企業」と呼ばれる．1990 年代初
頭にバブルが崩壊してから約 10 年間の日本では，不良債権の抜本的な処理
が進まなかった結果，このような「ゾンビ企業」の存在が経済回復の大きな
足かせとなった．しかし，2000 年代以降，不良債権処理が進み，「ゾンビ企
業」のほとんどは姿を消した．その一方，日本では，赤字ではないが，利益
率がきわめて低い企業が大半を占めるようになった．
　図序-5 は，2013 年度，2018 年度，2022 年度それぞれにおいて，日本の上
場企業の売上高経常利益率がどのように分布していたかを，製造業と非製造
業それぞれについてヒストグラムで示したものである．図から，売上高経常
利益率が 15% を超える高収益企業が非常に少ないだけでなく，売上高経常

(1) 製造業

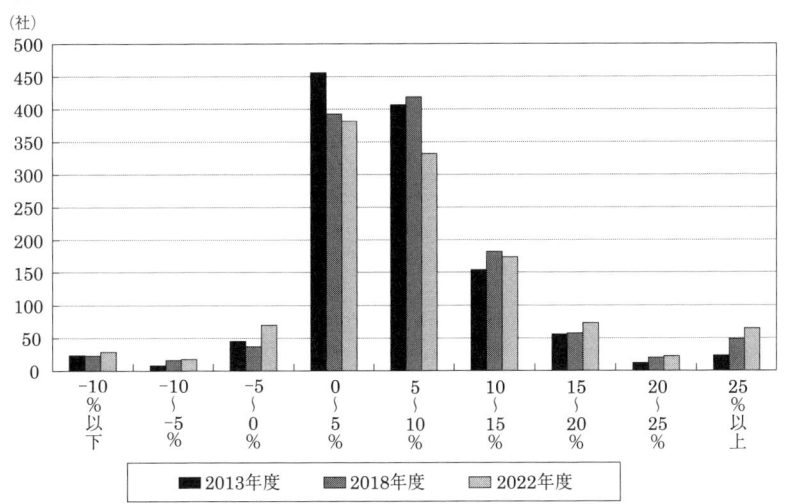

(2) 非製造業

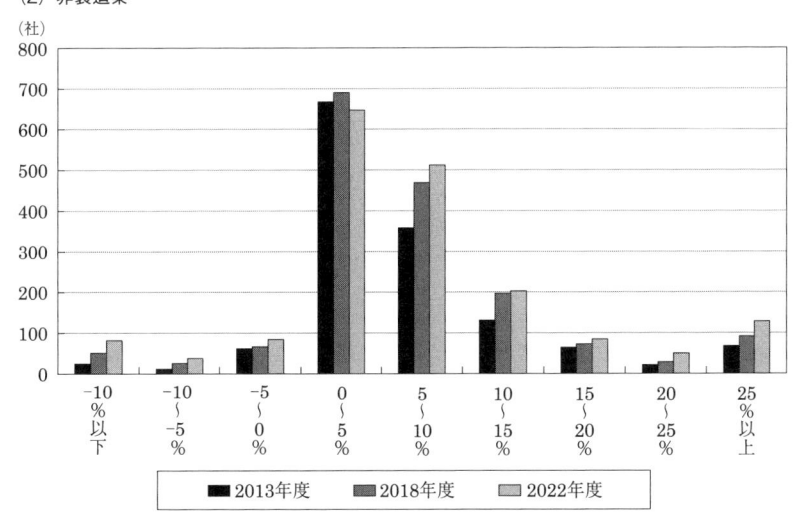

図序 - 5　日本の上場企業の売上高経常利益率の分布

出所）Nikkei Financial Quest より筆者作成.

利益率がマイナスの赤字企業も非常に少ないことが読み取れる．特に，売上高経常利益率がプラスだが 10% 未満の低収益企業が，製造業と非製造業いずれも全体の 6 割から 7 割程度存在していることがわかる．

　2000 年代以降，多くの日本企業は，賃上げを抑制し，大胆なコストカットを行うことによって赤字体質から脱却することに成功した．その一方で，研究開発など先を見据えた大規模な設備投資がほとんど行われなかった結果，日本経済をけん引すべき高収益企業の数が限定的なものにとどまった．企業の新陳代謝が進まず，このような低収益企業が市場で支配的になったことが，日本経済が長期にわたって低迷した大きな要因であったといえる．

　図では，円安の影響もあって過去最高益を上げた企業が増えた 2022 年度には，2013 年度や 2018 年度に比べて，売上高経常利益率が 25% を超える超高収益企業が，製造業と非製造業いずれにおいても明らかに増加したことが読み取れる．しかしながら，そのような超高収益企業は，2022 年度でも製造業と非製造業を合わせて 200 社足らずで，上場企業全体の 1 割にも遠く及ばなかった．

　日本経済でインフレが顕在化するなか，利益率が十分に高い企業では，物価上昇を上回る賃金の引き上げを実現する余力は十分にあったと思われる．しかし，利益率が低い企業では，赤字に陥らないためのコストカットが依然として重要で，物価上昇を上回る賃上げを行うことは容易ではなかった．日本経済で，全体として賃金上昇が物価上昇を下回ってきたのは，このような利益率が低い企業が大半を占めていたからである．このため，利益率が低い企業を淘汰し，利益率が十分に高い企業の参入をもたらす企業の新陳代謝が行われない限り，政府・日銀が目指す「賃金と物価の好循環」の実現は，非常に困難であると言わざるを得ない．

6. 実現が遠い「貯蓄から投資へ」

　わが国で「貯蓄から投資へ」というスローガンが掲げられるようになって久しい．すでに先進国となった日本経済では，以前のような銀行中心の金融

システムで大きな発展を遂げることは難しい．リスクをとりながら高いリターンを目指す投資資金で新産業を創造していくことが，企業の新陳代謝を伴う持続的成長の実現には不可欠といえる．米国では，ハイリスク・ハイリターンの投資が多かったからこそ，新産業や新進気鋭の企業が台頭してきた．残念ながら，わが国では「貯蓄から投資へ」の流れを伴う経済の好循環は遅々として進んでいない．

　政府もこれまで手をこまねいてきたわけではない．たとえば，経済産業省が2014年8月に公表した通称「伊藤レポート」では，低迷した日本企業の競争力を強化し，長期的な投資からリターンを得る仕組みを構築することの重要性が指摘された．企業の代表的な収益力の指標である自己資本利益率（ROE）の平均をみると，日米では2倍以上の格差がある．日本企業がROEを経営目標に取り入れ，それを高めていくことこそが，「貯蓄から投資へ」の流れを実現する上で必要という見立てである．

　もっとも，日米の企業の利益率を比較した場合，もう1つの大きな違いは，利益率がマイナスである企業の割合が，日本より米国の方に多いことである．前節でみたように，日本では，高収益企業が少ないだけでなく，赤字企業も非常に少ない．これに対して，米国では，日本よりはるかに高収益を実現する企業も多いが，赤字の上場企業がそれなりに存在しているという特徴がある．

　たとえば，図序-6は，2013年，2018年，2022年すべての年でデータが利用可能であった米国の上場企業を対象に，各年の売上高経常利益率がどのように分布していたかをヒストグラムで示したものである．図から，売上高経常利益率が30%を超える高収益企業が，米国では全体の15%から20%程度存在することが読み取れる．これは，売上高経常利益率が25%を超える企業が全体の5%程度にとどまる日本とは1つの大きな違いである．米国では，日本よりはるかに高収益を実現する企業が多いことの証左である．ただ，図からもう1つ読み取れることは，売上高経常利益率が−5%以下の赤字企業が，米国では2013年と2018年が11%程度，2022年は7%程度存在することである[2]．これは，売上高経常利益率が−5%以下の赤字企業が全体の5%未満にとどまる日本とのもう1つの大きな違いである．

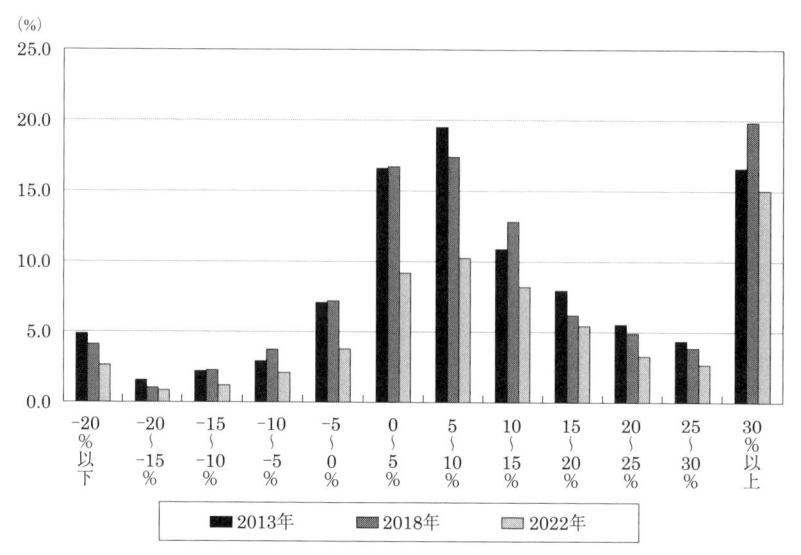

図序 - **6**　米国の上場企業の売上高経常利益率の分布

出所）BUREAU VAN DIJK, Orbis より筆者作成.

　資産運用を行う際の醍醐味は，現在は赤字だが将来的に高い収益を生み出す可能性の高い企業を選別し，そこに積極的に投資を行うことである．企業の参入と退出が活発な米国では，赤字企業のなかに，そのような将来性の高い企業が少なからず存在してきたといえる．これに対して，企業の新陳代謝が低調な日本では，このような魅力的な投資対象がきわめて少なかったといえる．

　これまで多くの日本企業では，資本効率の改善より財務健全性を高めることに経営の主たる関心が向かう傾向が顕著であった．その結果，賃上げの抑制などのコストカットによって赤字は回避できた一方，将来を見据えた大胆な研究開発や設備投資は伸び悩んだ．ただ，このような企業体質では，ハイリスク・ハイリターンの投資対象は生まれてこない．保守的な経営マインドを一新し，赤字であってもチャレンジを続ける企業を増やしていくことが，

2）　図には示されていないが，分析対象を当該年度だけデータが利用可能な企業まで含めると，売上高経常利益率が−5% 以下の赤字企業の比率はさらに大きくなることも確認することができる．

わが国で「貯蓄から投資へ」の流れを定着させていく上では不可欠といえる.

7. 低迷するベンチャー投資

　日本では，開業率（＝当該年度に雇用関係が新規に成立した事業所数／前年度末の雇用保険適用事業所数）と廃業率（＝当該年度に雇用関係が消滅した事業所数／前年度末の雇用保険適用事業所数）のいずれも欧米主要国と比べて非常に低いことが知られている．この定型化された事実は，前節で述べたような高収益でもないが赤字でもない低収益企業が数多く存在することと無縁ではない．なぜなら，低収益企業が退出せず市場に残る限り，潜在的に有望な企業の新規参入は難しくなるからである．一般に市場に新規に参入するには，仮に潜在的に高い利潤を得る可能性がある場合でも，多くの費用が必要である．このため既存のライバル企業が低収益にもかかわらず類似の商品・サービスを低価格で提供すれば，潜在的に有望な企業であっても，市場に参入することは難しくなる．

　図序-7 は，主な OECD 諸国におけるベンチャー投資の対 GDP 比を国際比較したものである．わが国のベンチャー投資は，水準でも変化率でも，米国に大きな後れを取っているだけでなく，他の多くの OECD 諸国に比べても小さい．近年，日本のベンチャー投資は，以前に比べれば増加している．しかし，他の多くの国々は，それをはるかに上回るスピードで，ベンチャー投資を加速させている．今日の世界経済では，革新的なアイデアで短期的に急成長するスタートアップ企業が，イノベーションの大きな源泉となっている国は少なくない．設立年数が短いが高い企業価値をもつ未上場企業であるユニコーン企業の数は，既に世界全体で 1,000 社をはるかに超えて増加している．しかし，日本のユニコーン企業はまだわずかで，かつその規模も小さい．

　わが国でベンチャー投資が十分でなかった理由はさまざまである．ただ，既存の低収益企業の退出が進まず，潜在的に大きな利益が見込まれる企業の新規参入が限られたものにとどまったことは，重要な要因の 1 つであったと

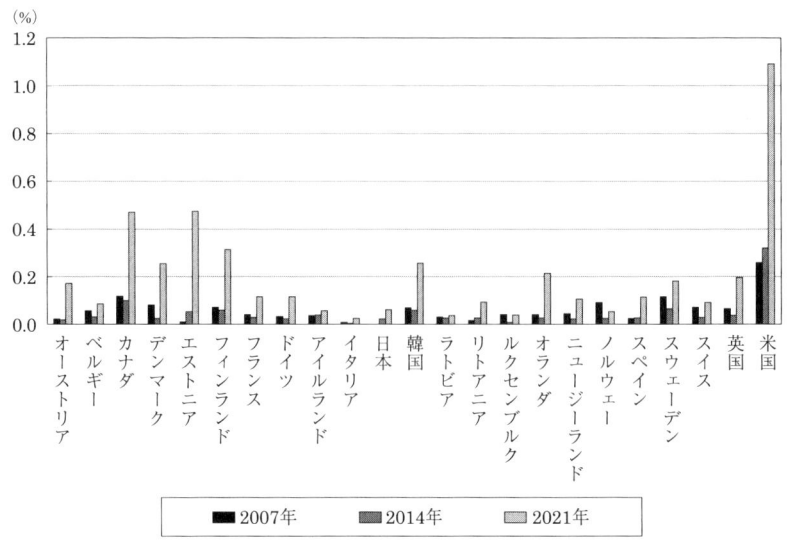

図序 - 7　ベンチャー投資の対 GDP 比

出所）OECD Stat.

考えられる．わが国では，新陳代謝の遅れが，そのようなスタートアップ企業の潜在的な利潤機会を奪い，市場に参入するインセンティブを削いできた．そして，スタートアップ企業育成の遅れが，生産性低迷につながってきたといえる．

8.　超低金利政策の弊害

　わが国では，1990 年代半ば以降，日銀が市場金利をほぼゼロに誘導する超低金利政策が実施されてきた．この政策は，市場金利をできるだけ低く抑えることで企業の資金調達コストを引き下げ，設備投資を活性化することを目的としたものであった．超低金利政策の結果，企業の資金調達コストは大きく下落したことは確かである．ただ，それによって新しい分野での設備投資が活発になったかといえば，そうではなかった．その背景には，超低金利政策が，低収益企業の退出を遅らせ，日本経済の生産性の低迷を招いた側面

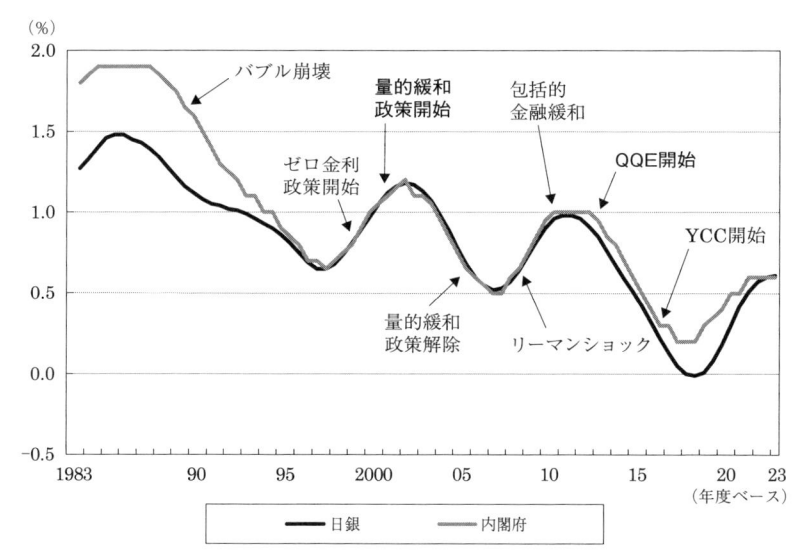

図序 - 8　日本の全要素生産性成長率の推移

出所）日本銀行および内閣府の資料をもとに筆者作成.

があったといえる.

　これまで見てきたように，2000 年代の日本経済では，赤字ではないが利益率が低い企業が大半を占めてきた. これら低収益企業が低価格で商品・サービスを提供する場合，スタートアップ企業など潜在的には成長力が高い企業の市場参入が阻害される. このため，仮に超低金利政策が低収益企業の市場からの退出を遅らせたのであれば，それによって日本経済のイノベーションは限定的となり，生産性の低迷を助長した可能性がある.

　図序-8 は，1983 年以降，日本の技術進歩率に相当する全要素生産性（Total Factor Productivity）成長率（以下，「TFP 成長率」）がどのように変化してきたかを，内閣府と日銀の推計をもとに示したものである. 図から，TFP 成長率は，バブルが崩壊した 1990 年代初頭以降，アップダウンを繰り返しながら，下降トレンドを辿ってきたことが読み取れる. 下降トレンドは，日本経済の生産性の低迷を反映したものといえる.

　ただ，図からもう 1 つ読み取れる特徴は，2000 年代初めの「量的緩和政策」開始や，2013 年春の「量的質的金融緩和政策（QQE）」開始によって，

TFP 成長率が大きく下落し始めたことである．このような TFP 成長率の下落は，さまざまな要因で起こったと考えられるため，それがすべて日銀による大胆な金融緩和政策によってもたらされたと結論付けることは早計である[3]．ただ，図を見る限り，日銀が実施した「量的緩和政策」や「量的質的金融緩和政策（QQE）」といった先例のない金融緩和政策が TFP 成長率の低下につながった可能性は否定できない．

　世界的にインフレが深刻となるなか，過去に異次元の金融緩和を行っていた国々のほとんどは，すでに利上げを行い，金融引き締めに転じている．日本でも，インフレや賃金上昇が顕在化するなか，利上げに向けた動きは進んだ．ただ，以上のような超低金利政策の副作用を鑑みれば，利上げの必要性は，単に物価や賃金が上昇したかどうかという観点からだけでなく，日本経済の持続的成長の実現という観点から再検討することが重要といえる．

9. 脱炭素化に向けた覚悟

　今日の世界経済では，DX（デジタル・トランスフォーメーション）とともに，温室効果ガスを削減するための経済社会システム全体の変革である GX（グリーン・トランスフォーメーション）が，イノベーションの大きな牽引力と考えられている．近年の夏の危険な暑さは，日本だけでなく世界各地で起こった．要因はさまざまだが，地球温暖化が大きな影響を与えたことは間違いない．国連のグテーレス事務総長は，「地球沸騰」という言葉を使って警鐘を鳴らした．気候変動対策に向けて早急に GX 実現のため行動を起こす必要性が各国で高まっている．

　世界各国は，2050 年のカーボンニュートラル（温室効果ガスの排出を全体としてゼロ）に向けてすでにさまざまな施策を講じている．日本も，2050 年のカーボンニュートラルに向けて，2030 年度において温室効果ガスを 2013 年度から 46% 削減することを目指している．ただ，具体的な対策となると，

---

3)　最近の日本経済の技術進歩に関する課題に関しては，福田編（2020）を参照.

腰が重くなるのが実情だ．進行する地球温暖化は，節電や省エネといった従来の小手先の対応では到底止めることができない．経済社会を抜本的に変革する対策が必要である．それには，生活習慣を大きく変えると同時に，脱炭素化社会の実現に向けて新しい産業を次々と生み出していく覚悟が求められる．

　残念ながら，わが国は，化石燃料からクリーンエネルギー中心へ転換するための GX の分野で，世界に大きく水をあけられてしまった．自動車の分野では，世界各国で，ガソリン車から電気自動車（EV）にシフトする動きが加速している．しかし，国内では，EV がまだほとんど普及していないのが実情である．再生エネルギー分野でも，太陽光発電で，かつて世界のトップを走っていた国内メーカーが海外メーカーにシェアを奪われている．風力発電に至っては，現在，国内に大型風車を生産するメーカーが存在すらしていない．

　既存事業を持つ優良企業にとって，脱炭素化社会の実現に向けた新技術は未熟なもので，かつその市場は小さなものに映ってきたのかもしれない．しかし，GX 投資の成否は，いまや企業・国家の競争力を決定づける最重要分野である．そうしたなか，既存の技術の改善に注力し，革新的な技術開発を軽視するイノベーションのジレンマがある限り，優良企業であっても，脱炭素化社会のなかでやがてその地位を失う可能性が高い．

　加えて，わが国では，既存の優良企業の脅威となるスタートアップ企業の育成も十分でなかった．GX の実現には，新たな特色を持つ技術を売り出すスタートアップ企業の存在は不可欠である．その存在は，それ自体が脱炭素化社会の担い手となるだけではなく，既存事業との競争を通じて，イノベーションのダイナミズムを生み出す．ただ，現状は，そのような好循環も全く生まれていない．実効的な GX を実現し，日本経済のさらなる長期停滞をいかに克服するかが大きな課題である．

10．真の経済好循環とは

　日本経済では，2024 年に入って，人手不足を背景に大企業を中心に大幅な賃上げが実現するなど，ようやく賃上げの気運が高まってきた．これまで，世界的に経済が停滞するなかでも，長い間賃金が上がらないのは日本だけの特異な現象であった．賃金は労働市場を調整する有効な手段で，それが十分に上昇しないと非効率が生まれる．政府・日銀も，賃上げを成長と分配の好循環の中核と位置づけ，賃金が毎年伸びることの重要性を強調する．

　もっとも，賃金が上がりさえすればすべてがうまくいくと考えるのは短絡的である．他の主要国ではすでに賃金と物価の上昇が顕著となったが，それによって経済の好循環が起こった国はほとんどない．賃金や物価は市場調整の手段の 1 つに過ぎず，それによって経済の機能不全をすべて解決できるわけではない．日本には，少子高齢化や巨額な政府債務の累積など，他にも解決しなければならない深刻な構造的問題が数多く存在する．地政学リスクに対応した新しい経済構造を構築することが急務の課題である．経済の新陳代謝を促進し，実効的な構造改革が行われない限り，成長と分配の好循環は期待薄というのが実情であろう．

　2013 年 1 月に出された政府・日銀の共同声明では，日銀は金融緩和を推進して物価安定目標の実現を目指す一方，政府は経済の競争力と成長力の強化に向けた取り組みを強力に推進することが謳われた．表序-1 にまとめられているように，共同声明（アコード）のなかには，日本経済の競争力強化や生産性向上などの問題について，政府にも解決への努力を求める内容が盛り込まれた．日本経済の再生には，政府と日銀が政策連携して取り組むことが不可欠である．しかし，残念ながら，政府による競争力と成長力の強化に向けた取り組みはいまだ不十分なままである．そうしたなか，長年続けてきた異次元の金融緩和を，形だけの賃金・物価上昇によって変更することでよいのであろうか．日本経済にとって真に重要なのは長い間続いてきた低迷からの脱却であり，賃上げの実現はその一里塚にすぎない．賃金が上昇したか

表序 – 1　政府・日銀の政策連携についての共同声明（抜粋）

- ●日本銀行は，今後，日本経済の競争力と成長力の強化に向けた幅広い主体の取組の進展に伴い持続可能な物価の安定と整合的な物価上昇率が高まっていくと認識している．この認識に立って，日本銀行は，物価安定の目標を消費者物価の前年比上昇率で 2% とする．
- ●日本銀行は，上記の物価安定の目標の下，金融緩和を推進し，これをできるだけ早期に実現することを目指す．
- ●政府は，我が国経済の再生のため，機動的なマクロ経済政策運営に努めるとともに，日本経済再生本部の下，革新的研究開発への集中投入，イノベーション基盤の強化，大胆な規制・制度改革，税制の活用など思い切った政策を総動員し，経済構造の変革を図るなど，日本経済の競争力と成長力の強化に向けた取組を具体化し，これを強力に推進する．
- ●また，政府は，日本銀行との連携強化にあたり，財政運営に対する信認を確保する観点から，持続可能な財政構造を確立するための取組を着実に推進する．

らといって，構造改革に向けた取り組みが先送りされれば成長と分配の好循環の実現は遠ざかることになる．共同声明の精神を今一度思い起こし，政府・日銀が一体となって経済再生に取り組む断固たる姿勢を示すことが強く求められている．

参考文献

福田慎一編（2020）『技術進歩と日本経済——新時代の市場ルールと経済社会のゆくえ』東京大学出版会．

福田慎一編（2022）『コロナ時代の日本経済——パンデミックが突きつけた構造的課題』東京大学出版会．

福田慎一（2024）「パンデミック以降の為替レートと金融政策の役割」『金融経済研究』第 47 号，1-20 頁．

第Ⅰ部

リスクの時代の企業経営

第1章

日本のサプライチェーン危機
——新陳代謝不足と企業改革の方向性——

中村 純一

要　旨

　コロナ禍は，サプライチェーン・リスクに対する日本の脆弱性を露わにした．本章では，この問題の本質が経済の新陳代謝不足と表裏一体である日本企業の「弱さ」にあったことを明らかにし，その解決には何が必要かを議論する．

　コロナ禍における半導体不足などの影響がとりわけ日本で深刻なものとなった理由は，長年の新陳代謝不足によって定着した日本企業の体質，すなわち環境変化への対応の鈍さと購買力や稼ぐ力の弱さにあった．地政学リスクの高まりを受けて，企業レベルではサプライチェーンの複線化や在庫戦略の見直し，政府レベルでは生産拠点の国内立地を支援する政策が進められているが，経済の新陳代謝によって日本企業の弱さを克服しない限り，根本的な解決にはつながらない．

　地政学リスクの時代に必要な経済の新陳代謝とは，赤字を垂れ流して延命している企業に凡庸な黒字企業が取って代わることではなく，凡庸な黒字企業に高収益・高成長企業が取って代わることである．スタートアップ企業の台頭には時間を要するため，当面は，企業統治改革や資本市場の規律付けによって，低収益・低成長の大企業がM＆Aによる大胆な事業の入れ替えを行い，内なる新陳代謝を通じて生産性を高めることが重要である．メンバーシップ型雇用に流動化の兆しが見える今こそ，こうした新陳代謝を加速させるまたとない機会である．

1. はじめに

　ロシアによるウクライナ侵攻，中東情勢の緊迫化，台湾有事の懸念など，地政学リスクの高まりに歯止めがかからない．中ロなどの権威主義国家と米欧日など民主主義国家の溝は深まる一方であり，新冷戦と呼ばれる事態の長期化は必至の情勢である．両者の対立は軍事面にとどまらず，重要物資の輸出制限などいわゆる経済的威圧の応酬も目立つようになっており，旧冷戦が終結した 1989 年以降，順調に拡大を続けてきたグローバル・サプライチェーンは大きな曲がり角に直面している．

　地政学リスクをはじめ，気候変動を背景とする感染症リスクや自然災害リスクなど，様々な不確実性が高まっていくなかで，グローバル・サプライチェーンが常に正常に機能するという想定の下に経済運営や企業経営を行うことはもはや許されない時代となった．われわれはコロナ禍において，世界的な必需品の争奪戦によるマスク不足やワクチン不足，海外の行動制限や操業停止に起因する半導体不足やウッド・ショックなど，様々な形でそのリスクを痛感させられた．

　本章では，日本が直面するサプライチェーン・リスクの背後に，経済の新陳代謝不足と表裏一体である日本企業の「弱さ」が本質的な問題として横たわっていることを明らかにし，その解決には何が必要かを議論する．もちろん，特定の調達先・輸送ルートへの依存を避けサプライチェーンを複線化することや，不確実性の高まりを織り込んだ在庫戦略への転換は重要な課題であり，大企業においては一定の対応が進みつつある．また，政府が推進する生産拠点の国内回帰（リショアリング）や外国企業の工場誘致によるフレンド・ショアリング（価値観を共有する友好国との間でサプライチェーンを構築する戦略）も，うまく事を運べればプラスになる可能性はある．しかし，米中のような巨大市場や天然資源を持たない日本にとって，これらの戦略をいかに駆使したとしても，経済の新陳代謝不足による日本企業の「弱さ」が克服されない限り，リスクヘッジには限界がある．

　経済の新陳代謝という言葉は，人口構造，技術進歩，気候変動など，外部

環境の変化に対して，市場メカニズムを通じて競争力を失った企業や産業が淘汰され，新しい環境に適応した企業や産業へと資源が再配分されていくことで，経済の効率性や成長性が保たれる様子を，生物が恒常性を維持する仕組みになぞらえて表現している．各企業が差別化された戦略の下で積極的にリスクをとる経済では，破綻する企業も多いが，環境に適応した企業は大きく成長し，企業部門全体としては高収益・高成長が実現する．一方，各企業の同質性が高く，環境の変化に守りで対応しようとする経済では，破綻する企業は少ないが，企業部門全体としては過当競争に陥りやすく，低収益・低成長が続く．言うまでもなく，日本は，後者の典型である．その結果，日本企業はプロダクトが十分に差別化できておらず，変化のスピードも遅いため，サプライチェーン上の取引相手にとって不可欠ではない，あるいは取替可能な存在になりやすい．

　コロナ禍におけるサプライチェーンの混乱は，世界共通の事象であった．それにもかかわらず，日本がとりわけ深刻な状況に直面したのは，その背後にこうした日本企業の「弱さ」があったと考えざるを得ない．この状態を放置してサプライチェーンの分散を進めた場合，弱い立場の日本企業はますます取替可能な存在となり，リスクヘッジの観点から逆効果になる可能性すらある．また，工場誘致やフレンド・ショアリングの交渉においても，パートナーとしての日本企業に「弱さ」があれば，足元をみられてコストアップにつながるかもしれない．いざ地政学リスクの顕在化などにより各国・各企業が自国優先主義に走らざるを得ない状況になれば，日本は劣後扱いにされてしまう．

　経済の新陳代謝不足は，いわゆる「ゾンビ企業」問題とも深く関連し，日本経済の停滞を招いた構造問題であることは既に多くの論考で指摘されてきた．しかし，本章で問題にする新陳代謝不足は，これまで論じられてきたような，赤字を垂れ流すタイプのゾンビ企業を一掃すれば終わるというものではない．むしろ，赤字にならないように保守的な経営を続け，低収益・低成長に甘んじる凡庸な黒字企業が多すぎることが，危機からの回復力の弱さやサプライチェーン・リスクの原因になっていることを強調したい．その解決には，凡庸な黒字企業に対する規律付けと，破壊的イノベーションによって

飛躍するポテンシャルを持つ企業が「意志ある赤字」を継続できるリスクマネーの供給が必要であり，企業統治改革と資本市場の役割が極めて重要である．

　コロナ禍をきっかけとした価値観や働き方の変化は，日本のスタートアップ企業に追い風をもたらしている．それでも，主要国のようにスタートアップの成長が上場企業の序列を一新するようになるには，まだ長い時間を要する．当面の地政学リスクへの対応という点で重要なのは，大企業の「内なる新陳代謝」すなわち事業構造改革である．日本企業がサプライチェーンにおいて取替可能な弱い存在になってしまうのは，差別化の不足，変化への対応の遅さといった問題もさることながら，グローバル市場における規模やシェアの小ささにも原因がある．1990 年代以降，数次にわたる M&A ブームを梃子に，主要国では成熟した企業が着々と事業ポートフォリオを入れ替え，各産業で上位企業の寡占化・巨大化が進むなか，フルセット型のグループ経営からの転換が遅れた日本企業は小粒化し，狭い市場での過当競争に明け暮れ，凡庸な黒字企業に甘んじてきた．メンバーシップ型雇用の流動化は，スタートアップ企業だけでなく大企業の事業構造改革にも追い風となるはずであり，企業統治改革や資本市場の規律付けによって，凡庸な黒字企業がどれだけ自己変革を加速できるかが，地政学リスクの時代における日本経済の命運を左右する．

2. 従来のゾンビ企業概念ではとらえられない日本の 新陳代謝不足

　経済の新陳代謝を要求する外的要因の変化は，大きく 2 つのタイプに分けることができる．1 つは，グローバル化，技術進歩，気候変動，人口構造といった徐々にではあるが累積的に大規模かつ不可逆的な変化をもたらす「トレンド」的な要因である．このタイプの変化は最終的には勝者と敗者を生み出すが，進行が緩慢であるため，抜本的な改革よりも問題の先送りが選択されやすい面がある．調整過程の痛みを和らげるために衰退するセクターを政府や金融機関が支援すれば，経済構造の変化に対応した資源の再配分を阻害

し，ゾンビ企業を生み出す結果につながりやすい．1990年代の日本の不良債権問題は，直接的にはバブル崩壊が原因であるが，バブルを生み出す一因となったのが，欧米企業へのキャッチアップに成功し，既存技術の改良による成長が限界に達したことへの日本企業の対応の遅れであった．経済の自由化・グローバル化の進展や円高，アジアの新興国の台頭など，トレンド的な変化が進行するなかで，日本企業はキャッチアップ型から発想を切り替え自らイノベーションを起こして競争を優位に運ぶことができなかった．また，不確実性の少ないキャッチアップ型成長の時代には効率的であった，銀行を中心とする金融システムも制度疲労を起こしており，バブルを助長するような新興企業に資金をつぎ込み，バブルが崩壊すると健全な中小企業への貸し渋り・貸し剝がしやゾンビ企業への追い貸しに走って経済の新陳代謝を阻害した．

　もう1つの外的要因は，金融危機，自然災害やパンデミックのように短期的に急激な変化をもたらす「ショック」である．このタイプの変化は予期せぬ形で発生し，短期間に企業経営や雇用に多大な打撃を与える．しかし，現に起きている急激な変化が可逆的な（元に戻る）ものか不可逆的なものかを，直ちに見極めることは難しい．変化が可逆的なものであれば最終的には経済構造も元に戻るため，ショック・アブソーバーとしての政府・中央銀行や金融機関の役割は重要である．ただし，ショックが不可逆的に経済構造を変えてしまう場合，これらの支援策は経済の新陳代謝に逆行することとなり，結果的に多数のゾンビ企業を生み出してしまう．たとえばリーマン・ショックでは，日本の金融システムはあまり打撃を受けなかったが，輸出の急速な落ち込みによって電気機械や自動車など製造業の業績は急速に悪化した．当初，製造業の業績悪化は世界同時不況や円高による一時的なショックによるものとの見方が多く，金融機関も積極的な支援を行った．その結果，ミニバブルの崩壊によって黒字倒産が散見された建設・不動産業と異なり，大幅な赤字にもかかわらず製造業の倒産は少なかった（福田 2015）．しかし，世界景気が回復した後も支援を受けた製造業の利益率は低迷が続き，結果的には新陳代謝に逆行する結果を招いたと言える．

　図1-1は，上場企業（一部業種を除く）に占めるゾンビ企業比率の長期的な

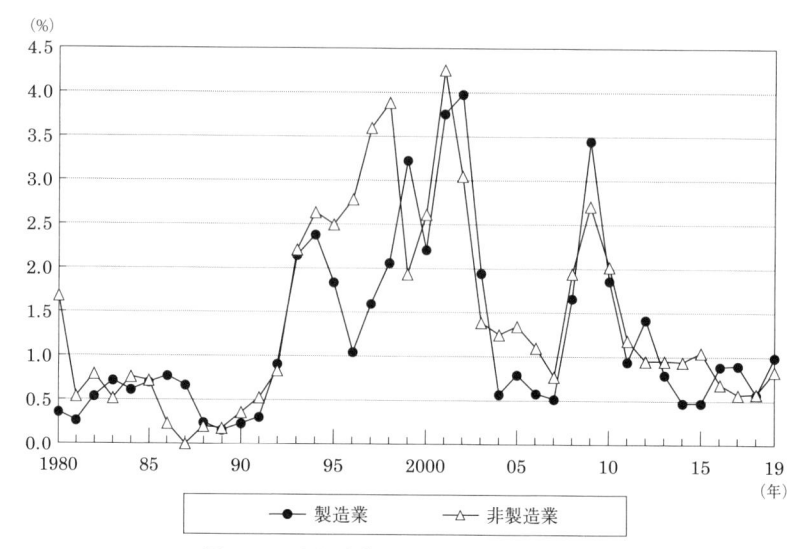

図 1 - 1　上場企業の業種別ゾンビ企業比率

出所）Nakamura（2023）.

推移を示している．ここでのゾンビ企業の定義は，Hoshi（2006）以来の伝統的な定義に改良を加えたもので，大まかに言えば金融機関の支援を受けずに自らのキャッシュフローで有利子負債の金利を賄えるかどうかを基準にしている（詳細は Nakamura（2023）を参照）．既述のとおり，ゾンビ企業比率は，不良債権問題に明け暮れた「失われた 10 年」とリーマン・ショック時に大きく増加したが，2000 年代半ばや 2010 年代を通じては低い水準にあった．しかし，このような従来型のゾンビ企業比率の低下は，経済の新陳代謝が改善したことを必ずしも意味しないことには注意が必要である．

　日本企業は，失われた 10 年の経験を経て，設備投資や研究開発を抑制してコストカットに励み，借金の返済や現預金の積み上げを優先する保守的な経営に傾倒するようになった．その結果，近年では上場企業の過半数が，有利子負債から現預金を引いた値がゼロ以下になる「実質無借金企業」となっている．このような企業は，低収益・低成長であっても償却前で営業赤字にならない限り，図 1-1 の基準でゾンビ企業と判定されることはない．しかし，市場から退出すべき企業というゾンビ企業の発想に立ち返れば，当該企業が

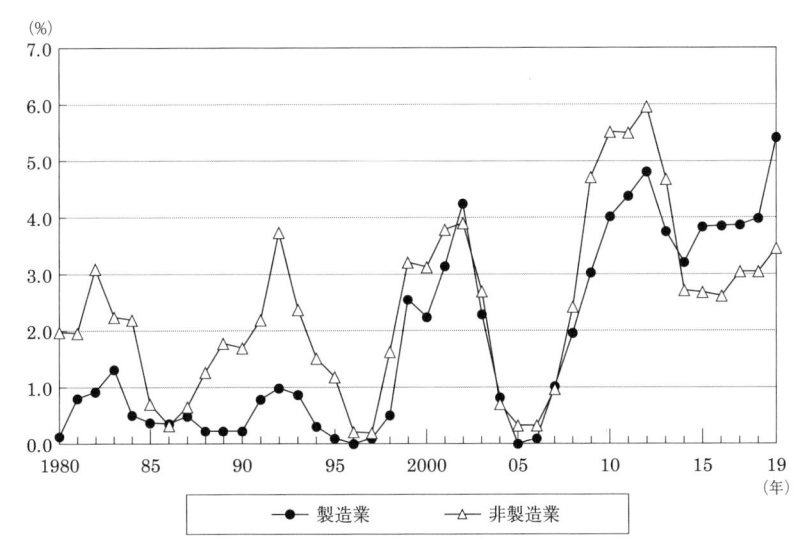

図1-2　フォワード・ルッキングな視点によるゾンビ企業比率

注）単体決算ベース.
出所）日本政策投資銀行「企業財務データバンク」より筆者算出.

　存続した場合に今後生み出すキャッシュフローの割引現在価値（存続価値）が，清算した場合に残余財産を処分して得られる価値（清算価値）を上回るかどうかという，フォワード・ルッキングな視点の方が重要なはずである．上場企業の場合，株価が正しく形成されているという前提に立てば，存続価値は株式市場で評価された企業価値（＝株価時価総額＋負債総額）に等しいので，フォワード・ルッキングな視点によるゾンビ企業とは，清算価値≒再取得価値と考えれば，トービンの q（企業価値／再取得価値）が1を下回るかどうかで判定されることになる．

　たとえば，流動性が高い旧・東証一部上場企業（一部業種を除く）に限定したうえで，市場全体の過度な下振れを考慮するため，年間最高株価で評価した q＝（株式時価総額＋負債総額）／（総資産簿価＋土地含み益）が2年連続で0.6を下回るという，かなり控えめな基準でフォワード・ルッキングな視点によるゾンビ企業比率を試算すると，図1-2のようになる．かなりラフな定義であるが，2010年代になって，特に製造業でゾンビ企業比率が高止ま

りしていることがわかる．なお，再取得価値と簿価が等しいとみなせるならば，q の分母と分子からそれぞれ負債総額を差し引いたものは，株価純資産倍率（PBR）に一致する．東京証券取引所が 2023 年 3 月，PBR 1 倍割れ企業が過半を占める状況の解消を求めて，すべての上場企業に現状分析と PBR の改善に向けた取組状況の公表を要請したのも，図 1-2 が示唆する状況と呼応した動きであると言える．

　成長が止まり，株式市場から将来性を評価されていないにもかかわらず，財務面で堅固な企業ばかりが増えることは，経済の新陳代謝を停滞させる．その結果，1980 年代に各産業で世界を席巻していた日本企業の地位は，低落傾向に歯止めがかからなくなっている．たとえば世界企業番付「フォーチュン・グローバル 500」にランクインする日本企業は，1995 年版の 149 社（米国 151 社）から減少傾向が続き，2023 年版ではわずか 41 社（中国 142 社，米国 136 社）となっている．こうした日本企業の存在感の低下は，購買力の面にも表れており，コロナ禍で様々な財の争奪戦が起きた際の「買い負け」の背景にもなるなど，地政学リスクが高まるなかで日本の経済安全保障の確保にも深刻な影を落としている．

3. 経済危機からの回復力の弱さ

　経済の新陳代謝が停滞していることは，すなわち外部環境の変化への対応が遅いことを意味する．とりわけ経済危機が不可逆的な構造変化をもたらすタイプのショックである場合，それは危機からの回復力の弱さに直結する．危機後の経済が緩慢な回復にとどまり危機前のトレンドに復することができないという現象は，世界金融危機後の米国で研究者の関心を呼んだ．しかし，この現象が最もよく当てはまるのは，実のところ日本経済なのである．図 1-3 は，コロナショック時の GDP の推移を米国，ドイツ，G7 合計と比較したものであるが，世界金融危機時と同様，日本の回復が最も鈍い．もともと潜在成長力が低いことに加えて，危機からの回復力が弱いことは，不確実性が増大する昨今のグローバル情勢の下で日本経済の地位低迷に拍車をかける

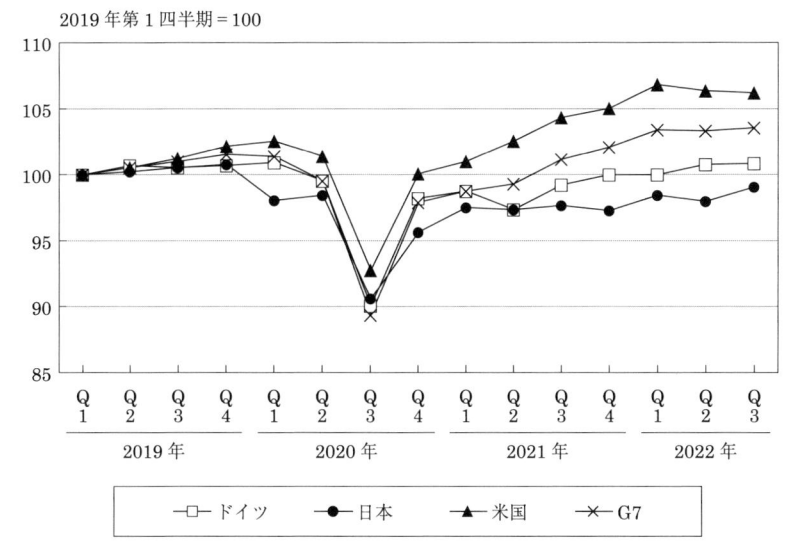

2019 年第 1 四半期 = 100

図 1-3　コロナショック時の実質 GDP の推移

出所）OECD.

ことが危惧される.

　日本経済の変化の遅さは，マクロレベルの統計にも表れている．OECD
が各国の国民経済計算に基づいて国際的に比較可能な形で提供する産業別統
計を用いて，日本，米国，ドイツの実質付加価値，実質設備投資，就業者数
の構造変化の程度を，Lilien 測度と呼ばれる指標を用いて比較してみる[1].
コロナ期のデータは十分に出揃っていないため，表 1-1 では世界金融危機前
の 2007 年と 2019 年の産業構造の違いを見ている．各国の産業区分や業種数
は完全には一致しないため，異なる国で水準を比較することには難があるが，
注目したいのは付加価値，設備投資，就業者数の数値の相対関係の違いであ

---

1)　変数 X（付加価値，設備投資，就業者数）に対する Lilien 測度 σ_X は，次の式で表さ
　れる.

$$\sigma_X = \sqrt{\sum_{i=1}^{n} S_{X_i} \left(\frac{\Delta X_i}{X_i} - \frac{\Delta X_A}{X_A} \right)^2}$$

　　ただし，添え字の A は経済全体，i は産業別の値を意味する．また，S_{X_i} は産業 i の
　シェア (X_i/X_A) を表す．一般に産業ごとの変化率 $(\Delta X_i/X_i)$ のばらつきが大きいほ
　ど，産業構造の変化は速くなるため，この指標が構造変化の程度を表すと解釈できる.

表 1 - 1　産業構造変化度（Lilien 測度）の国際比較

	付加価値	設備投資	就業者数
日本	0.27	0.13	0.20
米国	0.29	0.39	0.12
ドイツ	0.18	0.23	0.13

注）数値は 2007 年と 2019 年の産業構造の違いを表す．ただしドイツの設備投資のみ 2007 年と 2018 年の比較．
出所）OECD Stan データベースより筆者計算．

る．米国とドイツでは，構造変化の大きさは「設備投資＞付加価値＞就業者数」の順であるのに対して，日本は「付加価値＞就業者数＞設備投資」となっている．つまり米国やドイツは，設備投資が最も活発に変化し，付加価値や就業者数の変化がそれに続く形であるのに対し，日本は付加価値や就業者数は相応に変化している一方，設備投資のダイナミズムが決定的に欠けている．その原因が，失われた 10 年以降，日本企業の常套句となった「投資水準は減価償却の範囲内で予算配分は前年と同様」という戦略性に欠けた意思決定にあることは明らかである．

　コロナ禍において「これまで現預金の蓄積を批判されてきたが，今回のような危機でその必要性が証明された」といった趣旨の経営者の声が報道されたように，日本企業の多くはリスクを避け，企業の存続に非常に重きを置いた経営を行ってきた．その背景には，新卒一括採用，年功賃金，長期雇用を前提とした日本のメンバーシップ型雇用慣行と，その下でのメンバーすなわち正社員に対する「雇用責任」の存在が指摘される．日本企業は，勤務地や職務内容無限定の働き方と企業特殊的スキルの蓄積による効率性と引き換えに，年功賃金や長期雇用の待遇を暗黙に保証してきた．たとえ外的なショックが原因であろうとも，その約束を反故にすることは，このような雇用システムの崩壊を意味する．このため，平時からできる限り業績の変動を抑えるような経営を志向することになりやすい．さらに政府の側も，このような雇用システムの存在を前提として，本来は公的に整備すべきセーフティネットの役割を企業に依存してきたため，「大きなショックで雇用が脅かされる場合，企業を支援し破綻を防ぐことにより雇用を守ろうとする傾向が強い」

（星 2021）とされる.

　しかし，雇用責任を言い訳にした保守的な経営は，短期的には企業の存続確率を高めるかもしれないが，中長期的には深刻な競争力の低下を招き，かえって企業の存続を危うくしかねないという意味で近視眼的であり，雇用責任というよりも数年間で退任するサラリーマン的経営者の保身だと批判されても仕方がない. 日本企業が危機に対して脆弱なのは，危機管理体制の不備など技術的な問題もあるが，根本的には長年の投資不足による競争力の低下が響いている. 世界的に大きなショックが襲ったとき，需要が蒸発したり中間財の調達が困難になるのは，グローバル・バリューチェーンのなかで，販売力や購買力の面で限界的なプレーヤーに位置付けられている証拠である. DX や GX など技術進歩への対応に迫られたとき，国内に人材がいないのは，設備の老朽化を放置して従業員が最新技術に触れる機会を奪ってきたためである. 世界的に人手不足が続くなか，将来性を感じられない企業に人は集まらない. 経済の新陳代謝を前進させるドライバーとして，高まる不確実性の下でもリスクをとって積極果敢に設備投資を実行する企業家精神が今ほど求められているときはない.

4. コロナ禍によって生じたサプライチェーン・リスクの教訓

　コロナ禍で打撃を受けた産業としてまず思い浮かぶのは，旅客運輸業，観光・娯楽関連産業や飲食店といった非製造業である. しかし，法人企業統計のデータから業種別の売上高の推移をみると，実際には製造業も非製造業と同じかそれ以上の落ち込みを経験している. 行動制限による工場の操業停止など直接的な影響もあったが，半導体不足や物流の逼迫など，グローバル・サプライチェーンの混乱も大きな打撃を与えた. 自動車，家電，住宅設備，オフィス機器など幅広い分野の供給制約は，国民生活にも多大な影響を及ぼした. 半導体不足は，当初は海外のロックダウンによる供給量の減少や，グローバル・サプライチェーンの混乱が原因であると報じられたが，その影響を最も長期にわたって受け続けたのは日本企業であった. 半導体不足の真の

原因は，先行きに対する見通しの甘さ，リスク回避志向による意思決定の遅さ，購買力の弱さなど，経済の新陳代謝不足に起因する日本企業の体質そのものにあったのである．この点は，地政学リスクと分断の時代におけるサプライチェーンの再構築や新陳代謝の在り方を考えるうえでも，極めて重要な含意を持つ．

　日本の半導体不足の起点となったのは，日本企業による半導体注文の大量キャンセルであった．コロナ禍によって需要の見通しが極めて不透明になったと考えた自動車メーカーなどが，在庫の拡大による収益の悪化を回避しようとしたのである．これは，経済学の完全競争市場の想定のように，半導体が常に市場価格で無制限に入手可能であるのなら，合理的な選択であったと言える．実際，海外の半導体ユーザーでもキャンセルは発生していたようである．しかしその後，パソコンなどへの巣ごもり需要が予想以上の伸びを見せるとともに，海外のロックダウンや国内の工場火災の影響により供給量が減少すると，半導体需給は急速に逼迫していった．このような情勢の急変に対して，日本企業の動きは致命的に鈍いものであった．立場が逆転したサプライヤー側が，長期購入契約を供給条件としたのに対して，海外の半導体ユーザーはトップダウンで即決し在庫の確保に動いたが，日本企業はコロナ禍の先行きが見通せないなかで社内の意思決定に時間をかけ過ぎ，後手に回った．もともと，シェアがかつてほど大きくないにもかかわらず価格や納期には厳しいままで，サプライヤーにとってもはや上顧客とは言えない存在となった日本企業への供給が劣後的になるのは当然の結果であった．

　リスクをとらない保守的な経営によって新陳代謝が停滞すると，リスクをとって成長しようとする企業は参入できず，経済はますます保守的な経営を行う企業ばかりで占められるという悪い均衡から抜け出せなくなる．また，保守的な経営は組織内でも伝播し，現場の判断で能動的かつ機敏に行動することが難しくなる．新しいことに挑戦しなくても，外部環境が不変であれば大過なくやっていけるが，大きな外的ショックが襲ったときにはまったく対応できない．半導体不足の原因となった先行きに対する見通しの甘さや意思決定の遅さは，経済の新陳代謝不足がもたらす悪い均衡から生み出されたと考えられる．

5. 拡大する生産の下方修正率は何を物語るか

　コロナ禍によって露わになった，サプライチェーン・リスクに対する日本企業の脆弱性は，統計上も明確にとらえることができる．経済産業省の「製造工業生産予測指数」は，調査対象企業の先行き 2 カ月の生産計画と実績を毎月初めの時点で調査しており，ある月の月初における生産計画 q に対して，実際の生産実績 r がどの程度であったかを，実現率 $(r/q-1)\times100\%$ という指標で表す．たとえば，2024 年 1 月 1 日における 1 月の生産計画が 100 であったとき，2 月 1 日に判明する 1 月の生産実績が 98 であったとすると，実現率はマイナス 2% という値をとることになる．製造工業生産予測指数の生産計画には，もともと下方修正される（実現率がマイナスになりやすい）統計上の「クセ」があるが，コロナ前と比較して実現率が変化した部分に関しては，「クセ」の影響は無関係であると言える．

　現行の製造工業生産予測指数は 2020 年基準であるが，より長期の時系列的変化を観察するために 2015 年基準による 2013 年 2 月から 2023 年 2 月までの実現率の推移を図 1-4 に示した．製造工業全体では，コロナ前はプラス 2% からマイナス 5% の範囲に収まっていた実現率が，2020 年 4 月の行動制限によるマイナス 11.4% という記録的な落ち込みを境に，大きな下振れが目立つようになってきている．行動制限の影響は 2020 年 4 月が最大で，その後は海外も含む工場レベルでの感染拡大による操業停止や半導体不足などの影響が反映されているものと考えられる．自動車など輸送機械工業に限ってみると，変化はより顕著である．コロナ前は，ジャスト・イン・タイムの在庫管理で，工場の被災や事故など例外的な月を除けば，極めてブレの少ない実現率を維持していたが，2020 年 4 月を境に製造工業全体よりもブレが激しくなっている．隕石の衝突によって多くの生物が絶滅し地球の生態系が劇的に変化したように，特定の環境に適応し極限まで合理化されたサプライチェーンは，想定外の環境変化に対して脆いと言える．

　下方修正率が拡大している原因としてもう 1 つ考えられるのは，生産工程

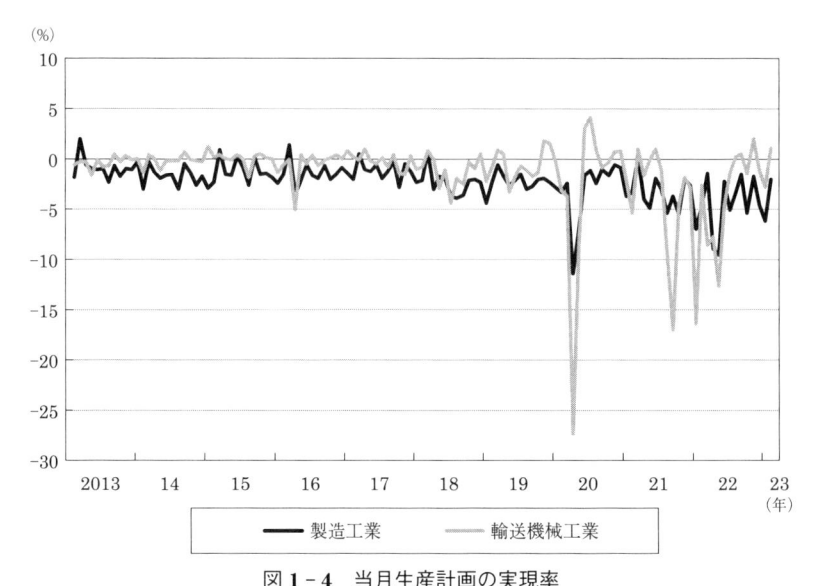

図 1 - 4　当月生産計画の実現率

注）実現率＝(当月生産実績／当月生産計画－1)×100%．横軸は調査年月ではなく生産年月に対応する．
出所）経済産業省「製造工業生産予測指数」．

のモジュール化やフラグメンテーション（工程間分業）によるグローバル・
サプライチェーンの変化に，日本企業のリスク管理手法が対応しきれていな
いことである．OECD のグローバル・バリューチェーン参加指数（GVC Par-
ticipation Index）では，GVC 参加度を前方参加指数と後方参加指数という 2
つの概念に分解している（図 1-5-1, 1-5-2）．前方参加指数とは，自国の輸出
額に対する「他国が輸出財を生産するときに投入される自国の輸出中間財」
の割合であり，後方参加指数とは，自国の輸出額に対する「自国が輸出財を
生産するときに投入される中間財の輸入額」の割合を意味する．日本の製造
業は，1990 年代には人件費の安い中国などに最終工程を置き，部品やデバ
イス，材料，製造装置など生産財や資本財を輸出する形でバリューチェーン
を構築したことから，後方参加指数に比べて前方参加指数が大幅に高い傾向
が強かった．しかし，2000 年代半ばになると，前方参加指数は頭打ちから
やや低下傾向に転じる一方，半導体やディスプレイなどの輸入が増えていき，
後方参加指数が上昇傾向となっている．半導体不足は，まさにこの後方参加

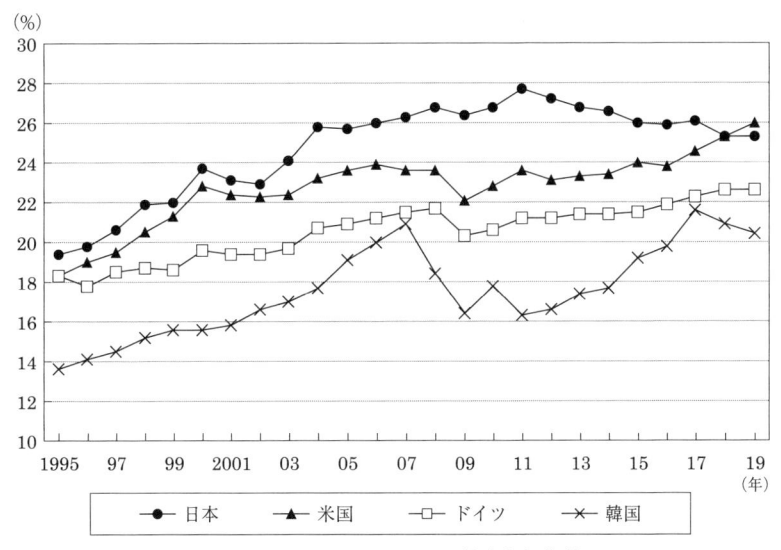

図1-5-1　GVC における前方参加指数

出所）OECD.

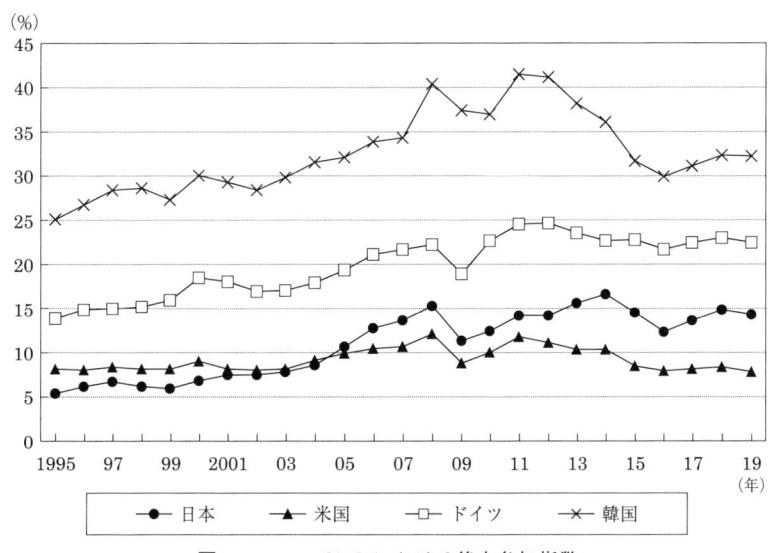

図1-5-2　GVC における後方参加指数

出所）OECD.

の部分でチェーンが切れてしまった状態と言える．

　服部・下井（2016）によると，生産工程のモジュール化やフラグメンテーションが進展するなかで，電気機械製造業については 1990 年代半ばから，輸送用機械製造業については 2000 年代半ばから，GVC 参加度（＝前方参加指数＋後方参加指数）と，付加価値貿易で見た比較優位の程度との間に正の相関が強まっている．地政学リスクがあるからと言って，経済合理性を無視した形で生産財・資本財の国内回帰を進めれば，後方参加部分のリスクは軽減できるかもしれないが，ユーザー産業の競争力を低下させてしまう恐れがある．後方参加指数の高まりを前提としたリスク管理体制の構築は，地政学リスクへの対応としても極めて重要な課題であると言える．ドイツや韓国など，日本よりも後方参加指数が高い国は珍しくないが，日本特有の脆弱性として，一般に 2 つの点が指摘されている．1 つは，生産財・資本財の調達を商社に任せきりにしているメーカーが多いことである．その結果，半導体不足の際には，状況の急変に気づくのが遅れたり，サプライヤーと直接交渉を行う他国企業に先を越されてしまうといった問題が生じていた．

　もう 1 つの問題は，生産財・資本財の調達先における中国依存度が他国に比べて高いことである．サプライチェーンにおいて，その部分が機能停止することによって全体に重大な影響が及ぶ生産・物流の要衝を，地政学用語を援用して「チョークポイント」と呼ぶ．米中を中心とする新冷戦構造が長期化しつつあるなかで，生産に必要不可欠な中間財の輸入を中国に依存することは，このチョークポイントを増やすことにつながる．もちろん，安定した経営環境における効率性とチョークポイントの少なさ（環境変化に対する強靱性）はトレード・オフの関係にあると考えられるため，チョークポイントは減らせば減らすほど良いというわけではない．しかしながら，今後も後方参加指数の上昇と地政学リスクなど不確実性の増大がある程度は避けられないことを前提とすれば，効率性を多少犠牲にしても，脆弱性をかかえたチョークポイントを削減するか，機能停止確率を引き下げる方向で，サプライチェーンの再構築を検討せざるを得ないであろう．

　その第一歩となるのは，チョークポイントをはじめとするサプライチェーン・リスクの可視化と現状のリアルタイムな把握である．日本企業も既にこ

うした問題意識を持って対応を進めているが，自社とティア 1 サプライヤー
までのリスクの把握にとどまり，ティア 2 以下までは把握しきれていないの
が現状のようである．他方で，把握すべきリスクの範囲は，地政学リスクに
とどまらず，災害，環境保護，人権問題など，ますます多岐にわたるように
なっている．過度に重層化・複雑化したサプライチェーンを整理し，隅々ま
で目が行き届くように再設計を進めることはもちろん，現場で把握した悪い
情報が直ちに経営トップまで上がるよう DX と組織の機能再配置を行うこ
とも急務である．こうした施策は，不確実性に対する強靱性の確保だけでな
く，サプライチェーン上の温室効果ガス排出量の把握など，今後急速に標準
化・義務化が進むと見込まれるサステナビリティ開示のためにも必要不可欠
なものである．

6. 国内回帰（リショアリング）とフレンド・ショアリング

　我が国のサプライチェーン強化のため，日本政府は支援を急いでいる．経
済安全保障の観点から重要性の高い財について国内回帰を促すため，2020
年度と 22 年度補正予算において「サプライチェーン対策のための国内投資
促進事業費補助金」が計上され，22 年度補正予算には，中小企業等事業再
構築促進事業のなかにも「サプライチェーン強靱化枠」が創設された．特に
台湾に生産が集中する半導体に関しては，経済安全保障の観点から危機感を
強めた各国が工場誘致や投資優遇策を競う状況となっており，日本も経済安
全保障と成長戦略の観点から，2021 年度以降毎年補正予算に巨額の半導体
関連予算を計上して誘致合戦に加わっている．シンガポールやドイツとの争
奪戦の末に，事業費の約半分を日本政府が負担する条件で誘致に成功した台
湾 TSMC の熊本県での新工場建設を皮切りに，米マイクロンやキオクシア
の工場増設，台湾 PSMC と SBI ホールディングスによる宮城県の新工場建
設などへの支援が矢継ぎ早に決まった．なかでもとりわけ手厚い支援を受け
るのは，ソニーやトヨタなど日本企業 8 社が出資して設立され，最先端半導
体の国産化を目指す，ラピダスの北海道での新工場建設であり，経済産業省

は量産化前の 2027 年度までに計画される開発費 2 兆円を全額国費で賄う方針とされる.

　1980 年代にメモリー分野を中心に世界を席巻していた日本の半導体産業は, 2000 年代までに著しく凋落し, サプライチェーンにおいて強みと言えるような分野は材料と製造装置の一部を残すのみとなってしまった. その原因は, 地政学リスク要因（米国の圧力による不利な競争条件の受け入れや産業政策の封印）と経営要因（投資競争での劣後, 技術的優位への慢心と技術流出, 設計開発と製造の水平分業という世界の潮流への乗り遅れ）の両方にあった. その後, 電機各社の半導体部門を集約し, 国から多額の支援を受けて発足したエルピーダメモリは, 円高の逆風をまともに受ける不運もあったとはいえ, 日の丸半導体の復権を果たせぬまま破綻し, 主力工場の設備や技術はライバルであった米マイクロンに吸収された. こうした過去の経験から, ラピダスも日の丸半導体の失敗の二の舞になることを懸念する見方や, 荒廃してしまった日本の半導体技術の現状で最先端半導体を目指すのは土台無理ではないかとの見方もあることは否定できない. ラピダスを含めて 2021 年度以降の半導体関連予算は, 単年度主義の制約を受けない基金の創設によって賄われているが, 巨額の税金が投入される以上, 国・経済産業省は定期的に補助金の有効性を中間評価し, 必要があれば柔軟に計画を見直すことが求められる. 地政学リスクによって産業政策の重要性がかつてなく高まっている現状であればなおさら, 国民の理解と支持を第一に考えなければならない.

　もっともラピダスは, コモディティ化したメモリー分野で価格競争に巻き込まれたエルピーダと異なり, IBM の先端半導体製造ニーズと技術供与があり, 先端半導体分野で独占的地位を有するオランダの ASML の製造装置を導入し, ベルギーの半導体研究機関 IMEC の技術指導を受けることが予定されており, 先端技術の移転や日本の技術者育成, さらには地域経済の活性化にもつながることが期待されている. しかし, これらの効果も最終的には事業化の成否にかかっている. その点で, 立ち上げ時には国の強力なコミットが必要だとしても, なるべく早い段階で中核となる民間事業主体がリスクをとる体制に移行することが不可欠である. 国に言われたからと, お付き合いで参加しているような企業は, 早期にふるいにかけなければならない.

かつての半導体やディスプレイ分野の日の丸プロジェクトは，資本や組織が寄り合い所帯的で，経営責任の所在が曖昧である点に根本的な問題を抱えていた．技術進歩が速く競争が熾烈な半導体分野では，情報収集や意思決定の遅れは致命傷となるため，経営責任の明確化がとりわけ重要な鍵を握る．

　台湾企業の誘致や日本に立地する米国企業への支援はもとより，ラピダスにおける IBM との協働も，米中対立を背景に米国が打ち出したフレンド・ショアリング戦略に沿うものであり，日本政府としては，日米の同盟関係強化という観点からも推進しやすい政策である．ただし，日本の半導体産業の歴史を見ても明らかなように，友好国といえども政権交代によって保護主義や自国優先に転じるなどの政策変更リスクは常にある．実際，コロナ禍における「ウッド・ショック」の経験は，輸入先が米国，カナダ，欧州などの友好国であっても，危機においては自国優先になるという当然の事実を改めて認識させる出来事であった．また，新冷戦においては，実利を重視し米中対立から距離を置くグローバルサウス諸国の存在感が高まっている．こうしたことを考えれば，日本としては，これまで中国に比重を置き過ぎていたサプライチェーンのリバランスの範囲を超えて，友好国一辺倒にならないような配慮も，いずれは必要になってくるかもしれない．同様に，サプライチェーンの国内への過度な集中も，地震などの自然災害リスクや，有事において日本が攻撃対象となるリスクを考えれば，かえって危険であることは自明であろう．

　補助金頼みの誘致は，相手に都合よく利用され，日本側の利益につながりにくいことにも注意が必要である．国内回帰やフレンド・ショアリングが，サプライチェーンの硬直性やコストアップにつながるのでは，経済安全保障にとっても逆効果になりかねない．あくまで日本に立地することの本質的なメリットがあってこそ，補助金は威力を発揮する．幸い日本は，相対的に安定した政治情勢や治安の良さ，インフラや人材の質などが再評価されている面があり，これを交渉において最大限活用すべきことは論をまたない．ただし，今後については電力の安定供給の維持やクリーン・エネルギーの活用，さらには少子高齢化が進行するなかで，製造・建設・物流などこれまで日本の強みを支えてきた現場における人手不足への対応や技能継承といった問題

に真剣に向き合う必要がある．これも経済安全保障上の重要な課題であると言える．

7. 地政学リスクの時代に求められる経済の新陳代謝とは

　ラピダスの事例において，IBM が日本に打診を行った背景には，製造プロセスにおけるパッケージング技術に対する高い評価があったとされる．また，打診の過程では，日米の経営者間での個人的な信頼関係が重要な役割を果たしていたと伝えられる．このように，経済安全保障においては，相手に必要とされる技術力やコスト競争力などの絶対的な強みと，企業間・経営者間の信頼関係が最終的に物を言う．

　これまでのゾンビ企業論では，赤字を垂れ流す企業を支援して延命させることが問題視されてきた．もちろん，コロナ禍での緊急支援がもたらす副作用として，このようなタイプのゾンビ企業の出現にも引き続き注意が必要であるが，少なくとも大企業については，その懸念はさほど大きくない．むしろ，現在の日本企業の真の問題は，赤字を垂れ流すタイプのゾンビ企業の存在が広く知られたがゆえに，とにかく黒字でさえあれば文句は出まいと保守的な経営を続け，低収益・低成長に甘んじる凡庸な企業が多すぎることにある．図 1-6 は，日米上場企業の ROE の分布状況を比較したものであるが，赤字企業の割合は日本の方がむしろ少ない半面，20% を超える高収益を上げる企業の割合も少なく，全体として分布が中心付近に集中していることが見て取れる．米国であれば，黒字でも低収益・低成長にとどまる事業は他社に売却して過当競争を回避しつつ，高収益・高成長が期待できる事業に入れ替えていくのが通常であるが，株式市場の圧力が弱い日本では，すべてを自社で抱え込み凡庸な業績で良しとする経営が許されてきた．しかし，地政学リスクなどの不確実性が顕在化した状況で，こうした凡庸な企業に百戦錬磨の外国企業と渡り合う交渉力や強靱性を期待することは難しい．

　日本企業の衰退には，「イノベーションのジレンマ」も大きく関わっている．たとえば，スマホや配信ビジネスというイノベーションの影響力の大き

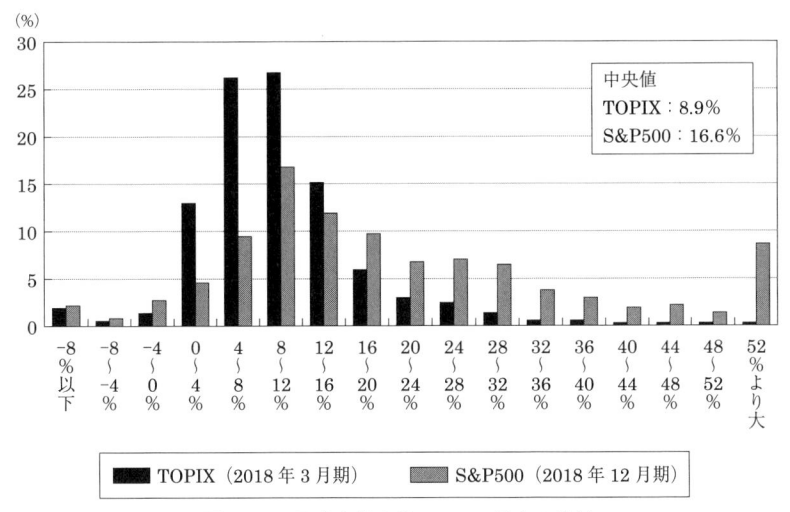

図 1-6　日米上場企業の ROE 分布の比較

出所）明田（2019）.

　さを読み誤った日本の電気機械メーカーや通信・放送・音楽ソフト業界は，新しい時代の波に乗り遅れ，かつての競争優位を失った．いま現在も，EVをはじめとして，DX，GX による破壊的イノベーションの脅威が，自動車メーカー，エネルギー・素材，銀行など幅広い産業に着実に迫りつつある．さらに，地政学リスクなどの不確実性もまた，ひとたび顕在化すれば，破壊的イノベーションに匹敵するインパクトを社会全体にもたらしうる．

　イノベーションのジレンマとは，主力事業で漸進的な改良（持続的イノベーション）によってトップを走る企業が，そのプロダクトやビジネスモデルに取って代わる可能性を持つ革新的な技術やアイディアを未熟な，あるいは取るに足らないものとして軽視しているうちに，市場を奪われてしまう（破壊的イノベーションを許す）現象を指す．皮肉なことに，そうした革新的な技術やアイディアはもともとトップ企業の内部で開発されたものであることも珍しくない．しかし，それを採用することは，既存のビジネスとの共食いを受け入れ，これまで積み上げてきた持続的イノベーションの優位を手放すことを意味するため，社内の反対に押し切られて実現しない．その結果，トップ企業は，破壊的イノベーションのチャンスを自ら逃すことになるのである．

　このように名声を確立した大企業にとって，イノベーションのジレンマを克服することは難しく，米国でもコダックやゼロックスなどの名門企業が姿を消した．しかし，日本と違うのは，名門企業が衰退する一方で，破壊的イノベーションを生み出す企業が続々と登場していることである．いま「マグニフィセント・セブン」などと称される米国のテック企業は，いずれも当初かなり長期間にわたって赤字を計上し続けていたが，最終的には破壊的イノベーションを成功させ，トップ企業に成長した．地政学リスクの時代に求められる経済の新陳代謝とは，赤字を垂れ流して延命している企業に凡庸な黒字企業が取って代わることではなく，投資家の信頼を得て「意志ある赤字」を計上しつつ破壊的イノベーションを目指す企業が凡庸な黒字企業に取って代わり，やがて上場企業の序列を塗り替えていくようなダイナミズムである．

　その点で，日本のメンバーシップ型雇用慣行の流動化によって，スタートアップ企業に有利な条件が徐々に整いつつあるのは明るい材料である．コロナ禍の経験をきっかけに，従来の無限定正社員の前提となってきた画一的な価値観や働き方を要求する企業は，“JTC（Japan Traditional Company）”などと揶揄され，働き手から敬遠されるようになった．若年層は，日本の伝統的な企業が提供してきた安定や居心地の良さよりも，キャリアアップの機会やソーシャル・エンゲージメント（社会貢献意識）を求めるようになり，スタートアップ企業での就労に躊躇がない．また，少子高齢化の進展によって構造的な労働力不足の時代が到来するなか，転職のリスクも以前より低下している．さらに，事業成長担保権の法制化や，銀行がスタートアップ支援に特化したファンドを立ち上げる動きが増加するなど，資金調達面の選択肢も徐々に充実しつつある．それでも，日本のスタートアップ企業が質量ともに主要国に肩を並べ，経済全体の資源配分を一新していくにはかなりの時間を要すると見込まれる．スタートアップに過大な期待をかけるばかりでなく，上場企業を中心とする大企業の改革もまた重要であることは言うまでもない．

8. M&A による「内なる新陳代謝」の重要性

　サプライチェーン・リスクに関連した大企業の課題としては，特に製造業においては，かつての6大企業集団，自動車の系列取引，総合電機メーカーなどに源流を持つ，フルセット型経営あるいは自前主義の改革が急務であると言える．戦後，日本企業が銀行や商社を中核とする6大企業集団に再編されていくなかで，各グループはどの産業にも自前の企業をかかえ，自己完結的かつ排他的なサプライチェーンを構築していった．個別産業レベルでも，自動車メーカー各社は，下請け部品メーカーや販売会社との間の長期的な取引関係に基づく系列組織を構築し，総合電機メーカー各社も，産業用から民生用まで，重電から半導体まで，電気機械に関連するあらゆる分野を自社グループ内で手掛けた．長期的取引関係に基づく自己完結的なサプライチェーンは，阿吽の呼吸で意思疎通ができるため，すり合わせ型の生産工程において，平時の景気変動など想定内の変化にきめ細かく対応するうえでは効率的な仕組みであった．しかし，世界的にサプライチェーンのグローバル化と生産工程のモジュール化による水平分業が進んだ電気機械産業では，随所に「我が社流」が貫かれ排他的な日本の仕組みはガラパゴス化，高コスト化していった．巨大戦艦のような日本のフルセット型組織は融通が利かず，破壊的イノベーションや気候変動など大きな変化の波や，天災や戦争など想定外のリスクには弱い．中国や欧州によって EV 化の流れを作られてしまった今，自動車産業で同じことが起こらないという保証はない．

　フルセット型経営のもう1つの問題は，横並び的な行動によって似たような規模，似たような技術水準の企業が同一産業内にひしめく結果，過当競争による低収益体質が定着しやすく，また競争に落伍した企業から外国企業に技術が流出することによって業界全体が打撃を受けやすいことである．1990年代以降，海外では M&A ブームによる爆発的な再編が進むなか，再編が遅々として進まなかった日本企業は，一部のニッチな製品分野を除けば世界的に見て非常に小粒な存在になってしまった．半導体不足の経験からも明ら

かなように，規模やシェアの小ささは購買力の弱さに直結し，サプライチェーン・リスクが顕在化した際には，それだけで交渉上不利な立場に立たされることを意味する．

　自らイノベーションのジレンマを打破することが難しい大企業にとって，M&A による事業ポートフォリオの入れ替えは，改革の切り札である．企業単位で経済の新陳代謝を分析する場合，事業ポートフォリオの入れ替えによる生産性の向上は，企業の参入退出によらない「内部効果」すなわち内なる新陳代謝と位置付けられる．世界的には，グローバル・トップ 3 に入れないような事業は売却対象として検討されるのが当たり前であり，各産業で上位企業が下位企業を飲み込んでいった結果，グローバル市場の寡占化が進んだ．経済厚生という観点からみれば寡占化は必ずしも好ましいことではないが，企業間競争という観点からみれば競争優位を築く有力な手段である．この 10 年，世界基準で中核子会社の売却もいとわず大胆な事業構造改革を進めてきた日立は，企業価値を大きく増加させた．日本の伝統的大企業として日立の改革は例外的であるが，逆に言えば他企業にもそれだけ大きな改革の余地があることを意味する．

　これまで日本企業が大胆な事業構造改革に消極的であった理由には，経営者の保身だけでなく，過去の経営者との間に存在するしがらみや，改革対象となる事業部門や子会社の従業員に対する配慮もあったと考えられる．したがって，近年の企業統治改革の進展やメンバーシップ型雇用慣行の流動化は，大胆な事業構造改革の追い風になるはずである．経済産業省が 2023 年 8 月に打ち出した「企業買収における行動指針」がきっかけとなり，日本的な企業文化のなかでは禁じ手という認識が強かった「同意なき買収提案」も徐々に増えてきており，ターゲット企業側にもそれを前向きに検討する雰囲気が生まれつつある．日本企業が積極的な事業構造改革によって，凡庸な黒字企業を脱して世界に存在感を示すことが，地政学リスクの時代におけるサプライチェーン問題への本質的な解決策となる．

9. おわりに

　本章では，地政学リスクなど不確実性が高まるなかで，日本がサプライチェーン・リスクを軽減するための経済の新陳代謝の在り方を考察した．

　経済の新陳代謝とは，外部環境の変化に対して，競争力を失った企業が淘汰され，新しい環境に適応した企業へと資源が再配分されていくことで，経済の効率性や成長性が維持されるメカニズムを指す．このメカニズムが弱ければ，平時は経済の安定が保たれるものの，外的要因による構造変化やショックに対して脆弱な体質が温存されてしまう．コロナ禍での半導体不足などの経験から，サプライチェーン・リスクへの意識はかつてなく高まり，企業レベルではサプライチェーンの複線化や在庫戦略の見直し，政府レベルでは生産拠点の国内回帰やフレンド・ショアリングを推進する政策が進められている．しかし，これらの対応はいずれも対症療法であり，経済の新陳代謝によってサプライチェーンにおける日本企業の存在感を回復させていかなければ，根本的な解決にはつながらないことを指摘した．

　日本は，不良債権問題が終息した 2000 年代初頭以降も，経済の新陳代謝が停滞したままであった．かつてのような赤字を垂れ流すタイプのゾンビ企業は，少なくとも大企業に関しては影を潜めている．しかし，それに代わってとにかく黒字でさえあれば文句は出まいと保守的な経営を続け，低収益・低成長を続ける凡庸な黒字企業が増えてしまった．こうした企業は，市場からの規律付けが弱ければ，倒産リスクが小さい分，ますます新陳代謝を停滞させてしまう．一方，海外では，市場からの圧力を受けて事業構造改革に取り組んだ企業が寡占化・巨大化していった．その結果，日本の大企業は，グローバルに見れば取るに足らない小粒な存在へと転落していたが，その自覚は乏しかった．

　コロナ禍で顕在化したサプライチェーン・リスクは，様々な教訓をもたらした．半導体不足のエピソードは，リスクが顕在化したときに物を言うのは環境変化への機敏な対応と購買力の大きさであることを認識させた．しかし，

経済の新陳代謝不足の結果として，当時の日本企業にはその両方が欠けていた．生産計画の下方修正率の拡大は，かつて日本企業が誇っていたジャスト・イン・タイムのサプライチェーン管理に重大な綻びが生じていることを示唆するものであった．近年，日本は生産財や資本財を海外からの輸入に依存する割合が増加傾向にあるにもかかわらず，中国依存度の高さや，調達を商社任せにしていることなど，脆弱性が放置されており，リスクの可視化が急務である．経済安全保障の観点から現在推進されている巨額の半導体工場誘致の有効性については，定期的にその経済合理性をチェックすること，最先端半導体の国産化については，経営責任を早期に明確化することが求められる．フレンド・ショアリングについては，ウッド・ショックの経験を踏まえれば過度な期待は禁物であり，その有効性は日本がパートナーとして不可欠な存在であり続けられるかにかかっている．

　経済安全保障において決め手となるのは，取引相手に必要とされる技術力やコスト競争力などの絶対的な強みと，企業間・経営者間の信頼関係である．株式市場の圧力が弱い日本では，凡庸な業績で良しとする経営が許されてきたが，地政学リスクなどの不確実性が顕在化した場合，こうした企業に生き馬の目を抜くような競争を勝ち抜いて来た外国企業と渡り合う交渉力や強靱性を期待することは難しい．地政学リスクの時代に，日本が先進国の地位を保つためには，凡庸な黒字企業を一掃するほどのインパクトをもたらす破壊的イノベーションをどれだけ生み出せるかが鍵となる．日本でもスタートアップ企業の存在感が徐々に高まりつつあるのは明るい材料であるが，少なくとも短期的には上場企業を中心とする大企業の改革が重要である．自らイノベーションのジレンマを打破することが難しい大企業にとって，M&A によって大胆な事業ポートフォリオの入れ替えを行い，内なる新陳代謝によって生産性を高めていくことが改革の切り札であり，グローバル市場において存在感を取り戻す唯一の道となる．実のところ米国も，1980 年代初めには上場企業の過半が PBR 1 倍割れの状態であったが，買収の脅威にさらされた既存企業の事業構造改革や成長企業の登場による新陳代謝が，その後の復活につながったのである．

　東京証券取引所が 2023 年 3 月に行った低 PBR の改善に向けた取組状況の

公表要請は，上場企業や投資家に大きなインパクトをもたらした．コーポレート・ガバナンス報告書で実効性の高い計画を示した企業の株価が大きく上昇したほか，日本企業の変革に期待する外国人投資家の投資意欲を刺激して市場全体の活性化につながっている．ただし，現状は期待先行の段階であり，日本企業が真に成長志向へと転換できなければ失望を招く結果に終わりかねない．気がかりなのは，PBR の改善策として株主還元をメインの計画とする企業が依然として多く，成長戦略や事業構造改革を掲げる企業が少ないことである．株主還元は，ビジネスに関して言えば現状維持もしくは縮み志向であり，成長志向には逆行している．

　日本企業にも過去最高益を更新したという明るいニュースが増えているが，利益成長を果たすことが企業の責務である以上，それは本来「ニュース」ではなく「ニュース性のない当然の話」でなければならない．伊藤レポートを起点とする企業統治改革や東証の市場改革によって，利益成長に対する意識も以前より高まってきたとはいえ，世界基準で見て高収益・高成長を達成し，サプライチェーンにおいて取替のきかない存在となりえている企業は，いまだごく少数に限られる．メンバーシップ型雇用に流動化の兆しが見える今，企業部門の改革と新陳代謝を一段と加速できるかどうかが，新冷戦と不確実性の時代における日本の命運を左右する．

参考文献

Hoshi, T.（2006），"Economics of the Living Dead," *Japanese Economic Review*, Vol. 57（1），pp. 30-49.

Nakamura, J.（2023），"A 50-year History of "Zombie Firms" in Japan: How Banks and Shareholders Have Been Involved in Corporate Bailouts?" *Japan and the World Economy,* Vol. 66, article no. 101188.

明田雅昭（2019）「企業と投資家の資本コスト認識」日本証券経済研究所トピックス．https://www.jsri.or.jp/publish/topics/pdf/1911_02.pdf

服部哲也・下井直毅（2016）「付加価値貿易から見た比較優位の変化」Discussion Paper 144，日本経済研究センター．

福田慎一（2015）『「失われた 20 年」を超えて』NTT 出版．

星岳雄（2021）「ゾンビ企業より労働者守れ　経済の新陳代謝どう進める」『日本経済新聞』2021 年 5 月 13 日朝刊・経済教室欄．

第2章

変革期の労働分配率
——賃金と物価の好循環は何をもたらすのか——

肥後 雅博

要　旨

　日本の労働分配率は，1990年代後半以降，20年間にわたり低下基調を続けてきたが，2015年以降，緩やかな上昇トレンドに転じた．2015年以降の上昇トレンドへの転化には，①労働需給逼迫に伴う実質賃金上昇率の拡大，②技術革新の一服や企業の新陳代謝のダイナミズムが弱まったことに伴う労働生産性の上昇鈍化，③資源価格高騰や為替円安の進展に起因する交易条件（GDPデフレーター／家計消費デフレーター）の悪化，の3つの要因が寄与した．

　2023年に入って，資源価格高騰の一服による交易条件の改善や予想を上回るインフレ加速を受けた実質賃金の下落により，労働分配率は再び低下している．もっとも，女性や高齢者の労働参加拡大が天井を打つなど労働需給が一段と逼迫し，賃金の引き上げ圧力は強まっていることを踏まえると，労働分配率の低下は一時的であり，「賃金と物価の好循環」が進捗するもとで先行きは上昇に転じると見込まれる．ただし，先行き，日本経済がバランスの取れた持続的な成長を実現するには労働分配率の上昇を一定の範囲にとどめる必要がある．そのためには，設備投資の増加や企業の新陳代謝を通じた労働生産性の向上やグローバル化の果実のさらなる取り込みなど「パイ」の拡大がカギとなる．

1. はじめに

　労働分配率の動向は，政策担当者やエコノミストの大きな関心事となっている．1990 年代以降の日本経済の長期低迷においては，実質賃金がほとんど上昇していない．これには，労働分配の原資となる GDP の成長率が低いことに加え，GDP の労働所得への配分比率である労働分配率の低下も影響している．実際，日本の労働分配率は，1990 年代後半以降 2010 年代半ばまでの長期にわたり低下してきた（Higo 2023, 厚生労働省 2023）．また，諸外国では労働分配率の水準や変化が，人々の所得格差に影響を及ぼしていると指摘されている（OECD 2012, IMF 2017）．資本に対する収益である資本所得の家計間の格差は，労働所得に比べ大きく，労働分配率の低下は人々の所得格差を拡大させるためである．日本の所得格差は現時点では大きくはないが，今後，労働分配率が低いもとで資産収益率が上昇すると所得格差が拡大する可能性がある．

　労働分配率がどのような場合に低下するのか，標準的な経済理論で整理してみよう．労働と資本を使用して生産活動を行う企業の生産関数として，完全競争下のコブ = ダグラス型関数を想定すると労働分配率は一定となる．労働分配率が変化するのは，①労働と資本の生産への貢献度を示す生産関数のパラメーターが変化する，あるいは，②企業が直面する競争度が変化する場合である．

　そのうち，①生産関数のパラメーターが変化する場合としては，経済活動のグローバル化により，労働集約的な財の輸入が増加する，あるいは労働集約的な製造業が賃金水準のより低い海外に移転することで，国内の生産に占める資本集約的な財の割合が高まる事例が典型的である．生産に対する資本の貢献度が高まることから，労働分配率が低下する．また，情報通信技術（ICT）の革新に伴うロボットやコンピューターの導入によって，労働が資本に代替される事例も該当する．日本においても，様々な実証研究においてこの仮説がサポートされている（内閣府 2018, 田中・菊地・上野 2018, 羽田・権・井尻 2021）．

　ただし，技術革新に伴う資本財価格の下落がそのまま労働分配率の低下をもたらすわけではない．資本財価格の下落は労働から資本への代替をもたらす一方，企業の生産規模を拡大させ労働需要が増加する可能性があるからである．資本財価格の下落が労働分配率の低下をもたらすには，資本と労働の相対価格の下落以上に資本と労働の相対需要が増加する，すなわち資本と労働の代替の弾力性が 1 以上であることが必要である．嚆矢的な研究であるKarabarbounis and Neiman（2014）では，各国で代替の弾力性が 1 を超える推計結果を得ているが，一方で代替の弾力性が 1 を下回るとの実証結果も多く，日本の実証結果でも 1 を下回っている（須合・西崎 2002）．この点のコンセンサスは得られていない．

　②企業が直面する競争度が変化する場合として，企業が生産する財・サービス市場の寡占度の変化が注目されてきた．寡占度の高まりによる価格マークアップ率の上昇が，労働分配率の低下要因となると考えられる．もっとも，日本では米欧とは異なり価格支配力が高い企業は少ないことから，価格マークアップ率はわずかに低下しつつも安定的に推移している（Nakamura and Ohashi 2019, 内閣府 2023），あるいは趨勢的に低下している（青木・高富・法眼 2023）との実証結果が得られており，労働分配率の低下には寄与していない．一方，労働市場では，非正規労働者の増加による労働供給の拡大や，雇用の安定を重視する労働組合など労働者の賃金交渉力の低下により，企業の労働者に対する買い手独占力が強まっていると指摘されている（Fukao and Perugini 2021, 厚生労働省 2023）．青木・高富・法眼（2023）の実証結果によると，労働の限界生産物収入に対する賃金の抑制度合いを示す賃金マークダウン率は拡大しており，労働分配率の低下に寄与している．労働分配率の低下には，労働市場における買い手独占力の強まりが重要な役割を果たしている可能性がある．

　この間，直近までの「国民経済計算」等のデータを用いた分析からは，これまで低下を続けてきた日本の労働分配率は，2015 年以降，緩やかながら上昇トレンドに転じている．ただし，インフレが加速した 2023 年になって労働分配率が再度低下するなど，不安定な動きもみせている．コロナ禍やロシアのウクライナ侵攻に伴う地政学的リスクの高まりを受けて，世界経済は

急激なインフレと経済成長の鈍化に見舞われており，日本経済にもその影響が波及している．こうしたもとで付加価値（GDP）の分配構造が変化したとすれば，今後の日本経済に大きな影響をもたらすことが予想される．以下では，こうした問題意識に沿って，2015 年以降の労働分配率のトレンドを緩やかな上昇に転化させることに寄与したとみられる要因について分析を行う．

　本章の構成は以下のとおりである．第 2 節では，「国民経済計算」「法人企業統計調査」のデータを用いて，日本の労働分配率の推移を確認する．第 3 節では労働分配率の変動を，実質賃金，労働生産性，交易条件（GDP デフレーター／家計消費デフレーター）の 3 つの要因に寄与度分解を行う．第 4 節から第 6 節では，「国民経済計算」の産業別データを用いて，実質賃金，労働生産性，交易条件の各要因が労働分配率に与える影響を詳しく分析する．第 7 節では，2023 年以降の労働分配率低下の要因について取り上げる．第 8 節では，本章の分析結果をまとめるとともに，今後の労働分配率の動向を展望する．

2.　日本の労働分配率の推移

2.1　「国民経済計算」による一国経済全体の労働分配率

　内閣府「国民経済計算」のデータを用いて，一国経済全体の労働分配率の推移を観察する．具体的には労働分配率として，雇用者報酬／GDP，（雇用者報酬＋混合所得）／GDP の 2 つの指標を用いる．前者は，雇用者が受け取る雇用者報酬（雇用者が受け取る賃金に企業が支払う社会保険料を加算したもの）が GDP に占める比率を算出したもので，広く利用されている．もっとも，日本では自営業の衰退に伴い，自営業就業者から法人企業の雇用者へのシフトが進展し，その分だけ雇用者報酬が趨勢的に押し上げられることから，雇用者報酬／GDP のトレンドの傾きには上方へのバイアスが生じる．バイアスを避けるためには，分子の雇用者報酬に自営業の所得である混合所得を加算した，広い概念の労働分配率（雇用者報酬＋混合所得）／GDP を用いるこ

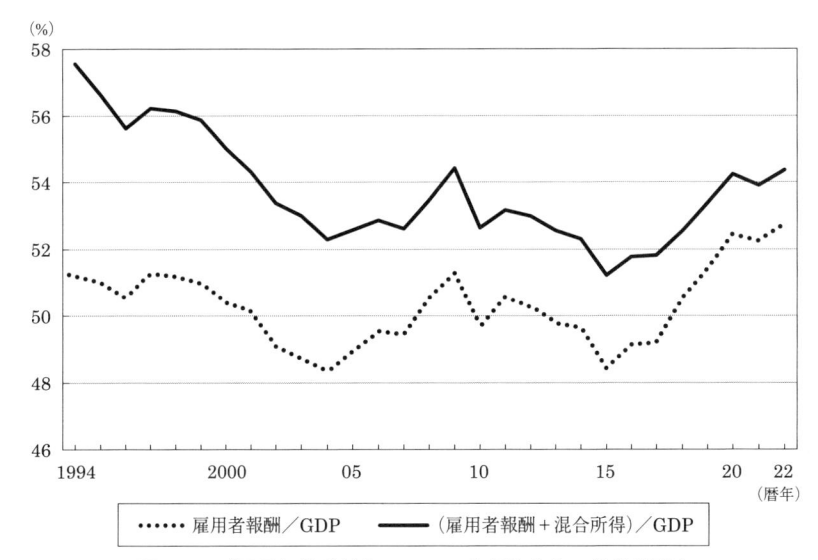

図 2-1　「国民経済計算」による日本経済全体の労働分配率
出所) 内閣府「国民経済計算」.

とが有益である（Higo 2023).

　経済全体の労働分配率の変化をみると，1990 年代後半以降 2015 年にかけ
て労働分配率は低下傾向にあった（図 2-1). 雇用者報酬／ GDP でみた場合
には，自営業から雇用者へのシフトの影響もあって，低下トレンドは緩やか
であるが，自営業の所得を含めた（雇用者報酬＋混合所得）／ GDP では，は
っきりとした低下トレンドがみてとれる．もっとも，2015 年以降は，いず
れの労働分配率でみても緩やかな上昇トレンドに転じ，2022 年にかけて上
昇を続けている．日本の労働分配率は，1990 年代後半以降 20 年間続いてき
た低下トレンドが終止符を打ち，上昇トレンドに転じた可能性がある．

2.2　「法人企業統計調査」による法人企業（全産業）の
　　　　労働分配率

　次に，財務省「法人企業統計調査（年次調査)」を用いて，法人企業（金
融・保険業を除く全産業）の労働分配率（人件費／(付加価値＋減価償却費)）の変

(1) 全規模・資本金 1000 万〜1 億円

| 全規模 | - - - 資本金 1 千万〜1 億円 |

(2) 資本金 10 億円以上

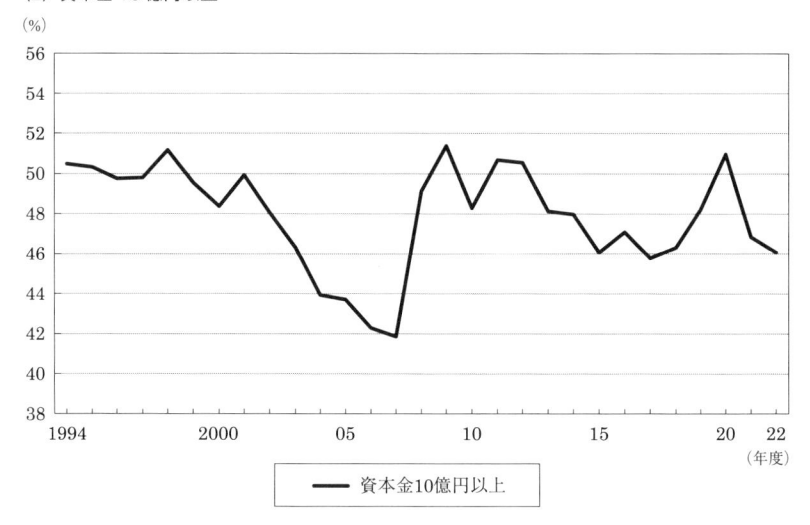

| 資本金 10 億円以上 |

図 2 - 2　「法人企業統計調査」による法人企業（全産業）の労働分配率

注）全産業から金融・保険業ならびに純粋持株会社（2009 年度以降）を除いた計数.
出所）財務省「法人企業統計調査（年次調査）」.

化を，資本金規模別にみる[1]．1990 年代後半以降 2015 年度にかけては，資本金 10 億円以上の大企業，同 1000 万〜1 億円の中小企業，いずれもはっきりとした低下トレンドとなった（図 2-2（1）（2））．一方，2015 年度以降では，資本金 10 億円以上の大企業では横ばい圏内であるが，同 1000 万〜1 億円の中小企業では振れを伴いながらも上昇に転じるなど，トレンドに変化が生じている．

　以上のように「国民経済計算」「法人企業統計調査」のデータからは，1990 年代後半から続いていた労働分配率の低下トレンドが終止符を打ち，2015 年以降の局面で，労働分配率が緩やかな上昇トレンドに変化した可能性があることが分かる．

3. 労働分配率の変動要因

3.1　労働分配率の変動要因の寄与度分解

　第 3 節では，混合所得を含むベースの労働分配率（（雇用者報酬＋混合所得）／GDP）について，その変動要因を分析する．ここでは，労働分配率の変動を，①実質賃金，②労働生産性，③交易条件（GDP デフレーター／家計消費デフレーター），の 3 つの項の変動に寄与度分解する．

$$労働分配率 = \frac{WLH}{P_g Y} = \frac{W}{P_c} \cdot \frac{P_c}{P_g} \cdot \frac{LH}{Y} \tag{1}$$

ここで，W は時間当たりの「雇用者報酬＋混合所得」，L は就業者数，H は就業者 1 人当たりの労働時間，Y は実質 GDP，P_g は GDP デフレーター，P_c は家計消費デフレーターである．（1）式の両辺の対数をとって微分すると，労働分配率の変化率について，以下の（2）式を導出することができる．

---

　1)　「法人企業統計調査」による労働分配率の算出では，付加価値のダブルカウントを回避するため，データが利用可能な 2009 年度以降，純粋持株会社の計数を除外している．

$$\Delta\left(\frac{WLH}{P_g Y}\right)=\Delta\left(\frac{W}{P_c}\right)-\Delta\left(\frac{Y}{LH}\right)-\Delta\left(\frac{P_g}{P_c}\right) \tag{2}$$

　ここで Δ は変化率を表している．右辺第1項が就業者・時間当たりの実質賃金（就業者・時間当たり：（雇用者報酬＋混合所得）／（就業者数×1人当たり労働時間×家計消費デフレーター））の変動である．就業者が得る労働所得を時間当たりに換算し，家計消費のデフレーターで実質化している．第2項は，就業者・時間当たりの労働生産性（実質 GDP／就業者数×1人当たり労働時間：労働の平均生産性）の変動である．実質化では国内生産の付加価値デフレーターである GDP デフレーターを用いている．このため，第3項に残差となる GDP デフレーター／家計消費デフレーターの変動を計上する．第6節で述べるように，この項は輸出物価／輸入物価の比率に示される日本経済全体の交易条件に対応している．労働分配率は，実質賃金が増加すると上昇する一方，労働生産性が上昇するあるいは GDP デフレーター／家計消費デフレーター（交易条件）が改善すると低下する．

3.2　労働分配率の変動要因の特徴——1997〜2015 年

　金融危機局面の労働分配率のピークである 1997 年から 2022 年を対象に，「国民経済計算」のデータから（2）式の各項を計算し，労働分配率（（雇用者報酬＋混合所得）／GDP）の前年差について寄与度分解を行う[2]．労働分配率は毎年の計数の振れが大きいことから，労働分配率のピーク・ボトムごとに期間を区切って評価する．具体的には，① 1997〜2004 年（2000 年代の景気拡張局面のボトム），② 2004〜2009 年（リーマンショック時のピーク），③ 2009〜2015 年（2010 年代の景気拡張局面のボトム），④ 2015〜2019 年（コロナ禍発生直前），⑤ 2019〜2022 年，の5つの時期に区分し，区分された時期別に各年の寄与度の平均を算出して比較する．

2）　労働分配率の変化幅の寄与度分解は，（2）式の両辺に前年の労働分配率 $\frac{WLH}{P_g Y}$ を乗じ，労働分配率の前年差に対する各項の寄与度を求め，期間別に平均をとって算出する．

(1) 各要因の変化率（年率）

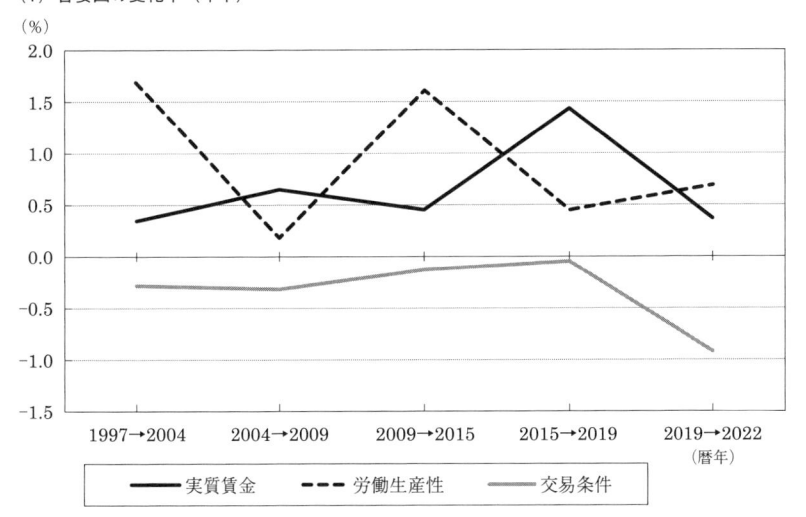

(2) 労働分配率：要因別寄与度分解（年率）

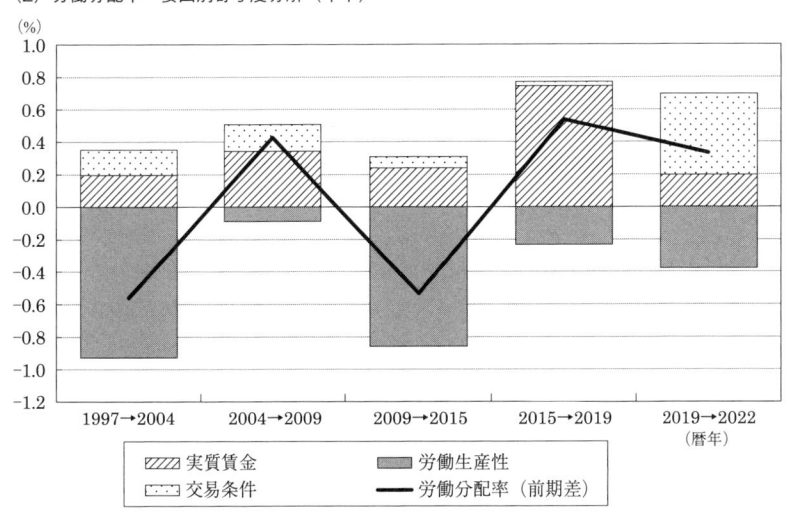

図2-3　労働分配率（（雇用者報酬＋混合所得）／GDP）の寄与度分解

注）自営業就業者の労働時間は2005年以降のデータが利用可能である．1994〜2004年は雇用者の労働時間と増減率が同一であるとみなして試算．
出所）内閣府「国民経済計算」．

(3) 労働分配率：要因別の寄与度分解（年率）〈暦年別：参考〉

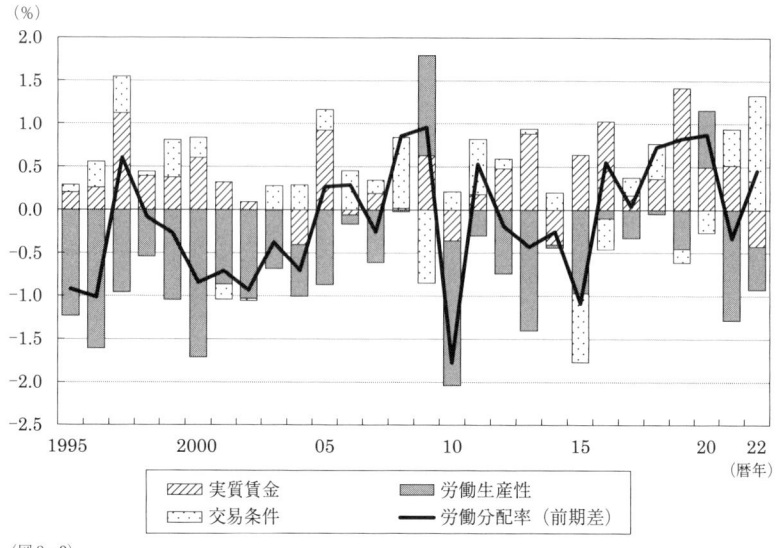

（図 2-3）

　2015 年までの時期に該当する①，②，③の各期の計算結果をみると，景気拡張局面である① 1997〜2004 年と③ 2009〜2015 年においては，労働生産性は年率 1.6% 上昇しており，労働分配率の変化幅への寄与は年率 0.9% ポイントに達した（図 2-3 (1) (2)）．労働生産性の上昇が，労働分配率の低下に最も大きく寄与した．一方で，実質賃金は年率 0.4% の上昇であり，労働分配率の変化幅への寄与は年率 0.2% ポイントと小幅の押し上げにとどまった．実質賃金上昇の寄与が労働生産性上昇の寄与を大きく下回ったことが，労働分配率の低下の大きな要因である．情報技術革新（ICT）などの技術進歩や，労働集約的な製造業の海外生産移転などが労働生産性を上昇させる一方で，高齢者や女性の労働参加拡大を通じた労働供給の増加が企業の労働力のバーゲニングパワーを強めるとともに労働者の賃金交渉力を低下させ，実質賃金を抑制したと考えられる．

　なお，② 2004〜2009 年においては労働分配率が一時的に上昇したが，これは 2008 年から 2009 年にかけてのリーマンショックによって実質 GDP が大きく落ち込み，労働生産性が一時的に低下したことによるものである（図

2-3 (3)).　一時的な景気の落ち込みに対して企業は雇用調整を行わず，企業内に労働力を保蔵する傾向があることから，労働生産性が低下したものと考えられる.

3.3　労働分配率の変動要因の特徴——2015〜2022 年

次に，労働分配率が上昇トレンドに変化した 2015 年以降の時期である④2015〜2019 年，⑤2019〜2022 年の結果についてみてみる.

まず，④2015〜2019 年では，ほとんどの期間で景気拡張が続いていたにもかかわらず，労働分配率は上昇した.　労働分配率の上昇に最も大きく寄与したのは実質賃金の上昇である.　実質賃金は年率 1.4% 上昇し，労働分配率を年率 0.7% ポイント押し上げた.　実質賃金の上昇が労働分配率の押し上げに大きな寄与をしたのは，近年では初めてである（前掲図 2-3 (1) (2)）.　労働供給増加の原動力である女性や高齢者の労働参加の拡大が限界に達し，労働需給が逼迫したことが影響したと考えられる.　企業の労働市場での買い手独占力が低下し，実質賃金が上昇している.　また，時間外労働の規制強化など「働き方改革」の進展から 1 人当たり労働時間が減少したことも，時間当たりの実質賃金押し上げに寄与した.　一方，労働生産性の上昇ペースは，2009〜2015 年の年率 1.6% から 2015〜2019 年の年率 0.4% 台へと大きく鈍化し，労働分配率の押し下げへの寄与は縮小した.

次に，新型コロナウイルス感染拡大による経済の落ち込みとその後の回復局面である⑤2019〜2022 年では，労働分配率は引き続き上昇した.　ただしその要因は変化し，GDP デフレーター／家計消費デフレーター（交易条件）の悪化が，労働分配率を年率 0.5% ポイント押し上げており，最も大きな寄与となった.　コロナからの回復局面における食料・エネルギーなど世界的な資源価格の上昇に加え，急速な為替円安の進展が寄与したと考えられる.　この間，労働生産性は 2015〜2019 年と同様に伸び悩んだままである.　また，コロナ禍の経済の落ち込みで労働需給が緩和し，実質賃金の上昇ペースは鈍化した.

以上のように，2015 年頃を境に労働分配率のトレンドは緩やかな上昇へ

変化したと考えられる．2015〜2019 年では実質賃金の上昇が労働分配率の上昇に最も大きく寄与した一方，2019〜2022 年では交易条件の悪化が最大の寄与となった．また，2015 年以降，労働生産性の上昇率が鈍化しており，労働分配率の押し下げ寄与は縮小した．

　以下，2015 年以降の労働分配率の上昇について要因別に詳しく分析する．

4. 2015 年以降の労働分配率上昇の背景（1）
──賃金上昇率の拡大

4.1　労働需給逼迫による賃金上昇率の拡大と労働分配率の上昇

　2015〜2019 年では実質賃金の上昇が，労働分配率の押し上げに大きく寄与した．この点を，「国民経済計算」の産業別（経済活動別）データ（農林水産業，鉱業，公務を除く 26 産業）で確認する．産業別の実質賃金上昇率（雇用者・時間当たり：雇用者報酬／（雇用者数×1 人当たり労働時間×家計消費デフレーター））と労働分配率上昇幅との相関は高くなっている（図 2-4）．建設業，情報通信業，運輸・郵便業，製造業の一部（はん用・生産用・業務用機械，輸送用機械）で，賃金上昇率が拡大するとともに労働分配率が上昇した．

　各産業における賃金上昇率の拡大には，労働需給の逼迫が影響している．2000 年代初頭以降，女性や高齢者の労働参加拡大が労働需給の緩和に作用してきたが，それが次第に限界に達しつつあることから，2015 年前後から労働需給が逼迫している．日本銀行「短観」の雇用判断 DI をみると，2014〜2015 年頃から DI の不足超幅が大きく拡大し，2018〜2019 年にピークをつけた（図 2-5（1））．産業別に賃金上昇率（2015 年→ 2019 年）と雇用判断 DI の不足超幅（2019 年）との関係をみると，労働需給が逼迫した産業でより大きな賃金引き上げが行われ，労働分配率が上昇した（図 2-5（2））．なお，産業別データで賃金上昇率と労働生産性上昇率との関係をみると，賃金上昇率の拡大は労働生産性（平均生産性）の上昇とは無関係に生じており[3]，この時

　3）　ただし，実質賃金の決定に影響を及ぼすのは，労働の平均生産性ではなく限界生産性である．企業の生産関数として CES 型関数を想定すると，労働と資本との代替の弾

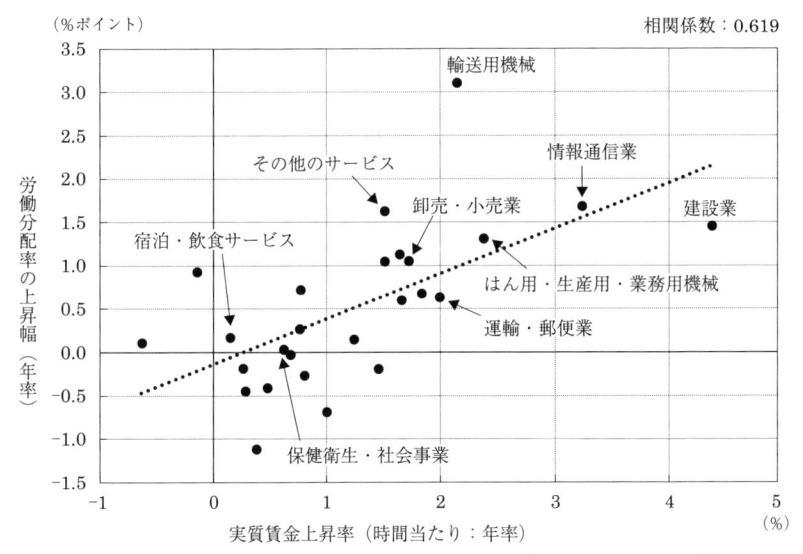

図 2 - 4　実質賃金上昇率と労働分配率上昇幅（2015 年 → 2019 年）

注）労働分配率＝雇用者報酬／GDP である．経済活動別（産業別）は，公表 29 産業から，農林水産業，鉱業，公務を除いた 26 産業について図示．
出所）内閣府「国民経済計算」．

期の賃金上昇は，労働需給逼迫に伴う企業の労働力の買い手独占力の弱まりが要因であった可能性がある．

4.2　賃金上昇率の産業・企業規模間のばらつき

　労働需給の逼迫は非製造業において顕著である．建設業，情報通信業，運輸・郵便業で賃金上昇が目立つが，いずれも労働時間が長く労働負荷が重い産業であり，女性や高齢者の労働参加の拡大では労働需要を充足するのが難しいためである．一方，宿泊・飲食サービスなどのサービス業でも雇用判断 DI の不足超幅の拡大が顕著であるが，賃金上昇率の拡大は目立っていない．これらの産業では，女性や高齢者の労働参加の拡大がなお可能であり，賃金

力性が 1 の場合（コブ = ダグラス型と一致）には労働の限界生産性と平均生産性は比例関係となるが，代替の弾力性が 1 以外の場合では両者にはパラレルな関係は存在しない．

(1) 雇用判断 DI の推移

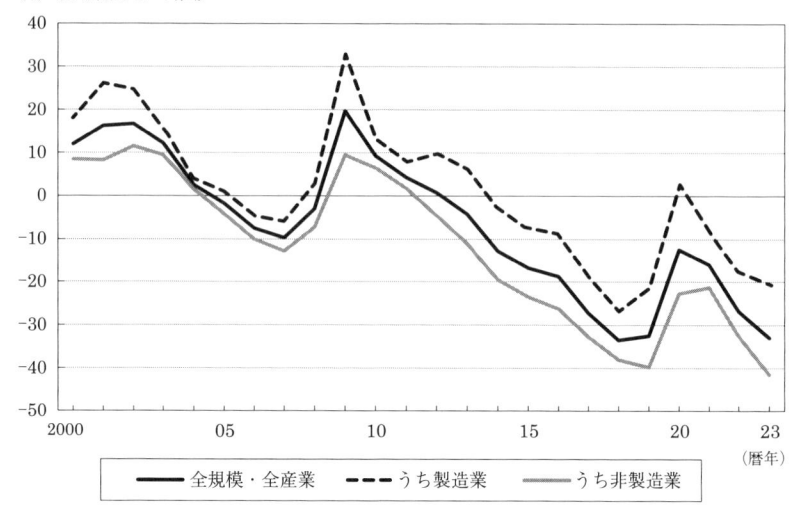

| ── 全規模・全産業 | ---- うち製造業 | ── うち非製造業 |

(2) 雇用判断 DI と実質賃金上昇率

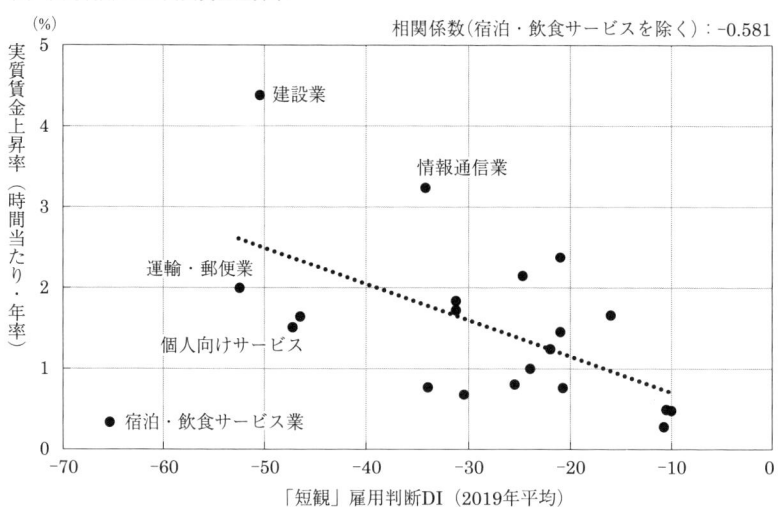

図 2 - 5　「短観」雇用判断 DI（2019 年）と実質賃金上昇率（2015 年 → 2019 年）

注）(2) では「短観」と「国民経済計算」がマッチング可能な 23 産業について図示.
出所）日本銀行「全国企業短期経済観測調査」, 内閣府「国民経済計算」.

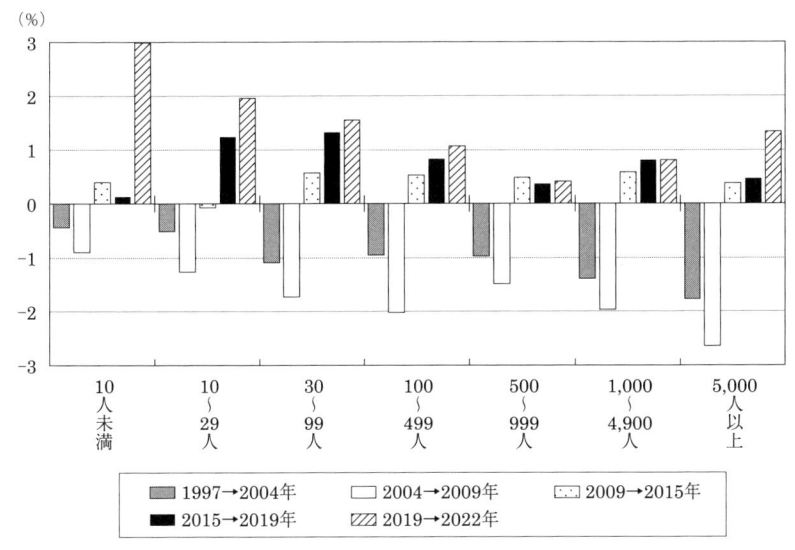

図 2-6　企業規模別の賃金上昇率（年率）

注）1年を通じて勤務した者の平均給与（年間）である．役員・正規・非正規の合計．
出所）国税庁「民間給与実態統計調査」．

水準の低い非正規雇用への依存度を高めることで人件費負担を抑制できていたためである．

　また，国税庁「民間給与実態統計調査」で企業規模別の賃金上昇率をみると，2015年以前は規模別の格差は小さかったが，2015年以降は，従業者数が10〜99人などより小規模の企業で賃金上昇率が高くなった（図2-6）．労働需給逼迫の影響は，賃金水準が低く，労働市場におけるバーゲニングパワーが弱い中小企業でより大きくなった．労働需給逼迫による賃金上昇率の拡大が，中小企業における労働分配率の上昇トレンドへの変化に影響している（前掲図2-2（1））．

5. 2015 年以降の労働分配率上昇の背景 (2)
——労働生産性の上昇鈍化

5.1　幅広い産業で一斉に生じた労働生産性の上昇鈍化

　「国民経済計算」の産業別データで確認すると，2015 年以降，多くの産業で労働生産性の上昇が鈍化した（図 2-7）．製造業では，これまで生産性上昇を牽引してきた電子部品・デバイス，情報・通信機器，輸送用機械で労働生産性の上昇鈍化が目立つほか，非製造業では，宿泊・飲食サービス，その他のサービス（個人向けサービス等）など幅広い産業で労働生産性上昇率がマイナスに転落した．これまで成長を牽引してきた情報技術革新（ICT）などの技術進歩が世界的に一服したほか，労働集約的な製造業の海外生産移転などのグローバル化が一巡し，生産性向上への寄与が縮小したことが影響している．また，長年，設備投資が抑制され資本装備率が小さな伸びにとどまっていたことも，労働生産性の向上を阻んでいるとみられる．

5.2　産業間・企業間の資源配分の効率化効果の縮小

　労働生産性の向上には，資本や労働といった生産要素が生産性の低い企業から高い企業へ移動する，あるいは生産性の高い企業が市場に参入する，生産性の低い企業が退出するといった産業間・企業間の資源配分の効率化が一定の寄与をしてきた．生産物市場に生産性の水準が異なる企業が存在するもとで，2000 年代以降における価格マークアップ率の低下に示される競争環境の激化により，生産性の低い企業が退出を迫られるなど資源配分の効率化が作用してきたと考えられる．2015 年以降の労働生産性の上昇鈍化には，これまで作用してきた資源配分の効率化が鈍化したことが寄与している可能性がある．
　「法人企業統計調査（年次調査）」の資本金規模別（1000 万円未満，1000 万〜2000 万円，2000 万〜5000 万円，5000 万〜1 億円，1 億〜10 億円，10 億円以上の 6 区

（1）**製造業**

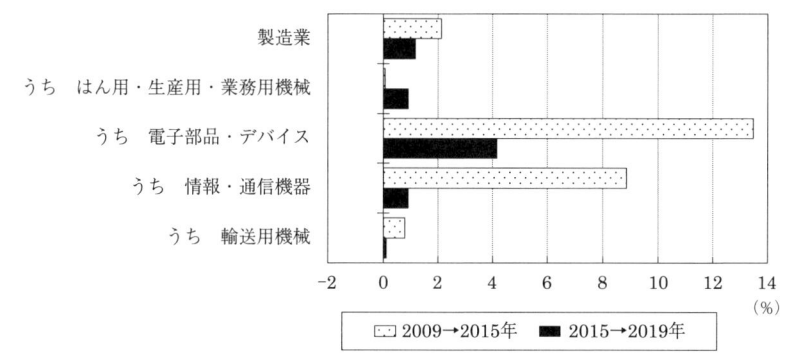

（2）**非製造業**

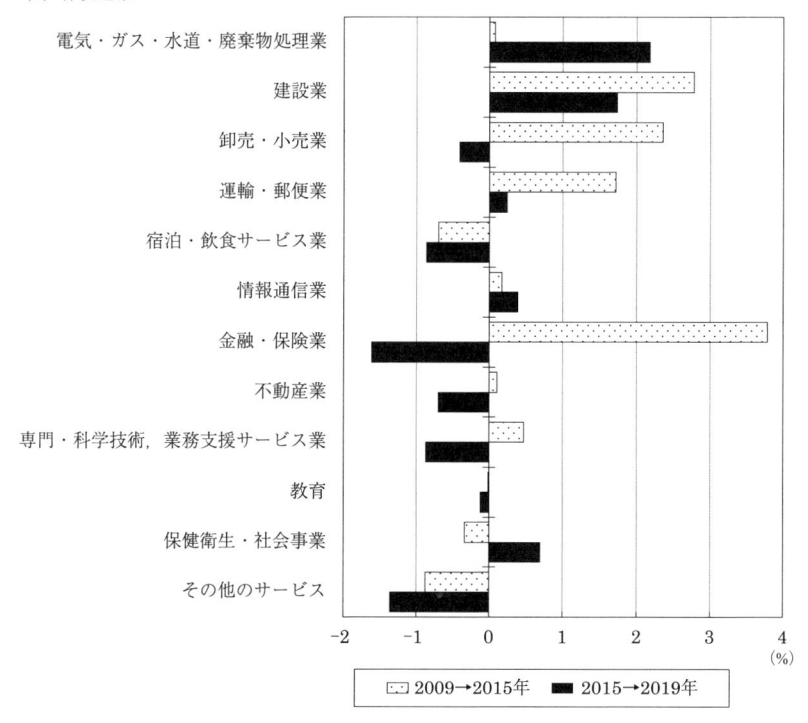

図 2 - 7　労働生産性上昇率（2009 年→ 2015 年，2015 年→ 2019 年：年率）

出所）内閣府「国民経済計算」.

分）で役員・従業員 1 人当たりの（名目の）労働生産性を算出し，資本金規模別の変化を分析する．具体的には，全規模の労働生産性の変化を，①同一規模に属する企業の労働生産性の変化による寄与を示す「内部効果」，②労働生産性が高い（低い）資本金規模に属する企業の役員・従業員シェアが拡大（縮小）することによる寄与を示す「シェア効果」，③「内部効果」と「シェア効果」の交差項である「共分散効果」，各々の寄与に分解する．このうち，資源配分の効率化を示すシェア効果をみると，2004 年度から 2009 年度では，全規模の労働生産性上昇率の押し上げに年率 0.7% 寄与していたが，2009 年度から 2015 年度では年率 0.1% に，2015 年度から 2019 年度では年率 0.0% に縮小した．さらに 2019 年度から 2022 年度の寄与は年率▲0.6%とマイナスに転化し，全規模の労働生産性上昇率の押し下げに寄与した（図2-8（1））．資本金規模別の役員・従業員数シェアをみると，2004 年度から2009 年度にかけて，労働生産性が高い資本金 10 億円以上の大企業，1 億〜10 億円の中堅企業，中小企業のうち相対的に労働生産性が高い 5000 万〜1億円の企業シェアが拡大した一方で，競争激化に伴い収益が悪化した中小企業の廃業・退出が進展したことから，労働生産性が低い 1000 万〜2000 万円の企業シェアが大きく縮小しており，これがシェア効果のプラス寄与をもたらした（図2-8（2））．一方，2009 年度から 2019 年度では，規模が大きい企業へのシェアのシフトが一服したことからシェア効果の寄与が縮小した．さらに 2019 年度以降は，規模の小さい企業のシェアが高まる方向に変化し，シェア効果の寄与がマイナスに転じた．

　本分析が捉える資源配分の効率化効果は，資本金規模間の企業シェアの変化に限定されており，一部をカバーするにとどまる．評価には一定の留保が必要であるが，直近の労働生産性上昇の鈍化に一定の寄与をした点は注目に値する[4]．中小企業が占めるシェアが高い宿泊・飲食サービスや個人向けサービスなど，非製造業の労働生産性の上昇鈍化への影響が大きい可能性がある．企業の新陳代謝のダイナミズムが弱まった背景には，様々な要因が考え

---

4)　「経済センサス活動調査」（調査対象年：2011 年と 2015 年）の個票を用いた深尾ほか（2021）では，中小企業を中心に資源配分の効率化効果が生産性向上に大きめの寄与をしているとの結果を得ている．

(1) 効果別の寄与度分解（年率）

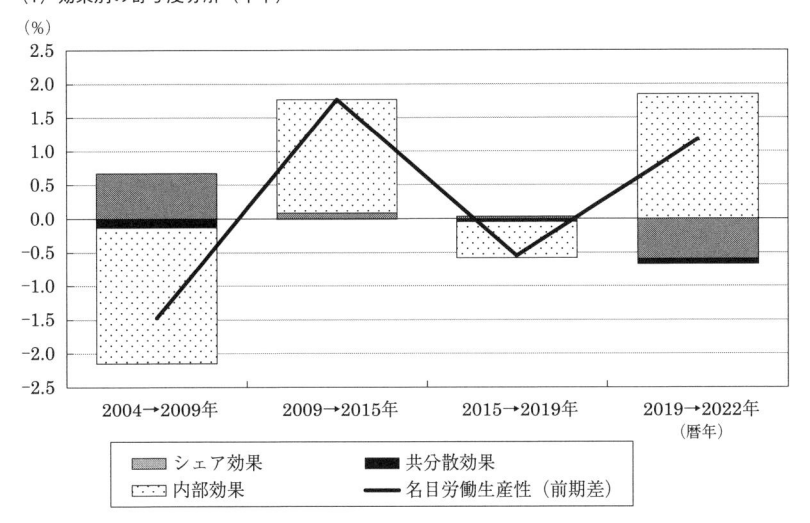

(2) 資本金規模別の役員・従業員数シェア

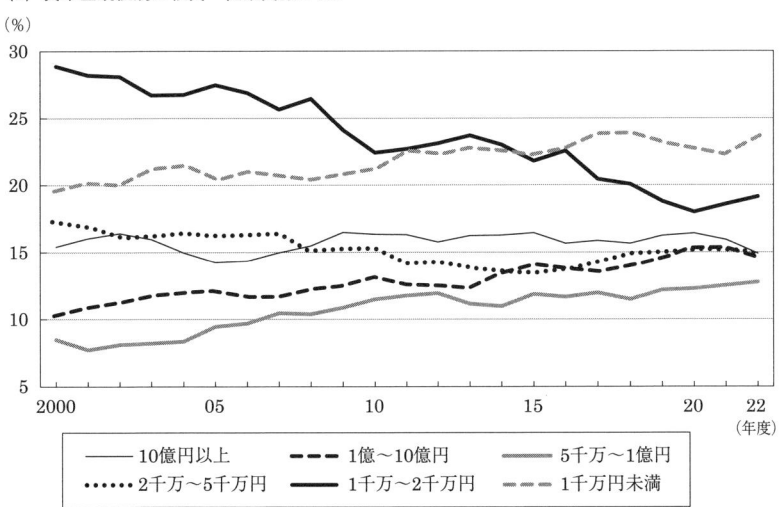

図 2 - 8　企業の資本金規模別の名目労働生産性

注）名目労働生産性＝（付加価値＋減価償却費）／役員・従業員数.
出所）財務省「法人企業統計調査（年次調査)」.

られる．福田（2023）などが指摘するように，日本銀行の超低金利政策の長期化，政府によるコロナ対策の「ゼロゼロ」融資拡充や設備投資の補助金拡大など，中小企業優遇政策の一層の強化も要因となっている可能性がある．

5.3　企業のグローバル化に伴う本社機能強化の影響

　日本企業のグローバル化の進展に伴い，海外子会社から得られる直接投資収益（子会社からの配当金や内部留保〈再投資収益〉）が近年大きく増加している．財務省・日本銀行「国際収支統計」によると，直接投資収益（受取）は，2014年の10兆円，GDPの2％から2022年には28兆円，GDPの5％へと拡大した（図2-9（1））．産業別では，製造業は9兆円強と約3分の1を占め，輸送用機械と化学（医薬）が各々約2兆円である．非製造業では18兆円のうち，卸売・小売業が6兆円，金融・保険業が4兆円，鉱業が3兆円を占める．企業のグローバル展開に伴い，国内の生産活動（＝GDP）が伸び悩む一方で，GDPにカウントされない直接投資収益が企業収益の拡大に大きく寄与した．産業別の直接投資収益（受取）／産業別GDPの比率をみると，2022年には化学（医薬）で20％，輸送用機械で17％，金融・保険業で16％に達した．

　この結果，急速に拡大する海外ビジネスを経営・統括するために日本の本社機能を強化する必要性は高まっており，近年，人員を増強する動きが目立っている．経済産業省「企業活動基本調査」を用いて，資本金3000万円以上・従業員数50人以上の企業における全従業者数に占める本社部門人員の比率をみると，2000年代初頭以降，企業のリストラ進展に伴い低下を続けてきたが，2015年の9.0％をボトムに増加に転じ，2021年には9.7％まで増加した（図2-9（2））．産業別では，直接投資収益の寄与が大きい医薬品製造業でボトムの17.9％から20.2％に，輸送用機械で同じく16.7％から19.1％に，大手商社が含まれる「その他卸売業」で13.1％から16.5％に，各々増加した．海外ビジネス強化に対応した本社人員の増加に伴い，従業員に支払う賃金（雇用者報酬）が増加した一方で，対価である海外からの直接投資収益はGDPにカウントされないことから，グローバル化に伴う本社機

(1) 対外直接投資収益（受取）

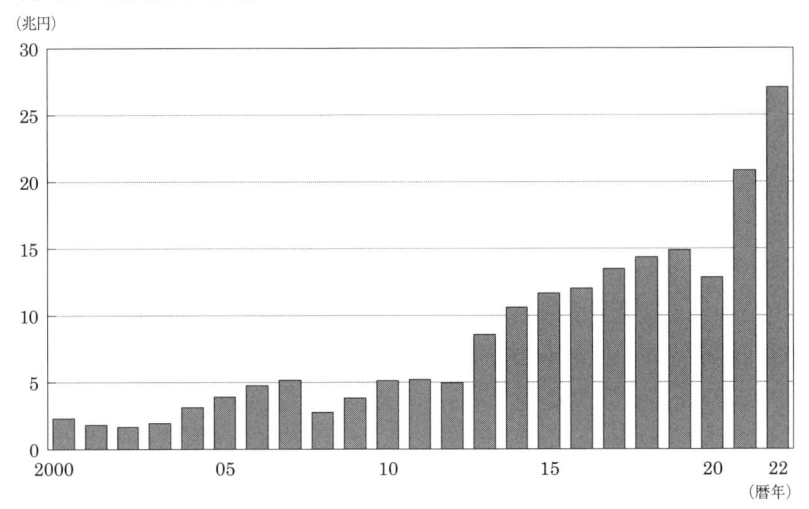

(2) 本社部門人員比率

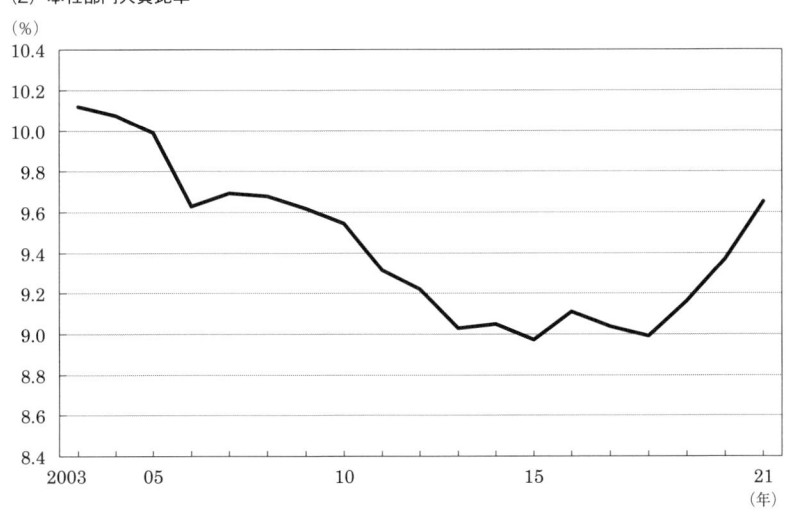

図 2-9　対外直接投資収益と本社部門人員

出所）財務省・日本銀行「国際収支統計」，経済産業省「企業活動基本調査」．

能の強化は，労働分配率の上昇をもたらしている．

　これまでグローバル化の進展は，労働集約度が高い製造業の海外移転を通じて国内の生産活動における資本集約度を高め，労働分配率の低下をもたらすと考えられてきた．しかし，海外ビジネスを統括する本社機能が強化されることで労働分配率が押し上げられるという逆の影響が出てきている点は注目に値する．

6. 2015 年以降の労働分配率上昇の背景（3）
——交易条件の悪化

6.1　交易条件（GDP デフレーター／家計消費デフレーター）の持つ意味

　第 3.3 節で述べたように 2019〜2022 年では，GDP デフレーター／家計消費デフレーターの低下が労働分配率の上昇に最も大きな寄与をした．これは過去にはみられない変化である．最初に交易条件（GDP デフレーター／家計消費デフレーター）がどのような要因で変化するのかを整理する．

　分子の GDP デフレーター P_g は，支出側 GDP と生産側 GDP の定義式から，

$$P_g = \frac{P_D D + P_X X - P_M M}{Y} = \frac{P_Q Q - P_I I}{Y} \tag{3}$$

と書くことができる．このうち，P_D は内需（国内需要），P_X は輸出，P_M は輸入，P_Q は産出，P_I は中間投入の各デフレーターである．一方，D は内需，X は輸出，M は輸入，Q は産出，I は中間投入の各実質値である．Y は実質 GDP で，$Y = D + X - M = Q - I$ の関係式が成り立つ．

　支出側 GDP の定義に沿った（3）式の右辺第 1 項からは，GDP デフレーターが経済全体の交易条件である「輸出物価／輸入物価」比率に，生産側 GDP の定義に沿った右辺第 2 項からは企業の生産活動の採算条件である「産出価格／中間投入価格」比率に，各々左右されることが分かる．この点は，輸出物価／輸入物価比率の変化から生じる実質購買力の変化を示す交易

利得の定義式を用い，GDP デフレーター／家計消費デフレーターの変動を
「国内物価変動分」と「交易利得変動分」に分解すると分かりやすい．

$$\Delta\left(\frac{P_g}{P_c}\right)=\Delta\left(\frac{P_{GDI}}{P_c}\right)+\Delta\left(1+\frac{TG}{Y}\right) \tag{4}$$

ここで，P_{GDI} は国内総所得のデフレーター（名目 GDP を実質国内総所得〈＝実
質 GDP ＋交易利得〉で除して算出するデフレーター）を，TG は交易利得を示し
ている．(4) 式の右辺第 1 項は，国内物価が家計消費デフレーター対比でど
の程度上昇しているかを示す「国内物価変動分」に，第 2 項は輸出物価／輸
入物価の比率の変動で生じている「交易利得変動分」に，各々対応している．
　GDP デフレーター／家計消費デフレーターは，輸出物価／輸入物価比率
に加え，通貨の購買力を測る総合的な指標である実質実効為替レートと高い
相関を有する（図 2-10 (1)）．日本経済の対外競争力低下に伴い，実質実効為
替レートが円安方向に低下し，輸出物価の上昇率が輸入物価の上昇率を下回
ることで輸出物価／輸入物価比率を押し下げ，GDP デフレーター／家計消
費デフレーターが下落している．(4) 式を用いて，1990 年代後半以降の
GDP デフレーター／家計消費デフレーターの変動を寄与度分解すると，輸
出物価／輸入物価比率に起因する交易利得の変動分による寄与がその大半を
占めている（図 2-10 (2)）．

6.2　2022 年以降の局面変化
——資源価格高騰の労働分配率への影響

　2000 年代に入って，エネルギー・食料などの資源価格上昇が持続してい
ることに加え，為替レートの円安が進展したことから，GDP デフレーター
／家計消費デフレーターは趨勢的に低下している．これが労働分配率の押し
上げ要因として作用してきたが，2020 年頃まではそのペースは緩やかで労
働分配率への寄与は限定的であった．これは，製造業を中心に省エネルギー
など中間投入を縮減する技術進歩に取り組んできたおかげであり，日本経済
は交易条件の悪化による投入コストの上昇に直面しつつも何とか対処してき

(1) 実効為替レートとの関係

デフレーター，実質実効為替レートは2015年＝100

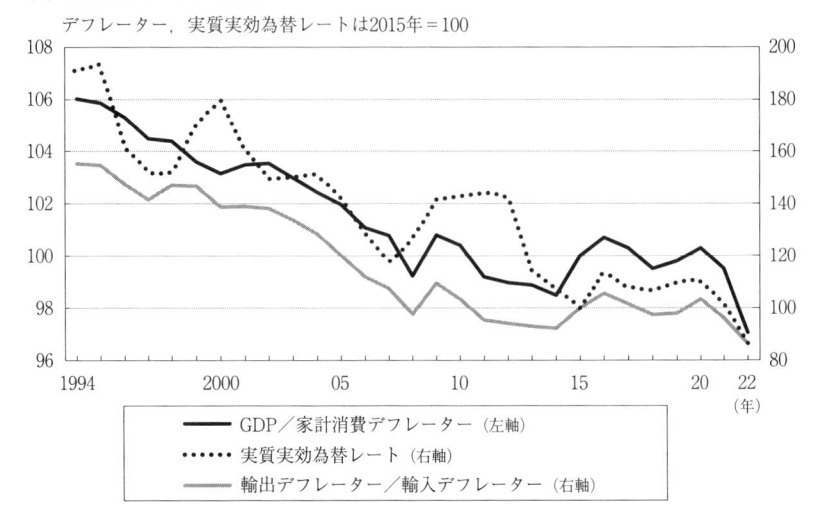

━━━ GDP／家計消費デフレーター（左軸）
‥‥‥ 実質実効為替レート（右軸）
━━━ 輸出デフレーター／輸入デフレーター（右軸）

(2) 国内物価変動分と交易利得変動分への寄与度分解（年率）

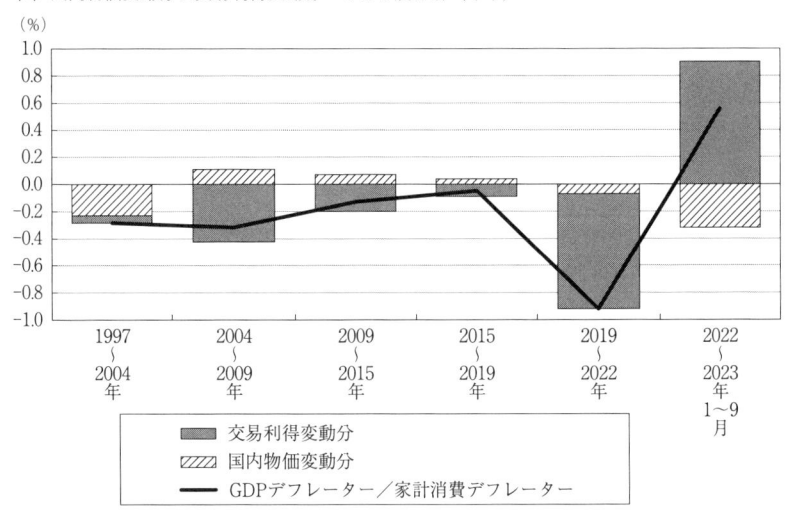

▨ 交易利得変動分
▨ 国内物価変動分
━━ GDPデフレーター／家計消費デフレーター

図 2-10　交易条件（GDP デフレーター／家計消費デフレーター）

注）デフレーター，実質実効為替レートは 2015 年＝100.
出所）内閣府「国民経済計算」，日本銀行.

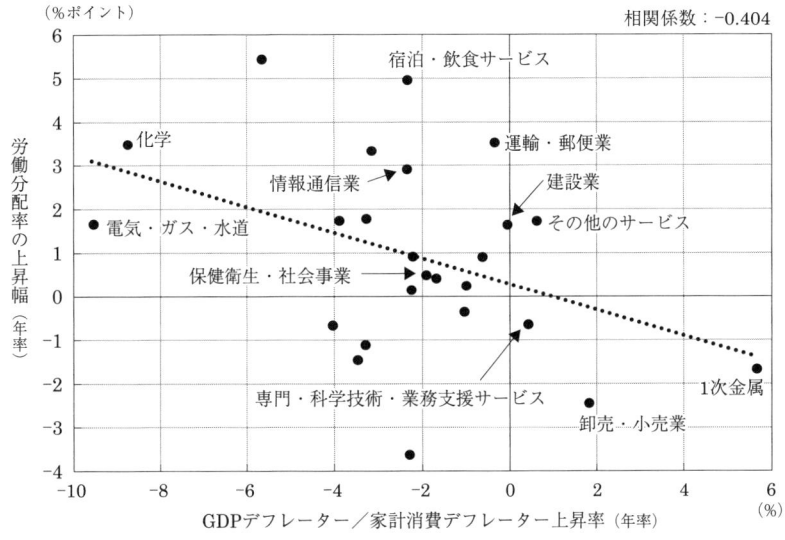

図 2−11　交易条件と労働分配率上昇幅（2019 年→ 2022 年）

注）農林水産業，鉱業，石油・石炭製品，公務を除く 25 産業について図示．
出所）内閣府「国民経済計算」．

た．

　しかし，2021 年以降，世界経済がコロナ禍から回復したことに加え，ロシアのウクライナ侵攻による地政学的リスクの高まりもあって，資源エネルギーの価格が急騰するとともに，インフレの高まりを受けた欧米の金融引き締めの影響で 2022 年以降為替円安が急速に進展している（前掲図 2-10（1））．こうした影響を受け，輸入物価が大きく上昇し，交易利得が大きく悪化したことから，2022 年の GDP デフレーター／家計消費デフレーターは前年比で▲2% の大幅下落となった（前掲図 2-10（2））．

　中間投入デフレーター上昇が産出デフレーター上昇を大きく上回り，名目GDP が圧縮されたことから，2019〜2022 年では労働分配率の最大の押し上げ要因として寄与した（前掲図 2-3（2））．「国民経済計算」の産業別データをみると，2019〜2022 年では GDP デフレーター／家計消費デフレーターの下落率が大きい産業ほど労働分配率の上昇幅が大きいとの相関がみられている（図 2-11）．この結果は，ポストコロナの回復局面では資源価格の高騰と為替

円安によって投入コストが大幅に上昇した一方，家計を中心に需要サイドの値上げへの抵抗感が強く，十分な価格転嫁を行うのは困難であったことを示している．

7. 2023 年以降の労働分配率の急速な低下

7.1　2023 年以降の労働分配率の急速な低下とその背景

　2015 年から 2022 年にかけて続いてきた労働分配率の上昇トレンドは，2023 年に入って再び大きく変化している．「国民経済計算」の四半期データ（季節調整値）を用いて日本経済全体の労働分配率（雇用者報酬／GDP）の推移をみると，2023 年第 1 四半期以降，労働分配率は低下している（図 2-12（1））．労働分配率は，2022 年 10〜12 月の 52.5% から直近の 2023 年 7〜9 月には 50.6% へと約 2% ポイント低下している．2015 年から 2022 年までの上昇幅の半分に達するなど，低下ペースは急速である．

　2022 年対比の 2023 年 1〜9 月の労働分配率の低下幅を，①実質賃金（雇用者・時間当たり）の変動，②労働生産性の変動，③交易条件（GDP デフレーター／家計消費デフレーター）の変動，に寄与度分解する．その結果によると，①名目賃金の上昇ペースが消費者物価（家計消費デフレーター）上昇率の加速に追いつかず，実質賃金が前年比で▲1.9% と大きく下落していること，③資源価格高騰の一服から輸入物価が下落に転じ，GDP デフレーター／家計消費デフレーターの変化率が 2019 年から 2022 年までの年率▲0.9% の下落から 0.5% の上昇に転じたこと，の 2 つの要因が労働分配率の低下に寄与している（図 2-12（2））．

　2023 年年初以降の GDP デフレーター／家計消費デフレーターの前年比をみると，輸入物価が下落に転じたことに加え，為替円安を反映して輸出物価の上昇が徐々に浸透したことから，交易利得変動分の寄与が大きくプラスに転じている（前掲図 2-10（2））．一方，国内物価変動分の寄与は 2023 年の 1〜9 月合計ではマイナス寄与であるが，四半期ごとにマイナス幅を縮小して

(1) 労働分配率

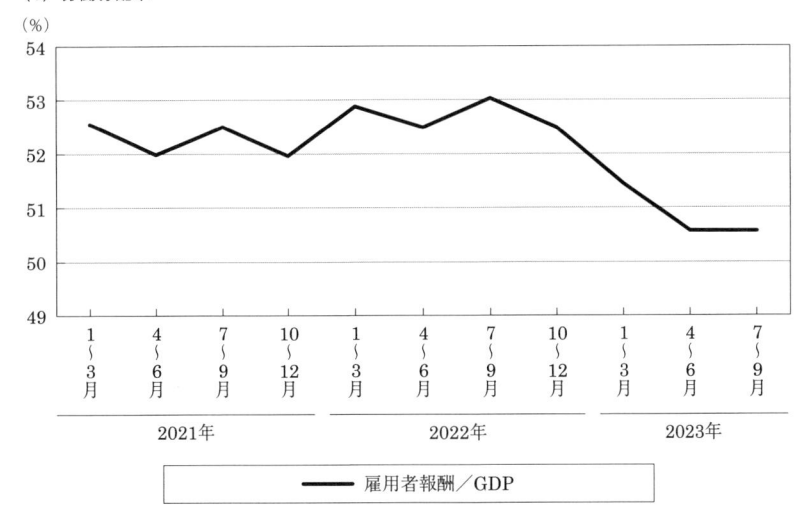

(2) 要因別寄与度分解（年率）

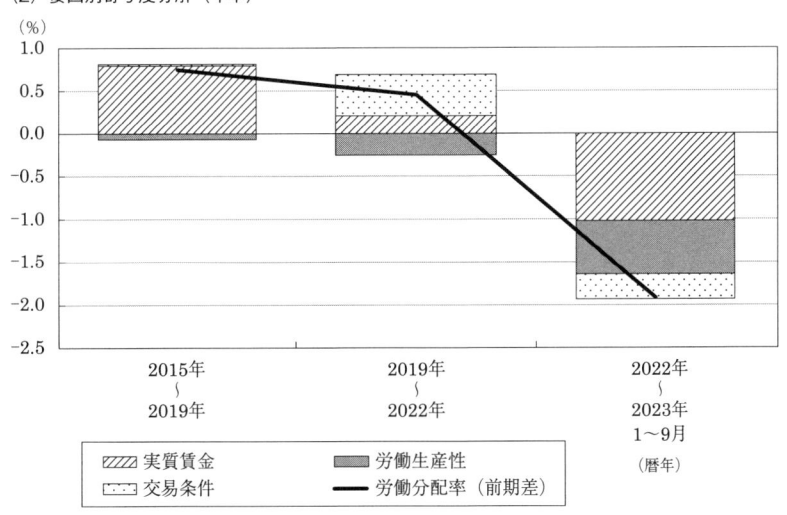

図 2 - 12　2021 年以降の労働分配率と要因別寄与度分解

注）（2）の寄与度分解は，雇用者報酬／GDP に対するものである．
出所）内閣府「国民経済計算」.

おり，そのうち民間需要分では 2023 年 7〜9 月には前年同期比でプラスに転じている．投入コストの大幅上昇に耐えきれなくなった企業が，これまでの慎重な価格転嫁スタンスから一転して，積極的に販売価格を引き上げていることを示している．「賃金と物価の好循環」に向けて一歩踏み出したかたちであるが，一方，企業の賃金引き上げはなお抑制的である．こうした違いが生じる要因には，2023 年の消費者物価上昇率が 2023 年の春季賃金改定時点での予想を上回り，実質賃金が予想以上の下落となった点がある．さらに，原材料コスト上昇分の価格転嫁は需要サイドの理解が得られやすく，価格引き上げが相対的に容易である一方，賃金引き上げに伴う人件費の増加分は価格転嫁への理解が得られにくく，価格引き上げが難しいとの取引慣行から，賃金引き上げは抑制的にならざるを得ないとの事情も影響している可能性がある．

7.2　企業規模間における労働分配率低下のばらつき

2023 年年初以降の労働分配率の低下には，企業規模によるばらつきがみられている．「法人企業統計調査（四半期調査）」から資本金規模別の労働分配率（季節調整値）の動きをみると，2022 年 10〜12 月から 2023 年 7〜9 月までの低下幅は，資本金 10 億円以上の大企業では▲4.2% ポイントと大幅となる一方，同 1000 万〜1 億円の中小企業では▲1.9% ポイントにとどまっている（図 2-13 (1)）．2023 年に入って価格転嫁が大企業では順調に進捗する一方で，競争環境が厳しい中小企業では価格転嫁が難航していることが分かる．

こうした影響もあって，2023 年の賃金引き上げ率は中小企業で大企業と比べて低くなっている．厚生労働省「賃金引上げ等の実態に関する調査」ならびに「賃金改定状況調査」によると，従業員規模 5000 人以上では賃上げ率が 4.0% に達する一方，同 100〜299 人では 2.9%，同 30 人未満では 2.5% と規模が小さくなるほど賃金改定率が小さくなっている（図 2-13 (2)）．これは，規模が小さいほど賃金上昇率が高めであった 2015 年から 2022 年にかけての動きとは異なっている．この間，ポストコロナの景気回復が進み，

(1) 資本金規模別の労働分配率

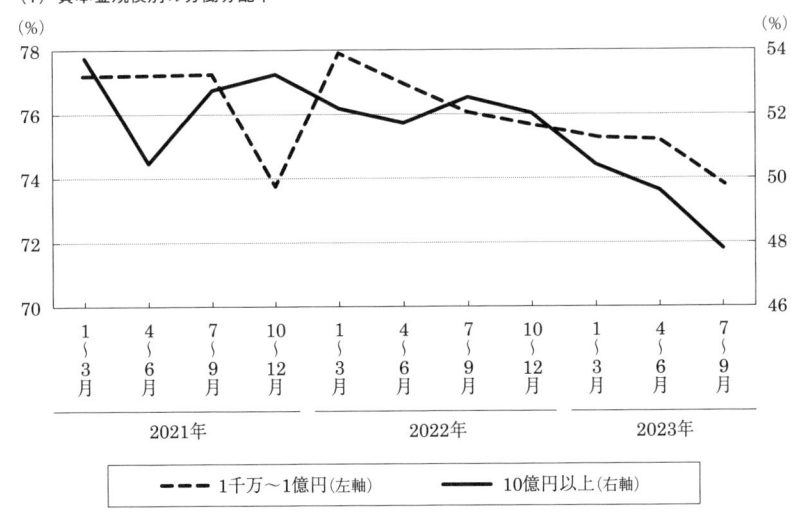

（凡例）
- - - 1千万～1億円（左軸）　　——— 10億円以上（右軸）

(2) 企業規模別の賃金引き上げ率

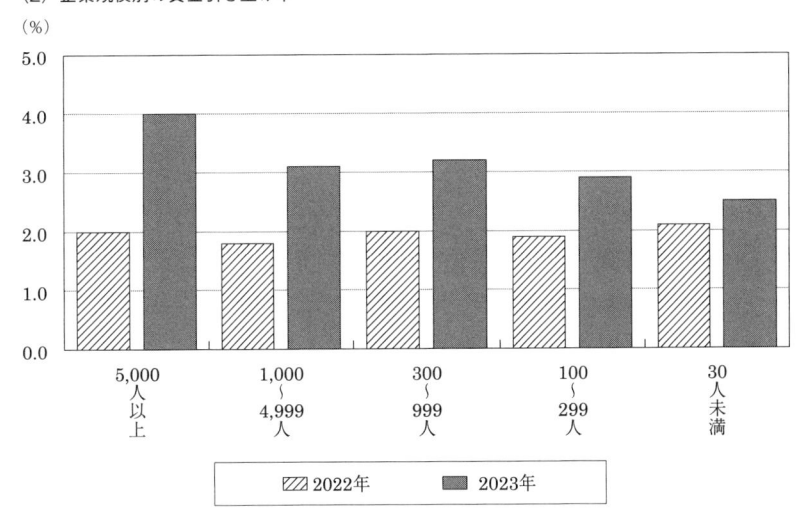

（凡例）
▨▨ 2022年　　　■ 2023年

図2 - 13　企業規模別の労働分配率と賃金引き上げ率

注）労働分配率は人件費／（人件費＋営業利益＋減価償却費）で算出．季節調整済．

出所）財務省「法人企業統計調査（四半期調査）」，厚生労働省「賃金引上げ等の実態に関する調査」「賃金改定状況調査」．

2023年に入って「短観」の雇用判断DIの不足超幅が再び拡大するなど，労働需給の逼迫が目立っている（前掲図2-5（1））．中小企業の人手不足が大企業と比べ深刻となるなか，賃金水準が低い中小企業が今後も賃上げ抑制を続けると人員確保が困難になると見込まれる．

8.　おわりに——今後の労働分配率の展望

　本章では，日本の労働分配率が，1990年代後半以降，20年にわたり継続してきた低下トレンドに終止符を打ち，2015年以降，緩やかな上昇トレンドに転じた点を指摘した．併せて，①労働需給逼迫に伴う実質賃金上昇率の拡大，②技術革新の一服や企業の新陳代謝のダイナミズムの弱まりによる労働生産性（平均生産性）の上昇鈍化，③資源価格高騰や為替円安の進展に起因する交易条件（GDPデフレーター／家計消費デフレーター）の悪化，の3つの要因が労働分配率の上昇トレンドへの変化をもたらした点を取り上げた．以上を踏まえ，今後の労働分配率に影響を与える各要因について展望する．

　第1の要因である実質賃金の上昇による労働分配率への押し上げ寄与は，今後一定期間継続する可能性がある．日本の人口減少ペースが次第に加速することが見込まれるなか，女性や高齢者の労働参加率の上昇は限界を迎えつつあり，労働供給の減少が先行きより深刻化する可能性が高い．完全競争を想定した経済成長モデルでは，人手不足によって実質賃金が上昇しても，資本収益率の低下によって長期的には資本ストックが減少し，企業の生産水準が低下して人手不足が緩和するため，賃金上昇は一時的にとどまると考えられる．一方で，企業の労働力に対する買い手独占により賃金が完全競争下の均衡賃金よりも低く抑えられている場合は，人手不足の深刻化による労働者の賃金交渉力の高まりにより，賃金上昇と（一定範囲内での）労働供給量の増加が同時に実現する可能性がある．賃金と物価の硬直性が弱まり，均衡に向けて賃金と物価の調整が行われる「賃金と物価の好循環」の実現が，こうした動きを後押しすることが予想される．先行き，実質賃金の上昇と労働分配率への押し上げ寄与がどの程度の期間持続するかは，資本ストックの調整速

度と人手不足を受けた企業の労働力の買い手独占力の弱まり度合い，いずれがより強く作用するかに依存すると考えられる.

　2023 年に入って，予想を超えるインフレ加速の影響もあって実質賃金が減少し，労働分配率が急低下しているが，直近の労働需給の逼迫を勘案すると，予期しないかたちで生じた一時的なものと考えられる. 2024 年以降，「賃金と物価の好循環」が進展するもとで，労働需給逼迫が深刻な産業を中心に賃上げが拡大することで，実質賃金上昇率がプラスにリバウンドし，労働分配率が 2023 年年初以降の低下分を徐々に取り戻していく蓋然性は大きいとみられる. 販売価格への転嫁が難しい中小企業が賃金抑制を続ける可能性はあるが，人手不足が深刻化するもとで事業を継続するためには，徐々に賃上げ拡大に迫られると思われる.

　一方，先行き，労働分配率の低下分を取り戻した後も，さらに継続して実質賃金が上昇し労働分配率を押し上げるかについては，企業の生産性上昇率の大きさに加えて，資本ストックの調整速度と労働市場における企業の買い手独占力の弱まり度合い，いずれの作用が大きいかに依存すると考えられる. 2015 年以降，賃金上昇が目立つ建設業，運輸・郵便業，情報通信業では，先行き，時間外勤務時間の規制が強化され，人手不足が一段と深刻化すると見込まれる. 非正規雇用への依存度が高い宿泊・飲食サービス，卸売・小売業，個人向けサービスでも，女性や高齢者の就業増に後押しされた非正規雇用の増加が天井を迎え，人員の確保が困難となってきている. これらの産業では，「賃金と物価の好循環」が進捗するもとで，労働者の賃金交渉力の高まりが実質賃金を押し上げるとみられるが，これが経済全体にどの程度波及するかについては不確実性が残る.

　第 2 の要因である労働生産性の上昇率の鈍化傾向が再び拡大に転じるのは，必ずしも容易ではないと考えられる. 成長を牽引してきた情報技術革新（ICT）などの技術進歩が世界的に一服しているほか，労働集約的な製造業の海外生産移転も一巡している. さらに，米中の経済摩擦の深刻化や経済のデカップリングの進展といった地政学的リスクの高まりにより，2000 年代以降の生産性向上を牽引してきた経済のグローバル化は曲がり角を迎え，世界経済の成長を押し下げる状況にある. 日本経済がその余波を受けるのは避け

がたい．

　そうしたなかで，今後，労働生産性上昇率が拡大するカギとなるのは，以下の 2 点である．1 点目は，設備投資が増加し，就業者 1 人当たりの資本ストックである資本装備率が上昇するかという点である．労働分配率が低下したことに加え，対外直接投資収益の受取額の増加，金利低下による支払利息の減少，法人税率引き下げ等による税負担減少の影響もあって，企業収益が大幅に増加している．一方で企業の設備投資は抑制的な状況が続いており，資本装備率は横ばい圏内にとどまっている．対外直接投資の増加による資金流出を考慮しても，企業の余剰資金は積み上がっている．人手不足が深刻化するなかでは，省力化投資などの設備投資が増加することで，労働生産性を引き上げるのが自然な流れである．もちろん，前述のように理論的には，人口減少が企業収益を下押しし，長期的には資本ストックを減少させる可能性がある点には注意が必要である．2 点目は，生産性の高い企業の新規参入や規模拡大，生産性の低い企業の廃業・退出などを通じた企業の新陳代謝が，今後どの程度進展するかである．今後，実質賃金の上昇と人手不足の深刻化が，収益力が低く賃金支払いに制約がある中小企業の事業継続を難しくすることから，企業の新陳代謝が進捗する可能性があるとみられる．

　第 3 の要因である資源価格高騰や為替円安を受けた交易条件（GDP デフレーター／家計消費デフレーター）の低下は，エネルギーや食料などの資源の希少化や日本経済の対外競争力低下を反映した趨勢的なものであり，当面は反転させるのは簡単ではない．近年の地政学的リスクの高まりも，日本経済のリスクとなりうる．また，宿泊・飲食サービス，個人向けサービス，医療・福祉など労働集約度が高く生産性向上が難しい産業では，「賃金と物価の好循環」が進捗するなかで，当該サービスの販売価格を他産業対比で大きめに引き上げることができるか，言い換えると生産性上昇率が低いサービス分野のインフレ率を高くすることが許容されるかどうかが，中小企業の事業継続に影響を与えるとみられる[5]．

---

5)　コスト上昇に対応した価格転嫁や，差別化された多様な質の高いサービスを高価格で提供する品質面での競争を強化するには，実質賃金の引き上げで家計の実質所得を改善することが不可欠である．また，公的負担への依存度が大きい医療・福祉（医療，

　以上の展望をまとめると，賃金と物価の硬直性が弱まり，均衡に向けて賃金と物価の調整が行われる「賃金と物価の好循環」が進捗するもとで，実質賃金の上昇と労働生産性の上昇鈍化が当面継続する可能性がある．1980 年代後半のように資源エネルギー価格が大きく下落し，交易条件（GDP デフレーター／家計消費デフレーター）が改善するとの幸運が生じない限りは，一定期間，労働分配率は上昇を続ける可能性が示唆される．

　一方，経済の長期均衡を規定する経済成長モデルが示しているように，労働分配率の上昇は資本収益率の低下を招き，長期的には資本ストックを減少させることから，経済成長率を下押しすることが予想される．日本経済がバランスの取れた持続的な経済成長を実現していくには，労働分配率の上昇を一定の範囲にとどめることが必要である．そのためには，分配の原資となる「パイ」の拡大を図るため，設備投資の増加や企業の新陳代謝を通じた労働生産性の向上に加えて，経済のグローバル化の進展が鈍化するもとでグローバル化の果実である対外直接投資収益の受取額を今後どの程度拡大できるかがカギとなる．GDP にカウントされない所得である対外直接投資収益が増加すれば，労働への分配原資となる「パイ」が増加し，労働分配率の上限を引き上げることが可能となる．すでに対外直接投資収益の大幅な拡大を受けて，海外ビジネスを統括・経営するグローバル本社の人員拡大の動きが広がっている．統計上は労働生産性を低下させ労働分配率を上昇させる結果をもたらすが，日本経済にとって望ましい動きである．

　同時に，知的財産権等使用料の海外からの受取額の拡大も重要である．知的財産権等使用料の海外からの受取額は近年大幅に拡大しており，その多くが日本企業の海外子会社から受け取る特許権使用料である．今後，知的財産を生み出す企業の研究開発投資が増加するかどうかも，グローバル化の果実の取り込みの拡大を左右すると考えられる．

　　介護，保育）では，価格引き上げに対応する財政負担の増加が可能かどうかもポイントとなる．

参考文献

Fukao, K. and C. Perugini (2021), "The Long-Run Dynamics of the Labor Share in Japan," *Review of Income and Wealth,* Vol. 67 (2), pp. 445-480.

Higo, M. (2023), "What Caused the Downward Trend in Japan's Labor Share?" *Japan and the World Economy,* Vol. 67, article no. 101206.

International Monetary Fund (IMF) (2017), "Understanding the Downward Trend in Labor Income Shares," in: *World Economic Outlook April 2017: Gaining Momentum?* Chapter 3, pp. 121-172.

Karabarbounis, L. and B. Neiman (2014), "The Global Decline of the Labor Share," *Quarterly Journal of Economics,* Vol. 129 (1), pp. 61-103.

Nakamura, T. and H. Ohashi (2019), "Linkage of Markups through Transaction," RIETI Discussion Paper Series, No. 19-E-107.

OECD (2012), "Labour Losing to Capital: What Explains the Declining Labour Share?" in: *OECD Employment Outlook 2012,* Chapter 3, pp. 109-161.

青木浩介・高富康介・法眼吉彦（2023）「わが国企業の価格マークアップと賃金設定行動」日本銀行ワーキングペーパーシリーズ，No. 23-J-4.

厚生労働省（2023）「賃金の現状と課題」『令和5年版労働経済白書──持続的な賃上げに向けて』第2部第1章，76-125頁.

須合智広・西崎健司（2002）「わが国における労働分配率についての一考察」『金融研究』第21巻別冊第1号，125-169頁.

田中吾朗・菊地康之・上野有子（2018）「近年の労働分配率低下の要因分析」経済財政分析ディスカッション・ペーパー，DP/18-3, 内閣府政策統括官（経済財政分析担当）.

内閣府（2018）「イノベーションの進展による労働分配率と生産性への影響」『平成30年度　経済財政白書（年次経済財政報告）』──「白書」：今，Society 5.0 の経済へ』第3章第3節，274-286頁.

内閣府（2023）「我が国企業のマークアップ率の動向と課題」『令和5年度　経済財政白書（年次経済財政報告）』──動き始めた物価と賃金』第3章第2節，199-218頁.

羽田翔・権赫旭・井尻直彦（2021）「日本における労働分配率の決定要因分析」RIETI Discussion Paper Series, No. 21-J-006.

深尾京司・金榮愨・権赫旭・池内健太（2021）「アベノミクス下のビジネス・ダイナミズムと生産性上昇──『経済センサス‐活動調査』調査票情報による分析」RIETI Discussion Paper Series, No. 21-J-015.

福田慎一（2023）「高まる地政学的リスクと日本経済」『日経研月報』第541号（2023年12-2024年1月号），12-22頁.

第 II 部

リスクを内包する金融機関

第3章

銀行中心型システムの将来
——日本社会の特性にあわせた改革——

随　清遠

要　旨

　近年の一部大手銀行を中心とした収益回復は海外業務への依存を反映しており，必ずしも国内における金融仲介がより効率的になったわけではない．金融仲介部門においては，依然として重要な課題が残っている．企業部門による資金需要を回復するには，金融システムの機能回復と並んで，過度の悲観論を排除することも重要である．これまでのリレーションシップバンキングの機能強化は，互いに効果を相殺し合う政策が同時に行われたため，成功したとは言い難い．ゾンビ企業の存在は，景気後退に伴い，実施された一連の対策の結果であると同時に，かつての救済機能が今の金融機関に期待できないことを反映している．銀行中心型のシステムの有効性は，借入の返済の確保を起点としており，このシステムは，成熟した優良企業ほど銀行を離れていくという自己否定的要素を孕んでいる．それに対して，市場型金融システムの利点は，それをベースとしたガバナンスが企業に対する直接的資金提供を必ずしも前提にしないので，銀行中心型システムの弱点を回避できるところにあると本章は主張する．新しい日本型システムは，社会の特性にあわせ，公正な価格形成，法的整備，ステークホルダーの参加などの問題を解決しながら実現されるであろう．

1. はじめに

　今日の世界では，少なくとも先進国における金融不安が他の国々の社会的安定に影響しないことはありえない．むしろ，直接的な軍事衝突やイデオロギーの対立以外の要因として，金融不安は地政学リスクの最重要級のものといえる．

　金融システムに潜んでいるリスクは，経済の発展と切り離して議論しても意味がない．かつての社会主義諸国においては，金融リスクはゼロに近かった．しかし，それは経済成長を犠牲にした金融安定であり，現代社会においては，そのような形の安定は選択肢にない．したがって，われわれは経済発展のプロセスにおいて発生するリスクを前提に議論しなければならない．

　本章では，日本の状況に限定して，経済成長に資する金融システムのあり方について議論する．第2節では，近年における銀行部門の収益構造を分析する．そこで描かれたのは，一部の大手銀行の高収益はほとんどが海外での業務展開を反映しており，国内産業を支える金融仲介は依然として実現されていないという状況である．第3節では，各種データに基づいて，金融システムの現状を点検する．効率的な資金仲介の観点から，現在のシステムは依然として深刻な問題を抱えていることが示される．第4節では，資金需要の低迷について，それが金融システムのあり方と関係すること，マニュアルに基づいた金融検査によって深刻な信用割当が起こりうること，さらに不必要な悲観論からの脱却は資金需要の回復に不可欠であることなどが強調される．第5節は，制度形成の観点から，メインバンク機能が近年低下していること，ゾンビ企業の存在は景気対策とメインバンク機能の低下と関係すること，非整合的政策が同時に実施されたために，リレーションシップバンキングの機能強化は必ずしも成功していないことが示されている．さらに，この節では，市場型金融システムへ移行する理由について，本章独自の観点を展開する．すなわち，銀行中心型システムは，成熟した優良企業が銀行から離れていくという自己否定的性格を持っている．それに対して，市場型金融システムは，この問題の制約を受けない．そして最後の第6節で論点をまとめて，残され

た問題を検討する.

2. 近年における銀行部門の収益構造

　「5 大銀最高益」という報道は，2023 年 11 月 15 日の『日本経済新聞』の紙面に躍り出た. 早速「大手行は最高益を成長の糧に」と期待を込めた論説が社説欄に掲載された[1].

　金融機関が十分な収益を維持することは，必ずしも効率な金融仲介の実現の十分条件ではないが，間違いなくその必要条件となる. なぜなら，銀行部門の安定した収益は，運用先の収益性を反映しているだけでなく，より適切なリスク負担能力を保証するからである. そういう意味でバブル崩壊後の初期頃，当時の宮沢総理大臣が公的資金を使ってでも，まず銀行の経営体制を立て直すべきだとした判断[2]は正しかった. しかし，残念ながら，宮沢元総理の理念が国民に広く受け入れられるのに，長い時間を要していた.

　2024 年 3 月に日本銀行はマイナス金利政策を解除したが，依然として低金利政策は維持されている. 低金利政策やゼロ金利政策は銀行業の収益を圧迫するという議論は，内外の研究によって指摘されてきた[3]. それでは，日本の銀行業は，上記でいう効率的金融仲介の必要条件である健全な収益性を維持できていると判断してよいであろうか？ この節では，このような問題意識の下で，まず銀行部門の収益構造を分析する.

　図 3-1 は三菱 UFJ，みずほと三井住友という，3 つのフィナンシャル・グループの資金利益の推移を示している. 資金利益は，資金運用収益と資金調達費用の差で定義され，銀行の基本業務を反映した指標である. この三大フィナンシャル・グループの資金利益の推移を見る限り，これらの金融機関が度々最高利益を更新してきたと判断するのは間違いない. しかし，大手銀行の利益の源泉を分析すると，それは必ずしも国内仲介活動を反映したもので

---

　1)　『日本経済新聞』2023 年 11 月 19 日，朝刊東京版 2 面.
　2)　『日本経済新聞』1992 年 8 月 31 日，朝刊東京版 2 面.
　3)　例えば，左三川（2020）.

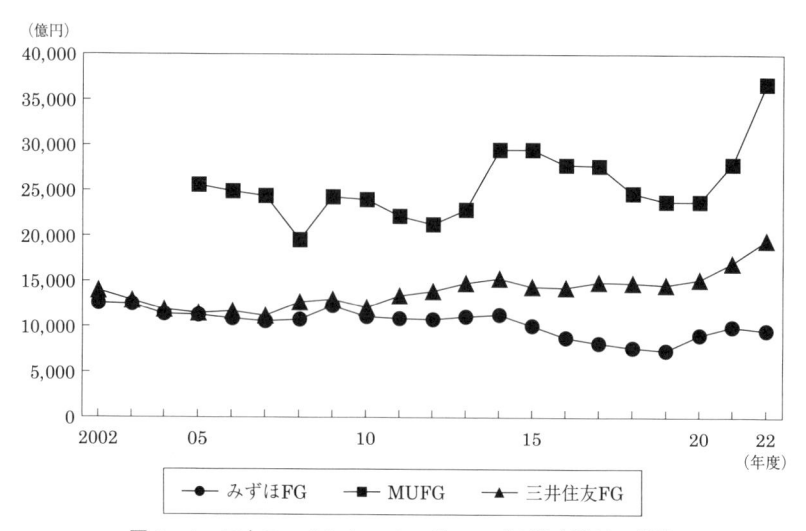

図 3 - 1　三大フィナンシャル・グループの資金利益の推移

注）資金利益＝資金運用収益－資金調達費用.
出所）各フィナンシャル・グループのディスクロージャー誌.

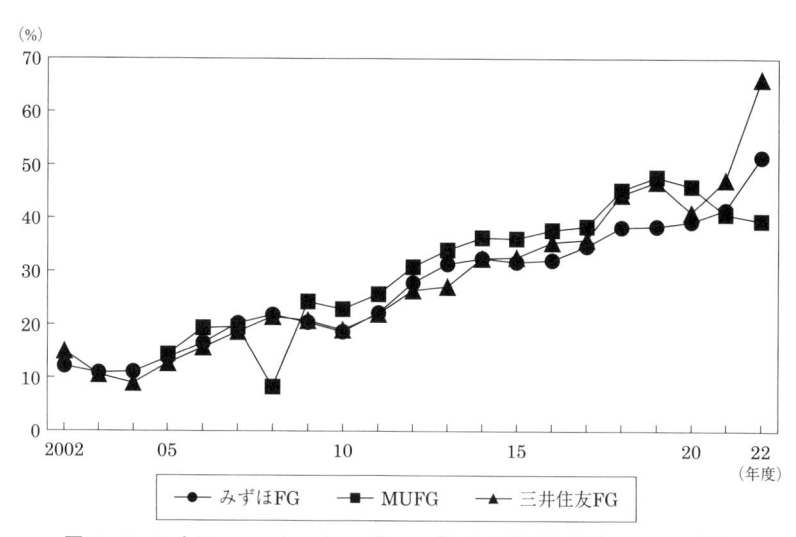

図 3 - 2　三大フィナンシャル・グループ海外部門資金利益シェアの推移

注）海外資金利益シェア＝100×海外資金利益／（国内部門資金利益＋海外部門資金利益）.
出所）各フィナンシャル・グループのディスクロージャー誌.

はないことがわかる．図 3-2 は，この三大フィナンシャル・グループの資金利益のうち，海外業務部門のシェアを示している．一部の例外時期を除いて，いずれのグループも，海外部門のシェアを伸ばしている．2022 年度の 3 グループの利益の全体に占める海外業務部門シェアの平均値は 52.48% となっており，これらの大手金融機関の利益の半分以上は海外で稼いだことになる．

　地域銀行を含む銀行部門全体の収益の動向はどうであろうか？　図 3-3 は，全国銀行の業態別の海外部門利益シェアを示している．三大フィナンシャル・グループだけではなく，海外業務を展開できる大手銀行が主要メンバーである都市銀行と信託銀行の海外業務利益シェアは軒並みに高い．近年の都市銀行では，そのシェアは 5 割に近い．それに対して主に国内業務を展開する地方銀行と第二地方銀行は，そのシェアは概ね 5% 程度である．このような海外部門利益シェアの違いは当然，海外における業務展開の相違を反映している．図 3-4 は，総貸出のうち，海外部門貸出のシェアを業態別に示している．海外部門貸出シェアは，ほぼ海外部門利益シェアとパラレルに推移している．コロナ禍が収束した後，欧米諸国が相次いで非伝統的金融政策を終了させたのに対して，日本だけは依然として低金利策を継続している．それを反映して，国内の預金金利や貸出金利が海外より低いだけでなく，資金運用金利と資金調達金利の差である利鞘も概ね海外より低い．表 3-1 は，三大フィナンシャル・グループの国内部門及び海外部門の利鞘を示している．いずれのグループも表に示された時期において，高い海外部門の利鞘を維持していた．つまり，資金を海外で運用したほうが高収益を得る．

　図 3-5 は，2005〜2022 年度におけるこれらの金融機関の国内部門及び海外部門の預貸率を示している．国内部門において，大手銀行の預貸率の低さは一般的に知られている．しかし，海外部門におけるこれらのグループの預貸率は，概ね 100% を超えている．100% を超える預貸率は，当該部門の預金以外に，他の部門から追加的に資金を調達したことを意味する．大手銀行の内外預貸率の差は，国内で集めた預金の一部を海外で運用した可能性を示唆する．「大手銀行の最高益」の背後には，このような内外の金利差を利用した裁定取引があった．そういう意味で，近年大手銀行を中心に見られる「最高益」更新は，必ずしも国内において，上記でいう効率的な金融仲介の

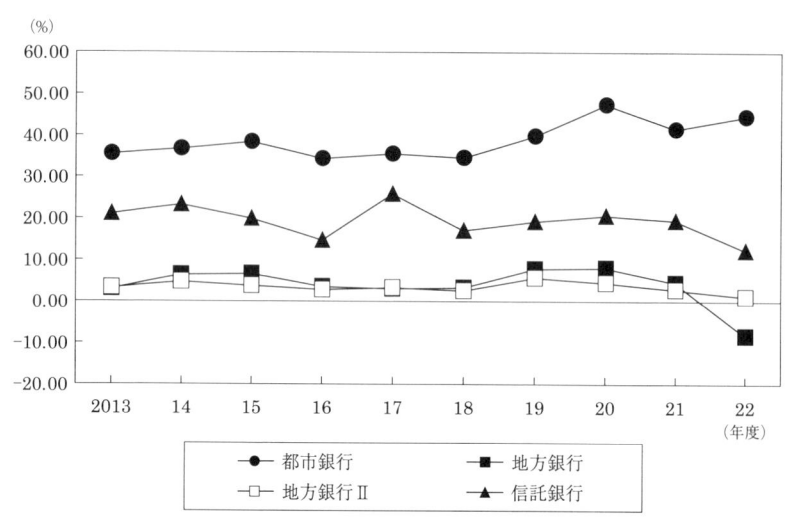

図3-3 銀行部門の海外業務粗利益シェア

注）海外部門の業務粗利益シェア＝100×海外部門業務粗利益／業務粗利益.
出所）全国銀行協会ホームページ，全国銀行財務諸表分析，付属表「経常収益主要項目の内訳」.

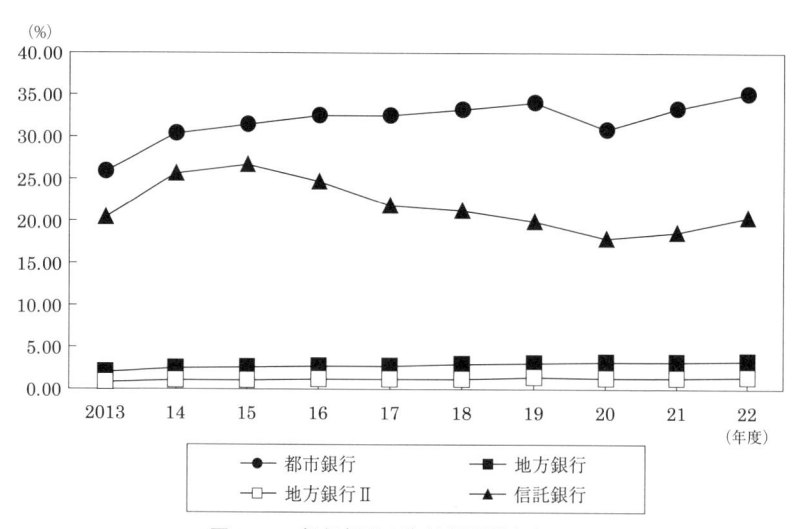

図3-4 銀行部門の海外部門貸出シェア

注）貸出残高は，期末値で定義される．海外部門貸出シェア＝100×海外部門貸出／（国内部門貸出＋海外部門貸出）.
出所）全国銀行協会ホームページ，全国銀行財務諸表分析，付属表「主要勘定期末残高・平均残高」.

表3-1　国内部門と海外部門の利鞘

年度	みずほFG		三井住友FG		MUFG	
	利鞘国内(%)	利鞘海外(%)	利鞘国内(%)	利鞘海外(%)	利鞘国内(%)	利鞘海外(%)
2005	1.26	1.71	1.66	1.33	1.59	2.67
2006	1.22	1.40	1.60	1.07	1.82	2.21
2007	1.34	1.51	1.77	1.69	2.05	1.92
2008	1.35	1.55	1.77	2.26	1.88	2.16
2009	1.32	2.08	1.68	2.31	1.68	2.10
2010	1.27	2.06	1.64	2.22	0.87	2.22
2011	1.21	1.93	1.76	2.12	1.26	2.14
2012	1.17	1.91	1.30	1.47	1.23	2.02
2013	1.08	1.78	1.72	1.78	1.15	1.97
2014	1.03	1.51	1.63	1.76	1.09	1.93
2015	0.98	1.26	1.57	1.72	1.03	1.95
2016	0.87	1.21	1.45	1.67	1.05	1.98
2017	0.81	1.22	1.41	1.58	1.14	2.03
2018	0.86	1.20	1.48	1.72	1.29	2.23
2019	0.87	1.14	1.40	1.68	1.27	2.33
2020	0.77	1.25	1.19	1.71	1.00	2.15
2021	0.81	1.28	1.19	1.79	0.98	2.13
2022	0.90	1.31	1.30	1.89	1.27	2.50

出所）各フィナンシャル・グループのディスクロージャー誌.

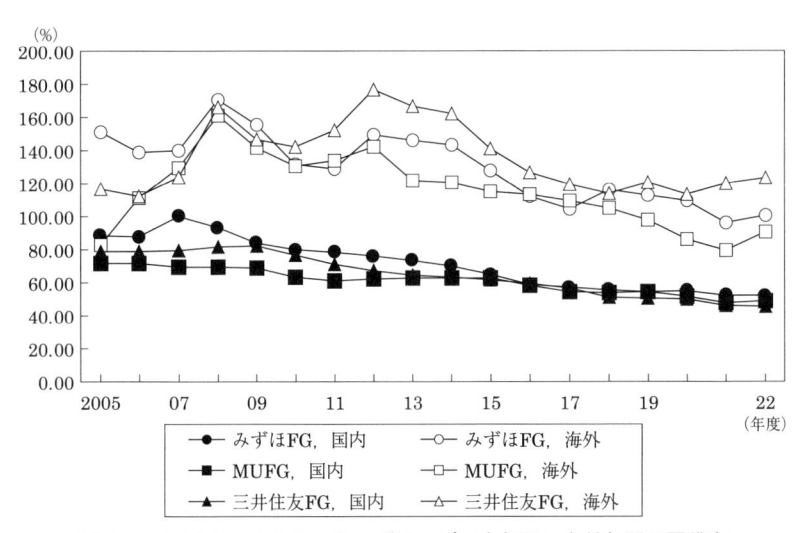

図3-5　三大フィナンシャル・グループ国内部門と海外部門の預貸率

注）預貸率＝100×貸出／預金.
出所）各フィナンシャル・グループのディスクロージャー誌.

必要条件を形成したとは言い難い.

3. 近年における金融仲介の現状

　これまでの議論において，相次ぐ「最高益」が報道されたにもかかわらず，銀行部門の収益は，少なくとも国内部門において依然として改善されていないことが明らかになった．ここで収益以外の面における金融システムの課題を点検しておこう．金融仲介の歪みを示すいくつかの代表的指標を取り上げるが，その問題背景の一部は共通していることに注意されたい．

全国銀行の預貸率
　預金の受入と貸出の提供は，銀行の中心業務である．図3-6に示すように，全国銀行の預貸率も近年低下しているが，地方銀行や第二地方銀行の預貸率は相対的に安定しており，2000年度以降，70〜80％の水準で推移している．それに対して，全国銀行預金量の半分を持つ都市銀行は，2000年度以降，急速に預貸率を低下させており，2023年3月期は50％にも達していない．これらの銀行は，受け入れた預金に対して，半分しか貸出の形での金融仲介ができていない．

超過準備率
　銀行の仲介力不足を示すもう一つの指標は，超過準備率の高さである．2013年以降，アベノミクスの実施によって，日本銀行が民間銀行から国債を大量に購入した結果，銀行部門に巨額の超過準備が発生した．図3-7は，1990年以降の超過準備率（実際の準備額対法定準備額比率）を示している．この比率は，2013年のアベノミクスのスタートとともに急激に上昇し，2023年10月現在，銀行を中心とした準備預金制度適用先が法定準備額の37倍（3,700％！）の準備を維持している．

　標準的信用創造理論では，銀行が決して余剰の準備を保有せず，中央銀行によって供給された流動性は直ちに産業に貸し出されることになっている．

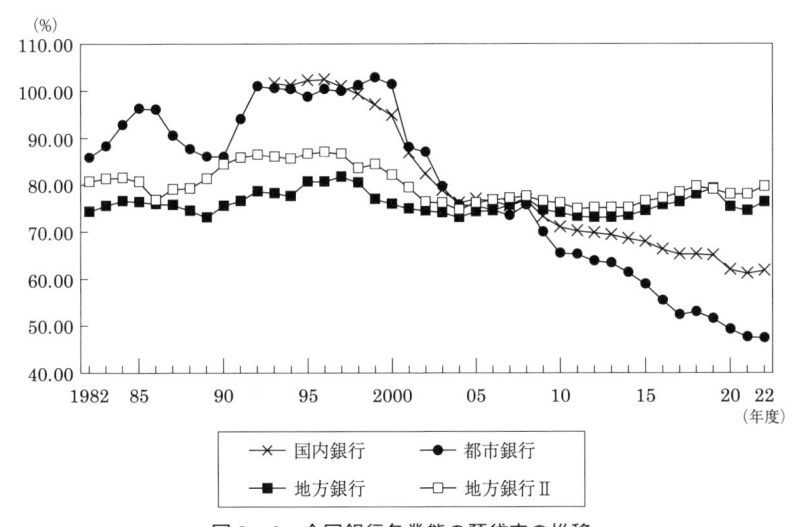

図3-6　全国銀行各業態の預貸率の推移

出所）日本銀行「民間金融機関資産・負債」.

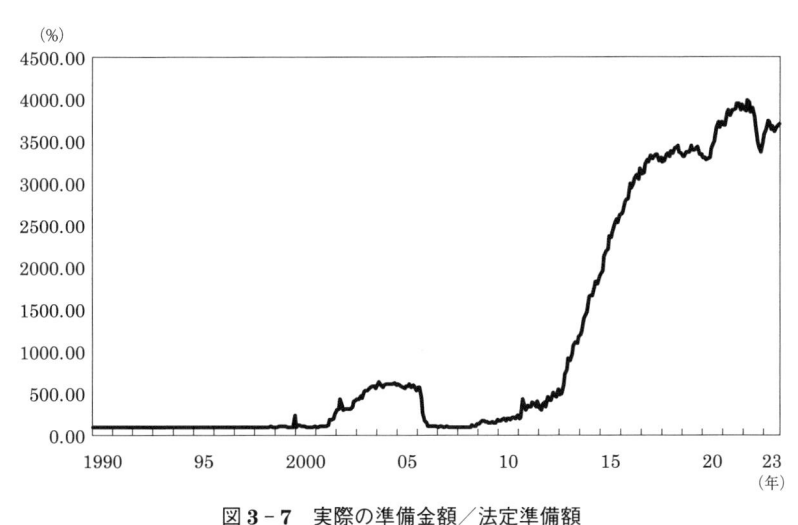

図3-7　実際の準備金額／法定準備額

出所）日本銀行ホームページ.

これほどの巨額の超過準備保有は，ゼロ金利政策の影響を反映しているが，同時に銀行部門は資金仲介機能を十分発揮していないことを示している．

企業部門の資金余剰

図3-8は，非金融法人企業部門及び民間非金融法人企業の資金過不足の推移を示している．民間非金融法人企業部門は1994年度から資金余剰部門に転じており，公的企業を含む非金融法人企業部門全体も1998年度以降，資金余剰部門になった．いずれもその後，フローベースでの資金不足（資金過不足の値が負）になったことが一度もない．これらはあくまで集計値の動きであり，企業部門の中には積極的に外部資金を調達する企業が存在していたであろう．しかし，四半世紀にわたって全体としての企業部門がずっと資金余剰の状態を持続することは，経済発展の歴史を見てもあまり見ない事例であるかもしれない．

これに対して，2022年度の家計部門の金融資産保有額は2,000兆円を超えており，金融負債を差し引いた純金融資産保有額も1,600兆円以上である．企業部門のフローベースの資金余剰が発生した時期は，ゼロ金利の時期とほぼ重なる．ゼロ金利の下で発生する企業部門の資金余剰は，もともと資金を仲介することを基本業務とする金融機関にとって，きわめてチャレンジングな状況であるといえる．

産業別貸出

銀行貸出の内訳にも大きな変化があった．表3-2は，産業別総貸出及び産業別設備資金貸出の業種別シェアの推移を示している．産業を製造業，不動産関連業，その他の業種の3つ[4]に分けて見る場合，2022年度末における製造業総貸出のシェアは，11.24%であり，1980年度のそれが29.80%であっ

---

4)　不動産関連業には，下記の業種が含まれる，すなわち，金融業，保険業，不動産業，物品賃貸業，個人．その他の業種には，下記の業種が含まれる．農業，林業，漁業，鉱業，採石業，砂利採取業，建設業，電気・ガス・熱供給・水道業，情報通信業，運輸業，郵便業，卸売業，小売業，学術研究，専門・技術サービス業，宿泊業，飲食業，生活関連サービス業，娯楽業，教育，学習支援業，医療・福祉，その他のサービス，地方公共団体，海外円借款，国内店名義現地貸．

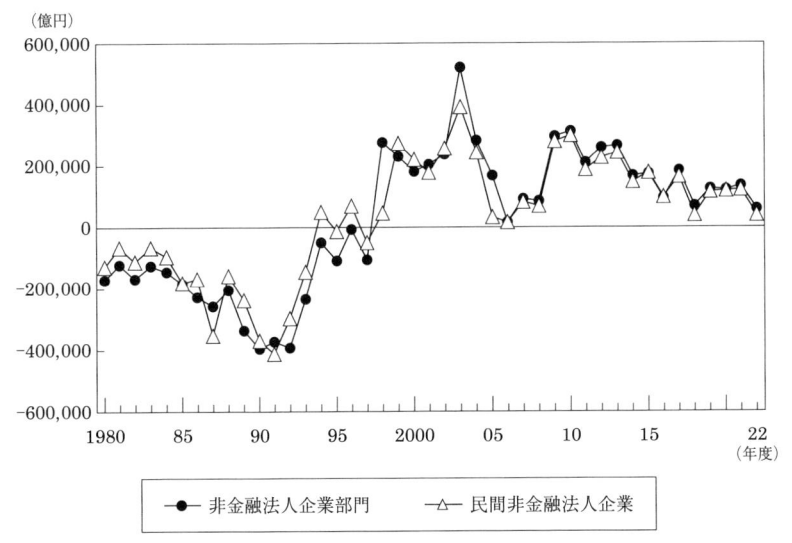

（億円）

図3-8 企業部門の資金過不足の推移

出所）日本銀行ホームページ．統計「資金循環」．

表3-2 銀行貸出の構造変化

業種別貸出残高シェア （％）

	製造業	不動産関連業	その他の業種
1980 年度	29. 80	23. 74	46. 46
1990 年度	15. 03	43. 58	41. 39
2000 年度	14. 42	44. 65	40. 94
2010 年度	12. 63	53. 14	34. 23
2020 年度	11. 92	54. 55	33. 53
2022 年度	11. 24	56. 21	32. 55

設備資金貸出残高シェア （％）

	製造業	不動産関連業	その他の業種
1980 年度	21. 06	41. 32	37. 63
1990 年度	10. 55	50. 21	39. 25
2000 年度	6. 39	60. 66	32. 95
2010 年度	3. 34	76. 62	20. 04
2020 年度	2. 83	76. 06	21. 11
2022 年度	2. 80	76. 27	20. 93

出所）日本銀行ホームページ．

た．興味深いのは，対製造業貸出はほぼ一貫して減少してきたが，1980 年代には，その減少幅はもっとも大きかった．業種別貸出のもう一つの特徴は，製造業もその他の業種もほぼ一貫して減少してきたのに対して，広く定義した不動産関連業[5]だけが一貫してシェアを伸ばしてきた．近年においては，貸出全体に占めるこれらの業種への貸出のシェアは 5 割以上となっている．

　設備資金に限定した貸出の産業構造変化をみると，上記の傾向はよく強く観察される．2020 年度以降，設備資金貸出のうち，対製造業の割合は 3% にも届かない．それに対して，広く定義した不動産関連業のシェアは 8 割に近い．

担保の内訳

　1980 年代のバブルの発生の背景には，不動産担保に過度に依存する融資体制があった．Calomiris *et al.* (2017, p. 164) によると，米国の中小企業の融資担保のうち，動産担保の割合は 63% にもなる．それに対して日本では，信用保証協会や個人信用などの非物的担保を除いた物的担保のうち，不動産担保の割合が圧倒的に高い．図 3-9 は，銀行貸出の各種担保シェアの推移を示している．動産担保と関連する「その他計」（債権，商品など）の割合は非常に低い．在庫や売掛金などの動産担保は，ゴーイングコンサーンとしての企業の生産活動との関連性が通常，土地や建物などの不動産担保より高いと考えられる．企業の生産活動と直接関係しない不動産に頼るよりも，企業経営と密接に関連する在庫や売掛金などの動産を融資の担保対象にしてこそ，情報生産やガバナンスの役割を担う仲介機関の真価が発揮できるといえよう．

　しかし，不動産と比べて，動産の価値保存や資産登録などについては，複雑な手続きが必要である．したがって，動産担保の普及には，法的環境の整備が欠かせない．Calomiris *et al.* (2017) の研究では，動産関連法制を相対的に整えた国において，動産を担保にする融資が多くなされたこと，またこれらの国において，相対的に動産依存度の高いセクターの産出シェアも高いことなどをデータに基づいて検証した．バブル崩壊後の日本の金融行政にお

---

5)　金融保険業，物品賃貸業や個人は一般的に必ずしも不動産業と定義しないが，ここでは不動産業を広義的にとらえるため，これらの業種や分野を不動産関連業と定義した．

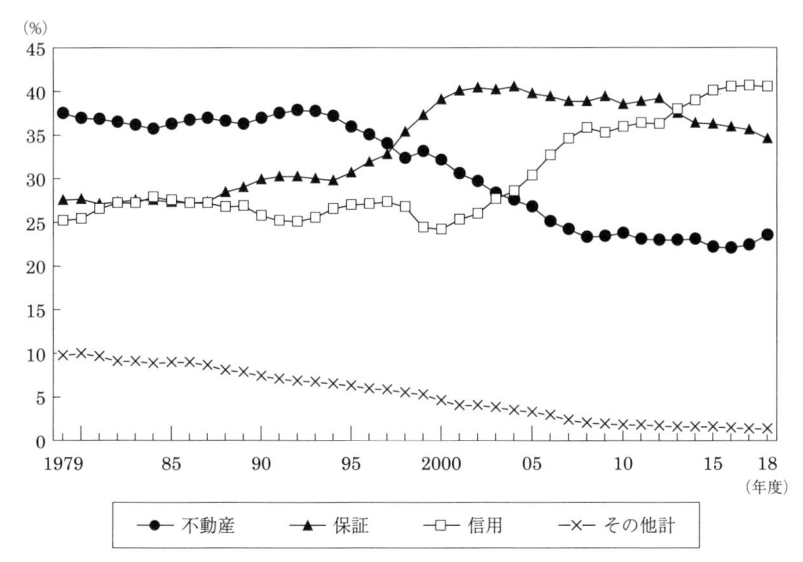

図3-9 国内銀行各種担保シェアの推移

出所）NEEDS Financial Quest.

いては，たびたび担保や保証に過度に依存しないことを求めてきたが[6]，む
しろこれからの金融仲介は，動産を担保とする融資が実行されやすくなるた
めの法整備が重要であるように思われる．

　これらのデータで示された問題点は，いずれも目下金融システムが対処し
なければならない焦眉の問題である．広義の金融業務は，取引相手への資金
の決済，リスクに対する保険，資金の仲介，事業部門の統廃合や再編への関
与など幅広い内容と関連する．余剰資金を貯蓄部門から収益の高い産業部門
へ仲介する部分に限定して評価すれば，近年の日本における金融仲介のパフ
ォーマンスに対して低い点数を付けざるを得ない．その背景にある問題を，
以下仲介される者（需要側）の問題と仲介する者（供給側）の問題に分けて分
析する．金融システムの問題を議論する場合，当然後者に重点を置くべきで
あるが，金融仲介システムが取り込まれた環境の確認も重要である．

6）　例えば，金融審議会（2003）．

4. 企業部門の資金需要不足

　前節で分析した問題は共通な背景を持っている．それは国内企業部門の資金需要の低迷である．

　ミクロ経済学の理論に基づいて考えれば，自由な取引市場において公正に形成された価格が低水準にあるとすれば，これは需要の不足を意味する．日本の金融市場において，歴史的低金利は 20 年以上続いてきた．銀行部門の巨額の超過準備も，低迷する預貸率も，四半世紀にわたって継続する企業部門の資金余剰も，いずれも国内企業部門の資金需要が低迷しているためであるように映る．

　資金仲介は，余剰部門の資金供給と不足部門の資金需要があってはじめて成り立つビジネスである．現在の金融システムが直面する様々な問題の根底には，企業側の資金需要の低迷があると判断できる．英語には「馬を水飲み場まで連れて行くことはできるが，馬に水を飲ませることはできない」という諺がある．よい環境を用意しても，当事者が反応しなければ，課題解決が難しいことの表現として，経済学の文献ではしばしば引用される．この表現を借りて現在の金融仲介の問題を描くと，自ら水を飲もうとすることは，企業側が資金を求めようとすることに対応する．それでは，金融機関にとって必要なのは，企業側の資金需要の回復を待つだけなのであろうか？ 景気低迷や設備投資の不活発はすべて企業側の資金需要不足の問題であり，金融仲介機関がやるべきことをやったと判断してよいであろうか？

　企業の資金需要に影響する要因は，技術革新，将来に対する期待形成など多岐にわたる．ここで，金融機関のあり方も資金需要に重要な影響を及ぼすことを強調したい．つまり，企業側の資金需要が必ずしも金融機関のあり方に対して外生的なものではないということである．例えば，同じ巨額の資金投入を必要とするプロジェクトでも，メインバンク機能が働く場合，いざというときに融資先銀行からの救済が期待できるから，その機能が期待できない場合と比べて起業家が進んでそのプロジェクトをスタートしようとする意

欲が違ってくるであろう．仮に救済時に経営陣の交代が求められるようなことがあっても，積極的な救済が期待できない場合と比べて起業家の判断が違ってくるはずである．残念ながら，次節で分析したように，リレーションシップバンキングの機能強化にもかかわらず，近年形成された企業と銀行の関係は，以前より「ドライ」になったように思われる．法人企業が実物投資に必要な額以上に内部資金を蓄積し，それによって生じた企業部門の貯蓄余剰は，そのようなドライな銀行企業関係に対する警戒ないし備えとして解釈できる．

　銀行側の救済機能の後退と並べて，もう一つ低金利でとらえきれない資金需要の問題は，近年まで実施されていた金融検査と関係する．マニュアルに基づいた金融検査において，数値化された財務データをクリアした企業に対して資金供給側の過当競争が起き，低金利と低利鞘をもたらす．そうでない企業は，資金供給対象から排除されてしまう．つまり，深刻な信用割当が起きた可能性は大きい．

　また，企業の投資マインドを改善するために，必要以上の悲観論からの脱却も必要不可欠である．これは必ずしも金融部門だけで解決できるものではないが，事実に基づかない悲観的見方が数多く存在しているように思われる．例えば，1990年代後半，日本経済新聞の連載記事から書籍化した『2020年からの警鐘』という本のサブタイトルは「日本が消える」であった．そもそも企業投資のインセンティブは，将来に実現する収益を得ることに由来する．文字通り国が消えると危惧する企業や投資家であるなら，大金を投入して積極的にプロジェクトをスタートする人はおそらくいないであろう．

　政府の債務問題から発生した誤解も少なくない．現在，政府部門は巨額の債務を背負っており，財政再建の重要性はいかに強調しても強調しすぎることはないぐらい深刻な問題となっている．しかし，政府部門の借金問題と日本国の借金問題とは次元が違っている．日本国全体は世界一の対外純資産を持っており，そういう意味で国レベルの破綻をいうなら，日本はもっとも破綻する可能性の低い国である．それにもかかわらず，誤解に満ちた「借金時計」のような情報は人々に不必要な恐怖を与えている．財務省のホームページまで，国債残高を「日本の借金」と表現している．経済学を専門とする学

生すら「日本はいつか破綻する可能性が非常に高い」と信じる者が少なくない．他にも，例えば少子化や高齢化によってもたらされた弊害を必要以上に強調する議論が多く散見する．

投資理論に登場する「資本の限界生産性」や「使用者費用」などの概念は，いずれも将来に関わるものである．将来に関する見通しが必要以上に暗いようでは，積極的な投資に基づく資金需要が生まれない．事実に基づかない将来予測を避け，明るい将来を信じることも資金需要回復にとって必要不可欠なことを強調しておきたい．

5. 新しい金融システムの形成

不良債権処理が一段落した後，金融システムの再構築は大きな課題であった．金融改革に関する議論は，学者，政策立案者や業界関係者によって活発に行われ，これまで数多くの改革プログラムが発表され，実行されてきた．しかし，何かが変わらなければならない点については一般的に合意が得られていたが，どこから何に着手すればよいか，必ずしも明確ではない．金融システムはもともと，日々の取引において発生する諸問題を試行錯誤して解決しながら形成される側面を持っており，完成した金融システムの姿は完全には予測できるものではない．しかし，経済学の理論に基づいた点検と論点整理は，有益な作業であろう．

5.1 メインバンク機能の低下

日本型金融システムの象徴は，メインバンク制である．特に中小企業にとってメインバンクは，依然として重要な存在である．金融庁が近年実施した企業ヒアリングとアンケート調査（金融庁 2016）において，企業がメインバンクを選択している理由として，「貴社や事業に対する理解」（751 社のうち429 社）や「長年の付き合いがあり信頼しているから」（2,460 社のうち1,585社）を選んだ回答は他の選択肢を大きく引き離し，回答の上位に位置づけら

れている．それに対して「融資の金利」,「融資の金利条件がよいから」のような選択肢は，それほど重要視されておらず，それぞれの回答率は，751 社のうち 146 社と 2,460 社のうち 296 社となっている.

　事業を理解してくれる銀行と安心して取引できることは，企業がメインバンク関係を維持する際，もっとも重要視している理由である．シェアードはメインバンクの定義を次のように与えた．すなわち,「企業と『密接な関係』を持ち，かつ『監視責任』があるとみなされている銀行」(シェアード1997, p. 118) である．Aoki (2001, pp. 329-332) は，メインバンクを共通予想の自己実現的システムとしてとらえ，企業が経営不振のとき，メインバンクの責任で救済措置が講じられると期待できるものとしている.

　ところが，中小企業の期待とは裏腹に，このような機能の実態は近年大きく変化した．一つの象徴的事例は，2011 年 2 月における株式会社林原（以下，単に「林原」と呼ぶ）の経営破綻であった.

　林原は岡山市に本社を置くバイオメーカーである．抗がん剤インターフェロンや多機能糖質トレハロースの量産化に成功し，黒字経営を継続していた.社長であった林原健氏は,「私の履歴書」が日本経済新聞に掲載される[7]ほど，成功した経営者として評価された．他方，同社長は「私が就任して以来，取締役会を開いたことは一度もありませんでした」(林原健 2018, 22 頁) や，社員の採用において「公募せず，縁故などの採用だけ」(林原健 2018, 131頁) など，時代に合わない経営スタイルを維持していた．2010 年末，主要取引銀行である中国銀行と住友信託銀行（当時）に，会社の不正経理を指摘された．会社を再建するために，当初裁判外紛争解決手続きを進めることを目指していたが，結局，再建の必要条件である債権者全会一致が得られず，会社更生法の適用を余儀なくされた.

　林原の破綻における中国銀行や住友信託銀行の果たした役割は，Sheard(1994) や星・カシャップ (2006, 第 5 章) で紹介された数々の企業「救済」事例におけるメインバンクのそれとはほど遠い．もっとも林原は後に，破綻後の債務に対する弁済率は，93% という異例の高さであったといわれた

---

7)　『日本経済新聞』2003 年 6 月 1 日〜6 月 30 日,「私の履歴書」欄.

（林原靖 2016, 3頁）．企業破綻後にありがちな資産のファイヤ・セール（叩き売り）などを考えれば，林原のストックの資産保有は十分であったと判断できる．主力取引銀行が融資先企業に対するコーポレートガバナンス機能をもし持つなら，林原を破綻させる代わりに時代にふさわしいガバナンスを企業に取り入れ，徹底した改革を求めるべきであったが，少なくともこの事例においては，メインバンクである中国銀行と住友信託銀行はその力を持っていないようであった．

　林原の事例とは逆に，近年経営危機から見事に立ち直った企業の復活劇には，銀行の姿はほとんど見ない．例えば，かつての写真用の銀塩フィルム生産の最大手であった富士写真フイルム（後に富士フイルムと社名変更）は，デジタルカメラや撮影機能を持つ携帯電話の普及でフィルム需要が急減したことによって，深刻な経営危機に直面していた．1990年10月決算期において，会社総売上に占めるフィルム製品のシェアは42.8%であった[8]が，その後，会社の主力製品を他の分野へ変更しなければ，会社は存続できないという事態に追い込まれた．事実，同じ問題に直面する米国のフィルム生産の最大手であったコダックは，市場における需要の変化に対応できず破綻した．しかし，富士フイルムは，新しい生産分野の開拓に成功し，2022年度の売上は1990年度の2.8倍までに成長した．富士フイルムの復活劇を紹介する文献[9]には，取引銀行の活躍はほとんど見られない．経営危機に直面する企業を救済する銀行の姿は，平成期以降，大きく後退したように思われる．

5.2　ゾンビ企業の問題

　ゾンビ企業の存在は，バブル崩壊後に問題視されるようになった．ゾンビとは，なくなったはずの人間がお墓から動き出したものであり，もともと世の中に存在すべきでないものを指す．経済問題としてのゾンビ企業は，十分な収益を得ることができず，市場から退出すべき企業のことである．これらの企業が市場に居残ることによって，市場全体の健全な成長と発展の妨げに

---

[8]　富士写真フイルム株式会社『第94期有価証券報告書』12頁.
[9]　例えば，伊藤公介（2017）.

なると見られることが多い.

　収益の低い企業の存在が景気低迷の原因かというと，必ずしもそうとはいえない．なぜなら，企業収益の低迷と景気低迷とは，同じ現象の別表現にすぎないからである[10]．景気低迷は通常，経営パフォーマンスの悪い企業の大規模の発生を伴う．ゾンビ企業の存在を問題視する議論はむしろ，いったん経営不振になった企業がその後，有効な再建策を打ち出せず，経営状態が悪いまま長期間市場に存在することによって景気回復の妨げになることを危惧している．したがって，景気低迷に伴って業績不振企業が発生すること自体は避けられないにしても，なぜそのような企業が業績を改善しないまま長期間市場に居残ることができたのかについて考える必要がある.

　まず指摘しなければならないのは，ゾンビ企業の存続は，政府部門の様々な景気対策の直接的な結果だということである．例えば，中小企業への信用保証に関する特別信用保証制度の実施（1998 年 10 月〜2001 年 3 月）及び緊急信用保証制度の実施（2008 年 10 月〜2011 年 3 月），中小企業の貸出返済の条件緩和に関する「中小企業者等に対する金融の円滑化を図るための臨時措置に関する法律」（通称「円滑法」）の実施（2009 年 12 月〜2013 年 3 月），またコロナ対策として行われたゼロ・ゼロ融資の実施（2020 年 5 月〜2021 年 3 月）などは，不振企業に存続を可能にした環境を提供した政策であり，いずれも経営パフォーマンスの悪い企業の存続を延長させるものであった．したがって，ゾンビ企業の存在が問題だというのならば，このような景気対策の是非を一緒に議論する必要がある．景気低迷によって，大量の落伍者を救済しなければならないというのならば，ある程度，収益の悪い企業の存続（ゾンビ化）を受け入れざるを得ない.

　景気対策として行われた不振企業の救済は，かつてメインバンクが中心に行った不振企業への救済との決定的な違いがある．景気対策の場合，不振企業に対する信用保証の提供，企業の貸出先金融機関に対する条件変更の受入の要請，また無担保低金利の融資資金の提供などが中心となっており，不振

---

10)　もう一つこれと類似した議論は，「バランスシート不況論」である．経済全体のバランスシートは個々の経済主体の合計だから，景気が低迷している状況では，バランスシートが良好な企業が増えるはずがない.

企業に時間稼ぎの手段しか提供していない．各制度の実施に当たって経営改善計画の提出が求められたり，保証基準が設けられたりしているが，企業再生の観点から，厳しいものではないと思われる[11]．ゾンビ企業がそれによって存続できたことは，こういった政策の当然の結果である．それに対して，かつてのメインバンク中心の企業救済は，不採算部門の処分，資産の売却などの徹底したリストラが伴っており，場合によって経営陣の退陣を求めるケースが少なくなかった．

　日本の老舗企業は，他の先進諸国と比べてもその割合が高い．また，ニューヨーク証券取引所における上場企業の上場廃止や倒産件数と比べて，東京証券取引所における上場企業の上場廃止と倒産件数は圧倒的に少なかった（星・カシャップ 2006, 283頁）．星・カシャップは，この日米の違いを「銀行の圧力の下で，安全で低収益の投資計画だけが選択された」（星・カシャップ 2006, 282頁）と解釈した．しかし，少なくとも理論的には，この日米の違いについて別の解釈はありうる．すなわち，経営不振な企業に対して，直ちに退場させず，企業体を存続したまま徹底的なリストラを施して一度経営不振な企業を優良企業に変身させることについて，日本は長けているからである．これは，様々な形で展開されてきた「日本的経営」や「日本的慣行」の論議と整合しているように思われる[12]．

　企業金融の理論にしたがって考えれば，経営不振な企業を退場させることは，社会全体のパイを増大するという意味での効率改善にとって必要条件でもなければ，十分条件でもない．重要なのは，割引現在価値で評価した将来収益が新規投資を上回るかどうかである．一度不振になった企業がもし健全な企業に回復できれば，退場させる必要はない．経営陣の刷新を含めたリストラを実施すれば，企業体を存続したままの利益の回復は十分ありうるし，逆に企業を退場させることによって発生する様々な形の社会的コストは無視できない．かつてのメインバンク制の経済発展に対する貢献は，この企業救

11）　例えば，特別信用保証制度について，植杉（2022, 158頁）が「保証を与える基準が緩かった」と指摘している．

12）　例えば，三戸（1994, 34頁）は，「日本企業は資本の論理と家の論理によっても貫かれている」と主張している．

済機能ないし再生機能にあるといってよい．したがって，ゾンビ企業の問題は，メインバンク機能がバブル崩壊と不良債権処理を経て大きく後退したことによって生じた空白をまだ埋められていないからこそ生じた結果だともいえる．

銀行などの仲介機関が情報生産やコーポレートガバナンス機能を発揮するためには「親密な関係を長く維持すること」が大切であるが，それをいかに再構築するか，これはまさに日本の「新しい資本主義」に求められる課題である．残念ながら，内閣官房が立ち上げた「新しい資本主義実現会議」の記録を見ても，「資産所得倍増」や「資産運用立国」などの願望系のスローガンが並べられており，メインバンク中心のシステムに代わるものをどのように構築するかに関する議論は多くない．

次の2つの項では，リレーションシップバンキングの機能強化と，それに関連する問題を見ておきたい．

5.3 リレーションシップバンキングの機能強化と 金融検査マニュアル

2003年3月，不良債権を本格的に処理しようとしているのとほぼ同時に，金融審議会は「リレーションシップバンキングの機能強化に向けて」という報告書を発表した．同報告書では，リレーションシップバンキングを次のように定義している．すなわち，

> 金融機関が顧客との間で親密な関係を長く維持することにより顧客に関する情報を蓄積し，この情報を基に貸出等の金融サービスの提供を行うことで展開するビジネスモデルを指すのが一般的である．（金融審議会 2003, 3頁）

ここで表現されたビジネスモデルは，メインバンク関係の特徴と重なる．リレーションシップバンキングの議論において強調された銀行の姿は，前出のシェアードの定義と区別しにくいぐらい共通している．強いていうと，メ

インバンクに関する研究はほとんど大銀行と大企業との関係に集中しており，それに対してリレーションシップバンキングに関する議論は，金融機関の顧客全般に対するサービスを強調している．しかし，これはメインバンクそのものの性格に基づいているというより，研究データの利用可能性を反映したにすぎない．メインバンクが有効に機能した時期において，中小企業にも類似した関係が存在していたと判断するのは自然であろう．

　リレーションシップバンキングの機能強化は，バブル崩壊後，かつて有効であったメインバンク機能の後退によって生じる問題を強く意識して行われた政策である．金融仲介活動にとってキーポイントとなるのは，情報生産活動である．特に数値化されにくい，あるいは第三者に伝達・立証するのが困難なソフトな情報を有効に利用することは，金融仲介の本質と深く関わる[13]．その有効性を高めるために，「親密な関係を長く維持すること」が必要である．しかし，政策で強調するだけで，親密な関係が生まれるだろうか？

　制度形成において重要なのは，効果が相殺し合うような政策を同時に行うべきでないことである．「リレーションシップバンキングの機能強化に向けて」と同時に発表された「リレーションシップバンキングの機能強化に関するアクションプログラム」には，各金融機関に対して「スコアリングモデルの活用等の取組みを要請する」という項目があった（金融庁 2003）．事実，その後の 2007 年 7 月に発表された「地域密着型金融（15～18 年度第 2 次アクションプログラム終了時まで）の進捗状況」において，2003～2006 年度のスコアリングモデルを活用して融資した実績が，改革の成果として報告された（金融庁 2007）．

　またほぼ同じ時期に実施された金融機関に対する検査は，詳細なマニュアルに基づいて行われた．金融検査マニュアルは，数値化された財務指標を重視しており，債務者区分，債権分類に基づいて引当金や償却を求めている．その結果，数値基準をクリアした企業に対しては，金融機関による資金提供が過当競争的に行われ，貸出金利や利鞘が低い水準に抑えられた．そうでない企業は融資対象から排除され，排除された企業にとってゼロ金利の金融環

---

[13]　金融仲介機関にとってソフト情報生産の重要性について，Berger and Black（2019）は解説している．

境は，資金供給の条件緩和にはなっていない．

　有効な情報生産の観点からみれば，企業信用に関するスコアリングモデルはいかなる精緻な数理モデルで構築されたとしても，observability（観察可能性）や verifiability（立証可能性）を保証するのは難しい．格付け機関は何らかのスコアリング的情報を提供しているが，それでも評価対象は限定されており，補完情報として一般投資家に提供しているにすぎない．様々な情報非対称性問題やエージェンシー問題に直面する銀行の融資対象に関する情報は，スコアリングモデルに取って代えられることがありえない．事実，後に新銀行東京などの不正融資問題などにこのスコアリングモデルを悪用する[14]案件が多く発生し，それ以降スコアリングモデルの活用を要請する声はほとんど聞かなくなった．

　リレーションシップバンキングの機能強化は，政策が期待した通りの成果が得られたとは言い難い．制度形成は，事前の政策設計に限界があることが広く知られている．したがって，新しい金融システムの形成に向けて様々な形の試行錯誤はありうる．しかし，木を見て森を見ず効果が相反しあう政策の実施は避けるべきである．

5.4　銀行部門の株式保有に関する制限

　2001 年 11 月 21 日，第 151 回国会で「銀行等の株式等の保有の制限等に関する法律」が可決成立した．それによると，銀行による株式保有について次のような制限が設けられた．

　　銀行等（銀行，長期信用銀行，農林中央金庫及び信金中央金庫）及びその子
　　会社等は，当分の間，株式その他これに準ずるものについては，合算し
　　て，その自己資本に相当する額を超える額を保有してはならないことと
　　する．銀行持株会社及び長期信用銀行持株会社についても，同様とする．

---

14)　『朝日新聞』2008 年 10 月 28 日，朝刊社会面．

　この法律は，銀行による企業株の保有に大きな影響を与えた．例えば，単
体ベースの全国銀行による株式保有額は，2001 年 3 月期の 44 兆 3,299 億円
から，2003 年 3 月期の 23 兆 1,906 億円へと大きく減少した[15]．上記の数値
は，金額ベースで評価しているため，同期間に株価下落を反映している部分
もあり，必ずしもすべて株式保有の低減によるものではない．また，伊藤正
晴（2011）に指摘されている通り，銀行部門による株式保有の減少傾向は
1990 年代の半ば頃から始まっており，必ずしもすべてこの法律によるもの
ではない．しかし，この銀行による株式保有を制限する法律の実施によって，
銀行部門の株式保有の減少は一気に加速したと判断して間違いない．2023
年 11 月現在，国内銀行の株式保有額は株価が大きく回復したにもかかわら
ず，同じ金額ベースでの保有額は 13 兆 2,077 億円となっており，銀行と企
業の株式持ち合い構造はもはや過去のものとなっている．

　銀行等の株式保有を制限する理由として政府の説明は，下記の通りである．

　　我が国の銀行等は相当程度の株式を保有しているため，株価の変動が銀
　　行等の財務面の健全性や，ひいては銀行等に対する信認及び金融システ
　　ムの安定性に影響を与えかねない状態にあります．このような状況にか
　　んがみ，銀行等による株式等の保有を制限するとともに，その制限の実
　　施に伴う銀行等による保有株式の処分の円滑を図るため，この法律案を
　　提出することとした次第であります[16]．

　政権与党である自民党の報告書は，より突っ込んだ形で金融機関による株
式保有を制限する必要性を表現した．

　　株式持ち合いや銀行等金融機関などによる株式保有は，長らく我が国に
　　おける企業経営から緊張感を奪い，産業の新陳代謝が停滞する一因とな

15）　数値の出所は，全国銀行協会『全国銀行財務諸表分析』である．
16）　衆議院第 153 回国会，株式等の保有の制限等に関する法律案（内閣提出）の趣旨説明．
　　　https://www.shugiin.go.jp/internet/itdb_kaigirokua.nsf/html/kaigirokua/0001153200
　　　11019008.htm.

ってきた．（自由民主党日本経済再生本部 2014, 15頁）

　この表現は，金融機関による株式保有を，景気低迷の諸悪の根源とみていることに等しい．しかし，日本の金融システムを研究する文献では，銀行部門の株式保有について，むしろポジティブに評価するものが多い．金融仲介理論においては，銀行と企業との間の情報の非対称性やエージェンシー問題が強調される．その問題の一つは，負債契約に基づいて資金を提供する銀行と，株主利益最大化を目指す企業との利益不一致である．すなわち，有限責任制の下で株主はハイリスクのプロジェクトを好む傾向がある．それに対して債権保有者としての銀行の利益は，資金が契約通りに返済される限り，企業の残余利益の多寡とは無関係になる．銀行の立場に立って経営するならば，より安全なプロジェクト選択を求めてしまう．この矛盾を解消する一つの有望な方法は，融資銀行が同時に企業の株をある程度保有することである．融資銀行が相手企業の株式を保有することによって，上記の利益不一致を緩和させるだけでなく，株主としての立場から，企業の内部情報の獲得などを通じてより効率的な情報生産を実現させることができる．シェアード（1997, 118頁）によると，「メインバンクと企業の『密接な関係』のコアになるのは株式保有関係である」．

　銀行による一般企業株式保有は，安定株主の役割とその弊害，銀行保有資産の変動リスク，情報生産の効率性など多方面の問題と関係しており，評価は簡単ではない．ここで指摘したいのは，以下の点である．すなわち，リレーションシップバンキングの機能強化がなされているのと同じタイミングで銀行と企業との関係のコア部分を解体するのは，政策的整合性が欠如している．ゾンビ企業の存在は，部分的にはこのような非整合的政策の結果であるともいえる．

5.5　市場型金融システムへの移行

"main bank" や "keiretsu" など，日本型金融システムを象徴する言葉が内外の学界やマスコミで市民権を得たのは，1990年代以降のことである．残

念ながら，これはちょうどバブルの崩壊，不良債権の発生などの問題が露呈
された時期と重なっていた．これからの日本は，かつての銀行中心型金融シ
ステムに戻ることができず，アングロ・サクソン流の市場型金融システムに
移行するしか道がないと主張する論者が少なくない[17]．

　日本型金融システムに関する評価は様々であるが，一つ確実に言えるのは，
このシステムは決して何らかの事前計画あるいは人為的設計に基づいて形成
されたわけではないということである．高度成長期を含む戦後の長い期間に
おいて，日本の金融行政が目指したのは，決して銀行中心型のシステムでは
なかった．1950年代以降議論された「金融正常化」が理想にしているのは，
米国やイギリスの金融システムの姿であった[18]．また，1960年代前半，一
時流行っていた「銀行よさようなら，証券よこんにちは」というフレーズは，
市場型金融システムへの憧れを表していたといってよい．後に認識されるよ
うになった日本型金融システムは，各時期の経済情勢や日本の風土に合わせ
て自然発生的に誕生したものであり，多くの短所と長所を持ちながら，金融
取引に固有の市場不完全性問題の解消に重要な役割を果たしていた．したが
ってハイエクの自生的秩序の形成に関する議論は，日本型金融システムの形
成に当てはまっている．それゆえ，今再び市場型金融システムを目標にして
改革を進める際，以前と同じ轍を踏まないですむ理由はどこにあるのかを，
考える必要がある．

　市場型金融システムへの移行は，市場規律の植え付け，株主利益重視の企
業経営，透明性の高い情報開示などから正当化することができる．ここで，
銀行中心型システムと市場型システムとの違いについて，これまであまり強
調されてこなかった点をもう一つ付け加えたい．すなわち，市場型金融シス
テムにおけるコーポレートガバナンスの担い手は，必ずしも企業へ直接資金
を提供した者である必要がないという点である．それに対して銀行による
ガバナンスは，企業に貸し出した資金の順調な返済を保証することを起点とし

---

17)　例えば，Nakamura (2008, p. 143).

18)　日本銀行百年史編纂委員会編（1985，527頁）は，1950年以降の「金融正常化」論に
　　多方面の背景があるとしながら，「それは一面では欧米先進国にその範を求めようと
　　したものであった」と分析している．

ている．そういう意味で，メインバンクシステムは，自己否定的要素を孕んでいる[19]．なぜなら，成熟した優良企業ほど自己資金や内部留保を豊富に保有しており，外部資金を必要とする場合でも，資本市場でより有利な条件で取引できるので，銀行関係を必要とする度合いが低い．このような企業に対して，銀行中心のガバナンスは効力を発揮することが期待できない．この点と関連して，バブルの発生と崩壊をもって日本における銀行中心型システムの終焉とみるよりも，バブルの発生と崩壊自体が，優良な貸出先を失った銀行部門が無理な投機的融資をした結果であるとみることができる．市場型金融システムにおいては，資金の貸手ではなく，企業の所有者がガバナンスの中心的役割を果たすので，ガバナンスの強弱は企業への直接資金提供と関係せず，第三者からの株式取得を通じても，株主としての権利を行使することができる．このシステムでは，銀行中心型システムの持つ自己否定の問題は発生しない．

　しかし，Arrow（1998, p. 44）や Aoki（2001, p. 10）などの学者によって強調されているように，制度は，共有された信念に基づいて成り立っているので，制度変更は漸近的に進めるプロセスとなる．ここで，市場型金融システムに移行する際の問題点も見ておこう．

　市場型金融システムにおいては，株価に敏感に反応する株主の利益が重視される．しかし，日本のバブルの発生と崩壊の過程において，株価は1989年12月までの4年間に3倍上昇しており，またその後の27か月の間に再び半分に下落した．株価が場合によって，企業のファンダメンタルズからかけ離れて変化することについて，日本は他のどの国よりも鮮明に経験してきた．市場規律の確立を維持しながら，非生産的マネー・ゲームの負の影響をどのように回避するか，これは市場型システム移行の成功の鍵である．このような負の影響を最小限にするために，価格操作，インサイダー取引などの不正行為に対して，厳しく対処する必要がある．しかし，日本における証券関連の法律行使の厳格さは，"notorious charades（悪名高い茶番劇）"（Flath 2014, p. 328）といわれるほど厳しいものではなかった．これまでの日本では，例

---

[19]　Aoki（2001, p. 340）は，これを自己破壊的要素（the seeds of its self-destruction）と表現している．

えば裁判所に依存しない形の当事者による問題解決など，米国と異なるスタイルで当事者の対立を解消してきたが，市場型システムを重視するには，これまで以上に法律の整備と厳格な実施が求められる．

　また，日本的経営や終身雇用と並んで，メインバンクシステムは，日本社会の特性に合致している側面がある．有名な大企業でも，その社是や経営理念に，はっきりと株主利益の最大化を表明するのは稀である．日本では，企業経営は従業員を含むステークホルダー利益の最大化にすべきだという認識が根強い．日本におけるガバナンスの特徴は，社会の風習や文化的側面と関連してはじめて理解できるとする議論が多い．例えば，三戸（1994）によると，日本の会社は欧米と比べて特に「家」の論理が重視されている．また，Schaede（2020）も，日本において一般的社会規範に対する厳しい規律（tight culture）は，社会変革に影響すると主張している．

　しかし，近年急増するプライベート・エクイティの活用による大手企業の子会社や事業売却においては，従業員や従業員組合と良好な関係を構築することが広く見られるようになっている（関根 2018, 3頁）．したがって，日本的経営ないし日本的慣行を短期間に急激に変化させることが難しくても，文化的特性にあわせながら，市場型金融システムを形成することは，決して不可能ではないように思われる．

6.　おわりに

　本章では，まず近年の銀行部門の収益構造を分析した．一部の銀行の収益回復は決して国内において効率的な金融仲介活動を実施したことを反映したものではなく，単に内外の金利差を利用した結果にすぎない可能性が大きい．資金仲介の面において，経済成長に資するシステムの再構築は依然として大きな課題が残されている．

　これまでのリレーションシップバンキングの機能強化は，成功したとは言い難い．制度形成に関する事前設計に限界があるとはいえ，互いに効果を相殺しあう政策は同時に実施すべきではない．

　今後の金融システムは，成熟した大企業に関しては，市場型金融システム
へ移行すべきである．銀行中心型システムの持つ自己否定の問題は，市場型
システムにおいては解消されることが期待できるからである．制度変更には，
急進的な変化は期待できないが，新しい日本型システムは，日本社会の特性
にあわせ，公正な価格形成，法的整備，ステークホルダーの参加などの問題
を解決しながら形成されるであろう．

　本章の議論には，仮説に基づいて展開した部分が多く含まれており，それ
らを裏付けるための研究を今後続けたい．

参考文献

Aoki, M. (2001), *Toward a Comparative Institutional Analysis*, Cambridge, Mass.:
　MIT Press.

Arrow, K. J. (1998), "The Place of Institutions in the Economy: A Theoretical Per-
　spective," in: Y. Hayami and M. Aoki (eds.), *The Institutional Foundations of
　East Asian Economic Development*, London: Palgrave Macmillan, pp. 39–48.

Berger, A. N. and L. K. Black (2019), "Small Business Lending: The Roles of Tech-
　nology and Regulation from Pre-crisis to Crisis to Recovery," in: A. N. Berger,
　P. Molyneux, and J. O. S. Wilson (eds.), *The Oxford Handbook of Banking*, 3rd
　edition, Oxford: Oxford University Press, pp. 431–469.

Calomiris, C. W., M. Larrain, J. Liberti, and J. Sturgess (2017), "How Collateral Laws
　Shape Lending and Sectoral Activity," *Journal of Financial Economics*, Vol. 123
　(1), pp. 163–188.

Flath, D. (2014), *The Japanese Economy*, 3rd edition, Oxford: Oxford University
　Press.

Nakamura, M. (2008), *Changing Corporate Governance Practices in China and Ja-
　pan: Adaptations of Anglo-American Practices*, London: Palgrave Macmillan.

Schaede, U. (2020), *The Business Reinvention of Japan: How to Make Sense of the
　New Japan and Why It Matters*, California: Stanford University Press.

Sheard, P. (1994), "Main Banks and the Governance of Financial Distress," in: M.
　Aoki and H. T. Patrick (eds.), *The Japanese Main Bank System: Its Relevance
　for Developing and Transforming Economies*, Oxford: Oxford University Press,
　pp. 188–230.

伊藤公介（2017）『富士フイルムの「変える力」』ぱる出版．

伊藤正晴（2011）「株式持ち合いの変遷と展望」『金融』第772号，16-24頁．

植杉威一郎（2022）『中小企業金融の経済学――金融機関の役割政府の役割』日本経済新聞出版.

金融審議会（2003）『リレーションシップバンキングの機能強化に向けて』金融審議会金融分科会第二部会，平成 15 年 3 月 27 日.
https://www.fsa.go.jp/news/newsj/14/singi/f-20030327-1.pdf

金融庁（2003）『リレーションシップバンキングの機能強化に関するアクションプログラム』平成 15 年 3 月 28 日.
https://www.fsa.go.jp/news/newsj/14/ginkou/f-20030328-2.html

金融庁（2007）『地域密着型金融（平成 15〜18 年度第 2 次アクションプログラム終了時まで）の進捗状況について』平成 19 年 7 月 12 日.
https://www.fsa.go.jp/news/19/ginkou/20070712-2/02.pdf

金融庁（2016）『企業ヒアリング・アンケート調査の結果について〜融資先企業の取引金融機関に対する評価』平成 28 年 5 月 23 日.
https://www.fsa.go.jp/policy/chuukai/shiryou/questionnaire/160620/01.pdf

左三川郁子（2020）「低金利の長期化がわが国銀行に及ぼす影響」『全国銀行協会令和元年度金融調査研究会第 1 研究グループ報告書』97-118 頁.

シェアード，ポール（1997）『メインバンク資本主義の危機――ビッグバンで変わる日本型経営』東洋経済新報社.

自由民主党日本経済再生本部（2014）『日本再生ビジョン』平成 26 年 5 月 23 日.
https://www.jimin.jp/news/policy/125096.html

関根俊（2018）「日本におけるプライベート・エクイティ――マーケットの動向と日本企業への活用に関する提言」PWC.
https://www.pwc.com/jp/ja/knowledge/thoughtleadership/2018/assets/pdf/private-equity.pdf

日本銀行百年史編纂委員会編（1985）『日本銀行百年史　第 5 巻』日本銀行.
https://www.boj.or.jp/about/outline/history/hyakunen/hyaku5.htm

林原健（2018）『日本企業はなぜ世界で通用しなくなったのか』ベストセラーズ.

林原靖（2016）『背信――銀行・弁護士の黒い画策』ワック.

星岳雄，アニル・カシャップ著，鯉渕賢訳（2006）『日本金融システム進化論』日本経済新聞社.

三戸公（1994）『「家」としての日本社会』有斐閣.

第4章

金利上昇と流動性依存
——SVB 破綻から学ぶ金融緩和政策出口への備え——

長田　健

要　旨

シリコンバレーバンク（SVB）破綻に端を発する 2023 年春の銀行破綻の連鎖は，複合的な要因によって引き起こされた．本章では，預金保険制度，金利上昇，流動性依存という 3 つの要因に着目し，将来起こりうる銀行取付に対して日本の銀行システムが十分に備えられているかの考察を行う．SVB 破綻の大きな要因の 1 つが，破綻銀行に預け入れられていた預金の多くが預金保険の対象外の預金であり，信用不安により預金者の急速な引き出しを招いたことが挙げられる．日本は米国とは異なり企業向け当座預金に対する保護が手厚いなど，日本経済全体の預金保険カバー率は 90％ を超えており，この観点からは心配ないだろう．しかし，急激な金利上昇という要因，そして最近の金融研究で新たに指摘されている要因の 1 つ「流動性依存」の観点からは，日本経済も米国経済のようなリスクを蓄積している状態にあり，対岸の火事だと安心することはできない．金利上昇と流動性依存という 2 つの要因はいずれも量的金融緩和政策の解除と大きく関わっている．本章では，それらのメカニズムを整理し，それぞれに関係する銀行規制であるバーゼル III の IRRBB 規制と流動性規制を紹介し，それぞれの課題について述べる．地政学的リスクの高まりによる物価上昇により，日本経済も長期にわたる金融緩和政策の出口に向かいつつある．日本の銀行システムは SVB 破綻の経験から学び，備える時期にある．

1. はじめに

　2023 年 3 月 10 日，資産規模全米 16 位の米国シリコンバレーバンク（SVB）が「銀行取付」により経営破綻した．SVB 社ホームページ（Silicon Valley Bank 2023）によると，2022 年末時点の総資産（連結）は約 2,120 億ドル（約 30 兆円）であり，その規模は日本の地方銀行最大の資産規模であるふくおかフィナンシャルグループと同規模である（ふくおか FG の 2022 年末の総資産は約 29 兆円）．SVB は Forbes 社の Best Bank in America に選出されるなど，州法銀行（地方銀行）でありながらも注目を集める銀行であったため，その破綻は大きな衝撃をもって世界中に伝えられた．

　SVB 破綻による信用不安は連鎖し，SVB 破綻 2 日後の 3 月 12 日にはシグネチャー銀行（資産規模全米 29 位）が，5 月 1 日には SVB を上回る全米 14 位の資産規模の地銀だったファースト・リパブリック・バンクが，いずれも急速な預金流出を食い止めることができず，銀行取付により破綻する．この米銀破綻の連鎖は国境を越え，クレディ・スイスという世界的な巨大銀行すら飲み込んだ．SVB から始まる複数の米銀破綻による世界的な信用不安から資金流出に直面したクレディ・スイスもまた，急速な資金流出には太刀打ちできず，SVB 破綻のたった 9 日後の 3 月 19 日，スイス当局の要請により UBS が破格の値段で買収して救済されることになる（買収完了は 6 月）．

　幸いにして，日本にこの銀行破綻は連鎖しなかった．しかし，果たして我々はこの一連の銀行破綻を対岸の火事として捉えて大丈夫なのか．それとも，この経験から学び将来に備える必要があるのだろうか．本章では SVB 破綻のメカニズムの一端である預金保険制度，金利上昇，流動性依存の 3 点に着目し，将来起こりうる銀行取付に対して日本の銀行システムが十分に備えられているかの考察を行う．

　本章の構成は以下の通りである．続く第 2 節では銀行取付と預金保険制度の関係について述べ，米国より手厚いと言われる日本の預金保険制度の下では預金流出リスクは低く，この観点からは少なくとも現時点では銀行取付が生じにくいことを述べる．第 3 節では金利上昇が銀行に与える影響を整理し，

金利上昇によるポジティブな影響とネガティブな影響のどちらが上回るのか
はイールドカーブの変化の仕方に依存することを指摘する．第 4 節では，第
3 節の議論を踏まえ，バーゼル規制の IRRBB（Interest Rate Risk in Banking
Book）を紹介しその課題を述べる．IRRBB はイールドカーブの多様な変化
の可能性（金利ショックシナリオ）に対して，銀行勘定の金利リスクを定量化
し公表する規制である．第 5 節では最近の金融研究で指摘された新しい概念
「流動性依存（Liquidity Dependence）」という現象を紹介する．SVB 破綻は金
利上昇による個別金融機関の経営問題というミクロ的な問題がある一方，量
的金融緩和政策とその後の量的金融引き締め政策の結果生じるマクロ経済の
変化である「流動性依存」が遠因だったことが指摘されている．この流動性
依存に注目し，日本の銀行システムに潜むリスクを指摘する．第 6 節では，
第 5 節の議論を踏まえ，バーゼル規制の流動性規制である流動性カバレッジ
比率（LCR：Liquidity Coverage Ratio）を紹介し，現在の LCR 規制の課題を述
べる．第 7 節では，その他の課題としてデジタル銀行取付（Digital Bank
Run）というデジタル社会がもたらした銀行システムの新たな脆弱性の存在
を指摘し，時代の変化に対応する必要性を述べる．第 8 節は結論である．

2.　銀行取付と預金保険制度

　銀行[1]に対する信用不安が預金引き出しの殺到を引き起こし，流動性不足
に直面した銀行が預金引き出しに応ぜられなくなり破綻する．2022 年にノ
ーベル経済学賞を受賞したダイアモンドとディビッグが 1983 年の研究（Dia-
mond and Dybvig 1983）の中で理論的に示した通り，銀行は満期の短い負債
（預金など）で資金調達し，より満期の長い資産（貸出金や債券など）を保有し
ているため，銀行取付が発生する脆弱性を常に有する．預金者の期待次第で

---

1)　本章における銀行とは預金取扱金融機関（預金を引き受け貸出を行う金融機関）を指
　　す．信用金庫，労働金庫，信用組合，系統金融機関（農林中央金庫，信農連，信漁
　　連）などの預金取扱金融機関は，日本では銀行法が定める「銀行（以下「狭義の銀
　　行」）」には分類されないが，それらの経済学的な機能は本質的に銀行法上の銀行と同
　　一である．

は健全な銀行ですら銀行取付に遭ってしまうという点が銀行業の厄介なところである．実際，大槻（2023b）も述べるように，SVB 破綻も，財務がそこまで懸念されていなかった銀行の突然死だったという見方もある[2]．

　我々は幾度となく銀行取付やそれに伴う金融危機を経験し[3]，銀行業に内在するこの厄介な脆弱性に様々な方法で対処してきた．その代表的な制度が預金保険制度だろう．米国では，多くの銀行破綻を経験した大恐慌後の1933 年に連邦預金保険公社（FDIC：Federal Deposit Insurance Corporation）が設立され，翌年 1934 年 1 月より預金の一部（当時の保護限度額：$2,500）が保護されるようになる（FDIC 2023a）．日本も 1971 年に FDIC をモデルに預金保険機構を設立，預金保険制度（当時の保護限度額：100 万円）が発足した（三國谷 2015）．預金保険制度は預金者を安心させ，パニック的な預金引き出しをするインセンティブを低下させることで，銀行取付を防止することができると考えられている．

　しかし，SVB 破綻から始まる今回の一連の銀行破綻は，預金保険制度では防ぐことはできなかった．破綻銀行に預け入れられていた預金の多くが，預金保険の対象外の預金であったからだ．そのため，保護されない預金を保有する預金者達は，SVB 社の信用不安に直面し，急速に預金を引き出したのだ．日本経済新聞（2023）によると，SVB 社の 2022 年末の預金残高約1,750 億ドルのうち，89％ に当たる約 1,560 億ドル（約 21 兆円）は預金保護の対象外だったという．そして，破綻直前には 1 日に 420 億ドル（総預金の約 4 分の 1）の預金が引き出されたと言われている．預金保険でカバーされていないという不安が，パニック的な銀行取付を引き起こした．

　預金保険カバー率（＝被保険預金[4]÷総預金）の低さは，SVB 特有の特徴で

---

2)　「破綻前の SVB の格付けはムーディーズと S&P でそれぞれ，A1，BBB（親会社の SVB ファイナンシャルはそれぞれ Baa1，BBB－．ムーディーズは長期預金格付け，S&P は発行体格付け）と，いずれも十分投資適格とされていた.」（大槻 2023b）．

3)　日本の銀行取付も約 1 世紀の歴史があり，日本初と言われている東京渡辺銀行の取り付け騒ぎは約 100 年前の 1927 年 3 月である．1923 年の関東大震災による不良債権の増大によって，邦銀の多くが経営不安に陥っていた中で発生した銀行取付であり，日本昭和金融恐慌の引き金になった．地震大国である日本には，他国以上に強固な金融システムが必要であると言えるかもしれない．

4)　被保険預金は付保対象預金ともいう．

表4-1　日米の預金保険制度における預金の保護の範囲

預金の分類	日本	米国
決済性預金* （当座預金など）	全額保護	25万ドルまで
一般預金等 （普通預金・定期預金など）	1,000万円まで	

注）＊「無利息」「要求払い」「決済サービスを提供できること」という3要件
を満たす預金.
出所）FDIC，預金保険機構の各種資料より筆者作成.

　はなく，米国経済全体の特徴でもある．FDIC（2023b）によると，2023年第
3四半期における米国の預金保険カバー率は59.8％であり，米国全体で40
％以上の預金が保険でカバーされていない[5]．一方，預金保険機構（2024）
によると日本の預金保険カバー率は90.4％（2022年度）であり，保険でカバ
ーされていない預金は10％未満である[6]．
　SVBの預金保険カバー率の低さや，日米両国の差異を生むのは，預金保
険制度における預金の保護の範囲の違いによると考えられる．表4-1からも
分かるように，日本では普通預金や定期預金などの一般預金等は1金融機関
ごとに合算して，預金者1人（個人・法人）当たり元本1,000万円までであ
るが，決済性預金は全額保護される．一方で，米国では決済性預金，一般預
金等を合算して25万ドル（約3,700万円）まで保護される．この金額は，一
般的な家計にとっては日本以上に手厚い保護の範囲であり十分な額であるが，
富裕層や法人にとっては非常に限定的である．今回のSVB破綻も，富裕層
や法人といった経済主体がパニック的な預金引き出しをしたと考えられてい
る．
　つまり，日本は米国とは異なり法人向け当座預金が預金保険で100％カバ

5）　この預金保険カバー率は過去数年で最も高い．2021年第4四半期にはカバー率は53.1
％であり，2023年第3四半期よりも5％ポイント以上低く，当時は約半分の預金が
保険で保護されていなかった．2021年末以降，米国の預金保険カバー率は上昇し続
けているが，その要因の1つに付保対象外の預金の流出がある．
6）　日本も80年代90年代は預金保険カバー率が低かった．預金保険制度発足の1971年以
来70年代は90％前後で推移していたが，1980年代に低下を続け，1989年度に73.2
％まで低下する．預金の約27％は預金保険でカバーされていなかった．その後，90
年代に緩やかに上昇に転じ，今世紀に入り再び90％前後で推移している．

一されており，非常に手厚く預金は保護されている．その結果，日本経済全体の預金保険カバー率は 90% を超えており，個別行の預金保険カバー率も高水準であることが予想できる．ゆえに，預金保険制度という観点からは，日本の銀行システムは米国に比べ，銀行取付という綻びが生じる可能性は低いと考えられる[7]．

　しかし，次節以降で述べるように，今後金利が上昇し，決済性預金を保有する機会費用が上昇した場合，預金者の資金が無利子の決済性預金から有利子の一般預金にシフトする可能性がある．仮に 1980 年代末のように預金保険カバー率が 70% 台まで低下したら，急激な預金の引き出しが生じる確率が現在よりも高まることに注意は必要だ．

3. 金利上昇

3.1　金利上昇と SVB 破綻

　SVB 破綻の 1 つの要因は，預金保険制度における預金保護の範囲が限定的であったことであろう．しかし，それが信用不安の引き金になったのではなく，信用不安の引き金は SVB の経営悪化である．本節では，経営悪化を引き起こした原因の 1 つである金利上昇について考えていく．

　SVB 破綻の遠因は金融政策による急激な金利上昇だ．図 4-1 にもある通り，2020 年 3 月に，WHO が新型コロナウイルス感染症はパンデミックに至っているとの認識を示して以降，FRB はコロナ禍に対応するために大幅な金融緩和政策を実施した．2019 年に 2% 程度であった政策金利は，2020 年 4 月以降約 2 年間にわたり 0.1% 未満の水準に維持された．この金融緩和政策下で，ベンチャー企業はベンチャーキャピタルなどから低コストで資金

---

7)　手厚い預金保険は銀行取付の防止というメリットがある一方で，預金者による市場規律が低下するというデメリットがある．SVB 破綻という事例は，金利上昇により保有資産の含み損が膨らんでいた SVB に対して，預金者による市場規律が働いた事例と捉えることもできる．

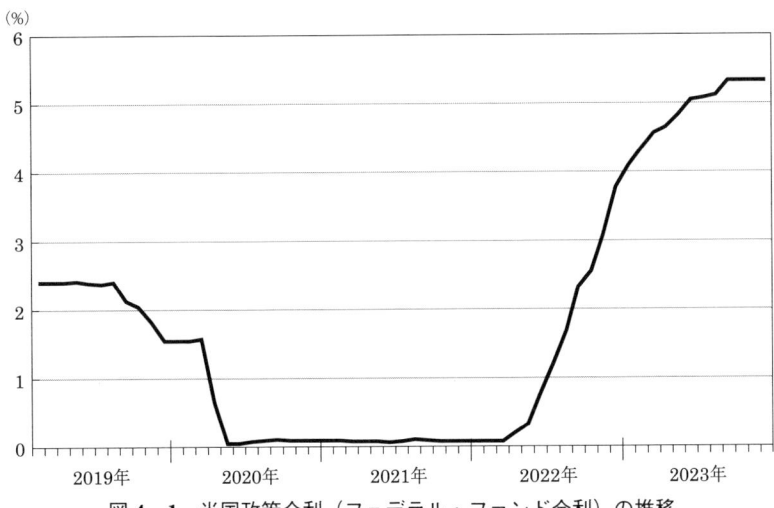

図4-1　米国政策金利（フェデラル・ファンド金利）の推移

出所）Board of Governors of the Federal Reserve System より筆者作成.

調達をし，その資金は預金として SVB に流入した．2022 年 3 月末の預金残高は，3 年前に比べ 3.8 倍に膨張したと言われている．そして SVB は，この急膨張した預金で，米国債や住宅ローン担保証券（MBS）を中心に運用を拡大した．2022 年末時点で，1,754 億ドルの預金に対し貸出総額は 740 億ドルであり，預貸率は 42% と非常に低かった一方，預証率は 70% を超えていたと言われている．

　しかし，2022 年 2 月のロシアによるウクライナ侵攻に起因するインフレーションにより，FRB は急激な金融引き締めに転じる（図 4-1）．2022 年 2 月に 0.08% だった政策金利は急上昇し，1 年半後の 2023 年 8 月には 5.33% まで上昇，現在（2024 年 1 月）に至る．急速な利上げは，SVB が保有する債券などの価格を暴落させ，含み損が膨らみ，信用不安へとつながった．そして，金融緩和期に SVB に流入した預金は一気に逆流（流出）し，銀行取付・破綻に至った．つまり，金融緩和政策により「預金」という流動性の高い負債が SVB に流入，その後，金融引き締め政策への転換により SVB から預金が流出し，流動性不足に直面した SVB は破綻した．低金利政策の下で SVB 破綻の火種が生まれ，急激な金利上昇により火種が燃え上がったので

ある.

　日本は米国以上に長期間にわたり，かつ大規模に金融緩和政策を続ける国である．SVB 破綻の火種が金融緩和期に生まれたのであれば，日本の銀行の中には SVB 同様の（もしくはそれ以上の）リスクを蓄積している金融機関がある可能性はないだろうか.

　日本は主要国の中でも未だに低金利政策を続ける唯一の国だ．日本と同様にマイナス金利政策を導入していた欧州各国も，政策金利を引き上げている.日本以上に低いマイナス金利政策を実施していたスイスも[8]，2022 年 9 月のマイナス金利政策解除後，政策金利は上昇し続け，2023 年 6 月に 1.75% になり現在に至っている．2019 年 5 月に −1.25% だった政策金利が，約 4 年で 3% ポイントも上昇したことになる．2024 年 1 月現在，超低金利政策を行う主要中央銀行は日本銀行（以下，日銀）のみになってしまった.

　図 4-2 からも分かるように，日本経済は諸外国に比べ，2022〜2023 年にかけて急激なインフレーションが生じなかったため，日銀が金融引き締めに転じることはなかった．しかし，図 4-3 を見ても分かるように，食料（酒類を除く）及びエネルギーを除く総合指数（いわゆるコアコア CPI）で算出した物価上昇率でさえ政策目標（2%）を超える状態が約 1 年続いており，このまま物価上昇が継続すれば，日銀は引き締めに動かざるを得ないだろう.

　日銀が金融引き締め政策に転じた時，金利上昇による債券価格等の下落に日本の銀行は耐えられるのか．金融緩和に慣れきってしまった日本経済に火種はないのか，私たちは今，再確認する時期にある.

3.2　金利上昇が銀行に与える影響

　金利上昇は銀行に対して必ずしも負の影響を与えるとは限らない．確かに，SVB 破綻では金利上昇が銀行に与えたネガティブな影響が顕在化したが，

　8）　日本のマイナス金利政策（2016 年 1 月〜）より 1 年以上早い 2014 年 12 月からマイナス金利政策を開始したスイス国立銀行は，2022 年 9 月までの約 8 年弱の期間マイナス金利政策を実施した．最も金利が低かった時期（2015 年 1 月〜2019 年 5 月）の金利は −1.25% であり（最も高い時でも −0.25%），日本の −0.1% より 1 ポイント以上低い.

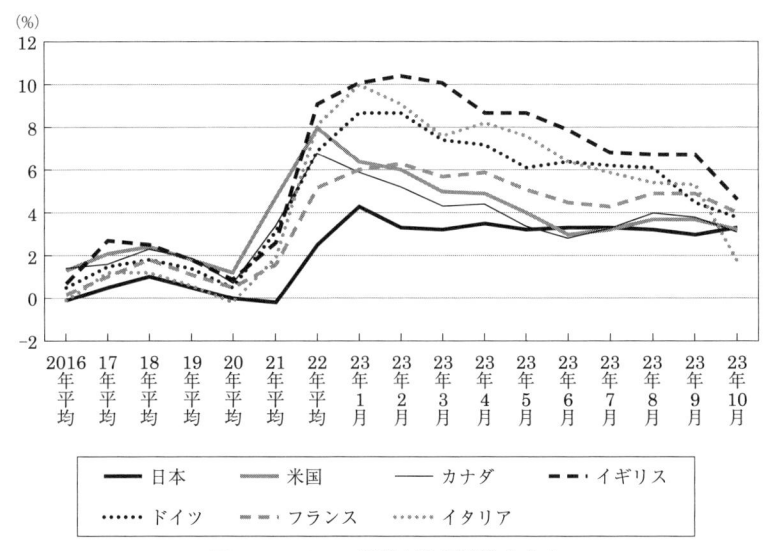

図 4 - 2　G7 の消費者物価指数変化率

出所）政府統計の総合窓口（e-Stat）より筆者作成.

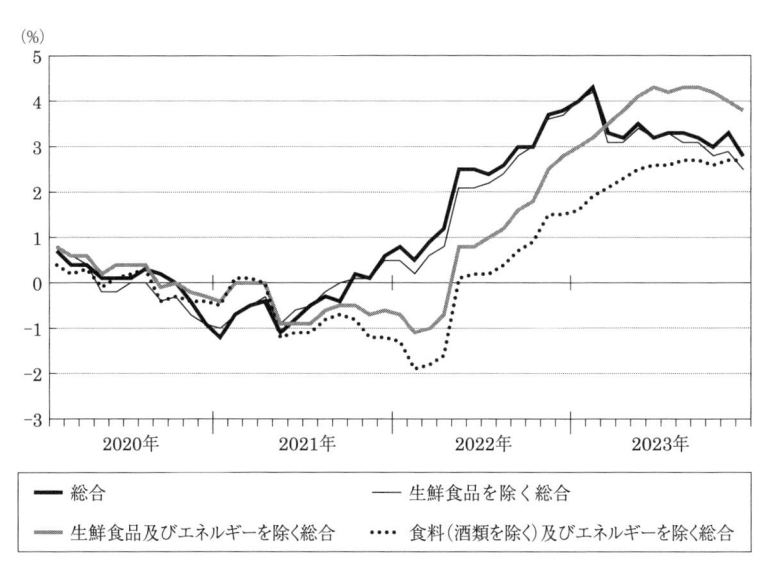

図 4 - 3　消費者物価指数（前年同月比）

出所）政府統計の総合窓口（e-Stat）より筆者作成.

SVB 破綻以前の日本では金利上昇の銀行に対するポジティブな影響が主張されてきた.

　実際，2022 年 12 月 20 日の日本銀行の金融政策決定会合でイールドカーブ・コントロール（YCC）の変動幅の拡大が決定され，長期金利が上昇した際（図 4-4），邦銀株価は上昇した（図 4-5）. 大槻（2023a）の分析によれば，金融危機時を除き邦銀株と中長期金利には高い正の相関があるという. 利鞘の拡大が収益拡大につながると考えられ，市場は金利上昇を好感したのである. 長引く低金利政策の結果，邦銀の預貸利鞘は低下の一途だったが，長期金利の上昇は預貸利鞘を上昇させ，収益拡大につながると考えられる[9].

　しかし，SVB が破綻すると 3 月 10 日以降銀行株は急落し，銀行株の水準は YCC 変動幅拡大が決定された 12 月 20 日の水準あたりまで下がった（図 4-4）. 金利上昇による銀行取付という銀行ビジネスの脆さを目にして，市場は嫌気したのであろう. しかし，その後の株価に注目すると，同株価指数はその後上昇を続け，2023 年 9 月下旬には SVB 破綻直前の指数（221.08）より 25% 高い 276.36 まで上昇する. この間，日本の長期金利は緩やかに上昇基調である（図 4-4）. 長期金利の上昇を市場は好感していると言えよう.

　金利上昇によるポジティブな影響とネガティブな影響はどちらが上回るのか. それはイールドカーブの変化の仕方に依存すると考えられる. 日本の YCC 変動幅拡大は米国の政策金利上昇と異なり，長期金利のみが上昇した. 一方，米国における金利上昇は，長期金利のみならず短期金利も含めたすべての年限の金利の上昇シフトを引き起こした.

　図 4-6 は，過去 5 年間（11 月末時点）の日米のイールドカーブの変化を示している. 日本では短期の金利の上昇シフト幅に比べ，長期金利の上昇シフト幅が大きく，イールドカーブがスティープ化したことが分かる. 長短金利差の拡大は，利鞘の拡大を通じて銀行の収益を拡大すると考えられ，近年の邦銀は金利上昇のポジティブな影響を享受していると言える.

　一方，米国では過去 5 年間で，イールドカーブは大きく変化した. コロナ

---

9)　大槻（2023a）の試算によれば，長期金利上昇が銀行利益に与える影響は都市銀行よりも地方銀行のほうが高いという. 大手行は，海外資産の割合が大きいことや，手数料比率が高いことがその要因として考えられる.

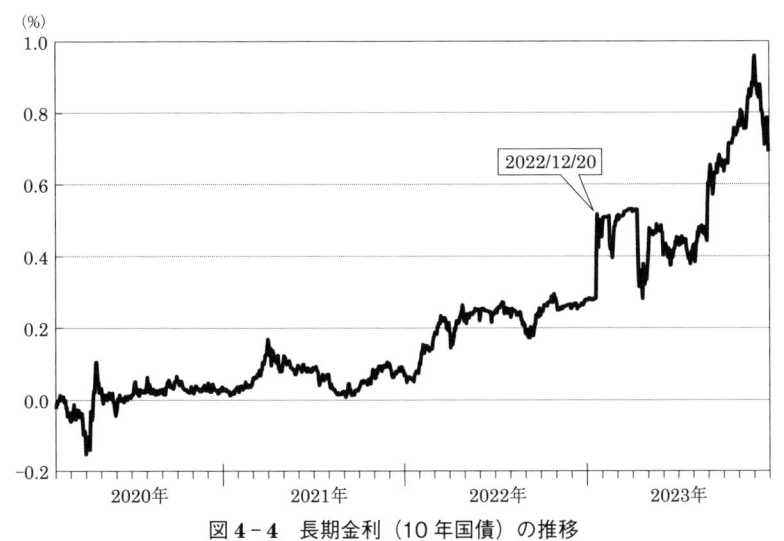

図 4-4　長期金利（10 年国債）の推移

出所）財務省「国債金利情報」より筆者作成.

図 4-5　業種別東証株価指数・銀行業（日次・終値）

出所）NEEDS-FinancialQUEST より筆者作成.

(1) 日本

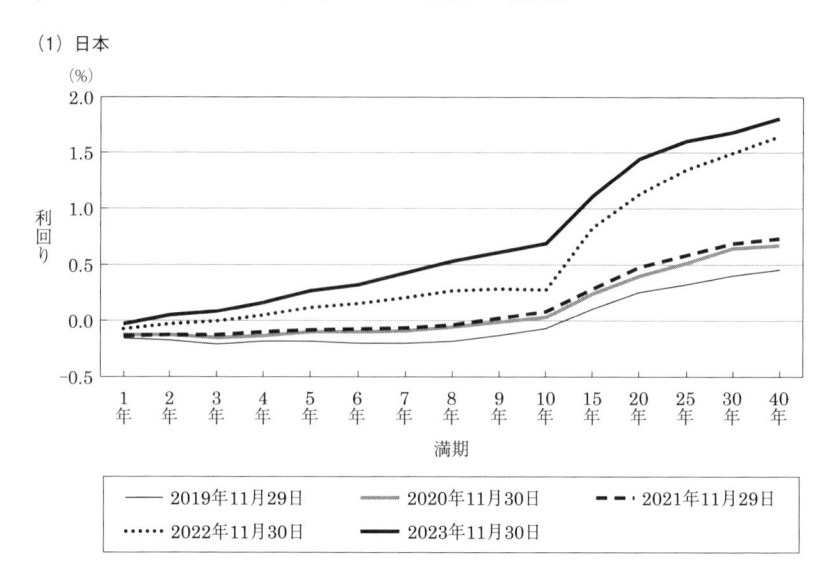

(2) 米国

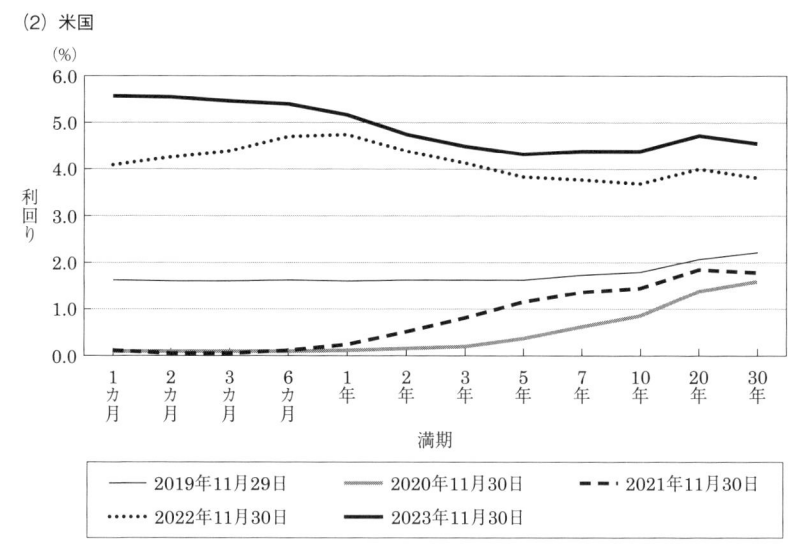

図 4 - 6　日米イールドカーブの変化

出所) 日本は財務省より筆者作成. 米国は U.S. Department of the Treasury より筆者作成.

禍後の金融緩和政策により短期金利はゼロ付近に抑え込まれ，右上がりのイールドカーブになる．しかし，ウクライナ侵攻後の 2022 年になると，金融引き締めにより短期金利は大幅に上昇，2023 年末には右下がりのイールドカーブ（逆イールド）を描いている．イールドカーブの形に加え，金利の上昇幅が大きいことも日本との大きな違いだ．最大でも 2% 程度の日本の金利に比べ，米国の金利はすべての年限で 4% 超であり，短期金利は 6% に迫っている．逆ザヤの状態にある長短金利差は銀行の預貸業務による収益を圧迫し，さらには，あらゆる年限の急激な金利上昇により多くの保有資産の価格を暴落させ，銀行の含み損が膨らむことになる．SVB 破綻は，このようなイールドカーブの変化によって引き起こされた．

　つまり，金利上昇の日本経済への影響を考える上で，今後注視すべきはイールドカーブの変化，特に短期金利の変化であろう．日本経済は現在のように短期金利を低く抑え込んでいられるうちは，ネガティブな影響は限定的であろう．しかし，日本で短期金利の上昇が生じれば，SVB のような保有資産の価格下落に加え，住宅ローンを含む借入金の返済に窮する企業や個人が増え，不良債権の増加という形を通じても銀行経営に影響を与える可能性がある．また，変動金利住宅ローンの負担増は，家計の消費減退，不動産需要減による不動産価格の下落というマクロ経済への波及も懸念される．

　短期金利がどの程度上昇し，イールドカーブがどのように変化するか，そしてそれらの変化が銀行にどのように影響を与えるのか，SVB 破綻を反面教師として邦銀は備える必要があるだろう．

4. バーゼル規制の IRRBB

　このように，金融変動の銀行経営に対する影響を考える上で，イールドカーブの多様な変化に対応したリスク管理の重要性が現在一層高まっている．イールドカーブの多様な変化の可能性に対して，日本経済は備えができているのか．

　狭義の銀行の場合，IRRBB と呼ばれる銀行勘定の金利リスクを定量化し

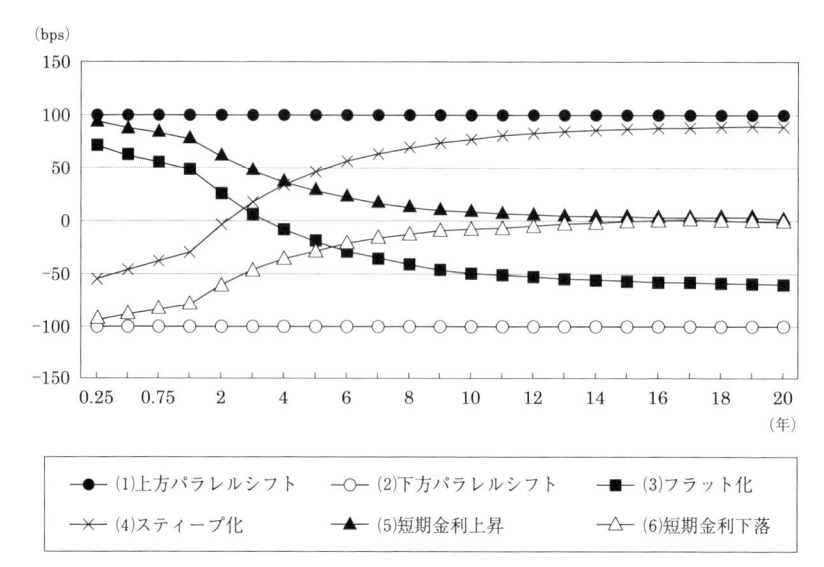

(bps)

図 4 - 7　IRRBB 規制における金利ショックシナリオ（日本）

出所）服部（2021）.

公表する規制が課せられている．2016 年にバーゼル銀行監督委員会から公表された基準文書（BCBS 2016）によると，銀行は，各国当局設定の一連の金利ショックシナリオに基づいて算定された自己資本の経済価値の変動（ΔEVE[10]）と期間収益の変動（ΔNII[11]）における，金利ショックの影響を開示しなければならない．当該規制はバーゼル規制の一部であり，日本では国際統一基準行は 2018 年 3 月末から，国内基準行は 2019 年 3 月末から規制の対象となっている．

　金利ショックシナリオは各国当局が設定するため，各国金利によって異なるが，日本の規制当局が設定している日本円金利のショックシナリオは図 4-7 のようになっている．ここに示した 6 つのシナリオに基づき，各銀行はリスク量を算出し公表しなければならない．例えば，(1) 上方パラレルシフトと (2) 下方パラレルシフトについては上下に 100 bps 変化するシナリオを示している．(3) フラット化については短期金利が 50 bps 程度上昇し，

---

10)　EVE は Economic Value of Equity（自己資本の経済価値）の略.
11)　NII は Net Interest Income（資金運用利益）の略.

表 4-2　三菱 UFJ フィナンシャル・グループの IRRBB

IRRBB1：金利リスク　　　　　　　　　　　　　　　　　　　　　　　　　　（百万円）

項番		イ	ロ	ハ	二
		ΔEVE		ΔNII	
		2022 年度中間期末	2021 年度中間期末	2022 年度中間期末	2021 年度中間期末
1	上方パラレルシフト	1,261,375	1,767,249	△149,372	△265,032
2	下方パラレルシフト	△90,982	△387,065	238,812	248,138
3	スティープ化	1,184,293	1,132,259		
4	フラット化	176,955	△107,763		
5	短期金利上昇	342,147	339,167		
6	短期金利低下	583,480	317,613		
7	最大値	1,261,375	1,767,249	238,812	248,138

		ホ	ヘ
		2022 年度中間期末	2021 年度中間期末
8	Tier 1 資本の額	14,743,476	16,789,698

注）当局の開示定義に従い，ΔEVE のプラス表示は経済的価値減少，ΔNII のプラス表示は期間
　　収益減少を示す.
出所）三菱 UFJ フィナンシャル・グループ（2022）.

長期金利が 50 bps 程度低下するシナリオである．（4）スティープ化は短期
金利が 50 bps 程度低下し，長期金利は 100 bps 程度上昇するシナリオ，
（5）短期金利上昇は短期金利が約 100 bps 上昇する一方，長期金利は変化し
ないシナリオであり，（6）短期金利下落は短期金利が約 100 bps 下落する一
方，長期金利は変化しないシナリオになっている．

　表 4-2 は，三菱 UFJ フィナンシャル・グループの IRRBB 公表資料である．
6 つのシナリオに基づき，ΔEVE と ΔNII の大きさが示されている．正の値
は経済価値（期間収益）の減少額を表し，負の値は当該シナリオ下で経済価
値（期間収益）が増加することを示している．シナリオ（1）が最も経済価値
（ΔEVE）を減少させ，シナリオ（2）が最も期間収益（ΔNII）を減少させる
ことが分かる．三菱 UFJ フィナンシャル・グループの場合，それらのリス
ク量に比べ十分な自己資本量（Tie 1 資本の額）を有しているので，ここで想
定したリスクイベントが生じたとしても，十分な備えがあるといえる．

　このように，バーゼル規制の IRRBB 規制により，多様な金利上昇シナリオに対する備えはある程度はできている．しかし，当該規制（当局）が想定している金利上昇シナリオが妥当であるかの再確認は必要だ．

　図 4-7 からも分かるように，日本の当局が設定する IRRBB 規制のシナリオは限定的であり，金利の大幅な上昇を想定していないことが分かる．吉藤（2020）にもあるように，各国当局が設定したシナリオは，2000 年から 2016年までの時系列データを基に設定されたものである．つまり，日本はいわゆる非伝統的金融政策の下，低金利政策が行われてきた時期である．しかし，昨今の地政学的リスクの高まりによるインフレ圧力は日本経済にも及んでおり，2000〜2016 年のデータに基づくシナリオ設定が妥当であるとは考えられず，よりシリアスなシナリオ設定によるリスク管理が必要であると考えられる．

　確かに，ここ数年の日銀の政策変更は，現行の IRRBB 規制のシナリオの範囲内にある．2022 年末の YCC 変動幅拡大で生じた変化は，図 4-4 で示したように，長期金利が約 25 bps 上昇し，短期金利は変化しなかったので，上昇幅は IRRBB が想定するショックシナリオより小さく，現行の枠組みによる備えで十分であると考えられる．

　しかし，米国のようなショックが円金利に起こったらどうか．図 4-1 に示した通り，米国の短期金利は 1 年も経たないうちに 450 bps も上昇したが，この上昇は米国当局のシナリオを上回るものだった[12]．米国当局がよりシリアスなシナリオを想定していれば，SVB 破綻を防げたかもしれない．このことからも，今世紀頭に設定した現行の金利ショックシナリオでは，日本経済もまた，未来の金利上昇に対する備えが不十分である可能性がある．

　また，銀行以外の預金取扱金融機関（信用金庫，信用組合など）は，IRRBB規制の対象外であることにも注意が必要だ．欧米以上に長い期間である 20年以上もの間，日本経済は低金利経済を経験し，金利上昇リスクはほとんど存在しなかったと言っても過言ではない．その中で，銀行は預貸率を下げ，債券などの有価証券比率を高めてきた．中小の預金取扱金融機関こそ，多様

---

12)　BCBS（2016）における米国金利のシナリオは，パラレルが 200 bps，短期が 300 bps，長期が 150 bps である（吉藤 2020）．

（百万ドル）

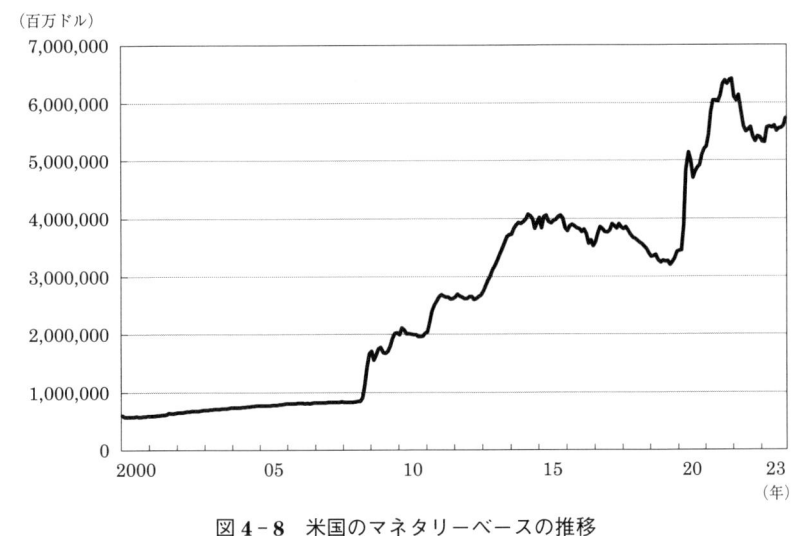

図4-8　米国のマネタリーベースの推移

出所）Board of Governors of the Federal Reserve System より筆者作成.

な金利上昇リスクに対応する準備・体制が整えられているか再検証が必要だろう.

5. 流動性依存[13]

　前節までで述べてきたように，預金保護の範囲を上回る多額の預金が銀行部門に蓄積していた中で，金利上昇が引き金となり預金流出が起こりSVBは破綻した．しかし，1つ疑問が残る．銀行取付に直面した時，なぜSVBは市場から資金調達をできなかったのか.

　金融引き締めに転じる前まで，量的金融緩和政策によって市場には膨大な流動性が供給されていた．図4-8からも分かるように，米国のマネタリーベースの水準は，金融引き締め後も世界金融危機以前と比べて非常に高い水準にある．マネタリーベースは，民間銀行が中央銀行に預ける当座預金と現金

13)　本節はJSPS科研費22K01549の助成を受けた研究の一部であり，共同研究者の鵜飼博史氏（科学技術振興機構）の論考（鵜飼 2023）を参考にしている.

の市場全体の合計額である．SVB 自身が当座預金や現金などの流動性資産を十分に保有していなくても，SVB が保有する資産を担保に他の金融機関から融資を受けられはしなかったのか．マネタリーベースの水準を見る限り，流動性は市場全体に存在したようにみえる．

　この疑問に対しては，SVB が担保になる十分な資産を保有していなかった可能性の指摘や，SVB の市場担当者が短期市場での資金調達に不慣れだったとの噂すら存在する．しかし，ニューヨーク大学のビラル・アチャリャとシカゴ大学のラグラム・ラジャンを中心とする研究（Acharya *et al.* 2023; Acharya and Rajan 2023[14]）では，興味深い現象をその遠因として指摘している．

　彼らの指摘する原因が，量的金融緩和政策・量的金融引き締め政策の中で生じた「流動性依存（Liquidity Dependence）」という現象である．世界金融危機以降，FRB は量的金融緩和政策（Quantitative Easing：QE）を複数回実施し，2 度の量的金融引き締め政策（Quantitative Tightening：QT）を実施している．この「中央銀行のバランスシートの満ち欠け（The Waxing and Waning of Central Bank Balance Sheets）」の下で，銀行が流動性を巡り非対称な行動をとることに彼らは注目した．

　Acharya *et al.*（2023）によると，QE により市場に流動性が供給されると，銀行は資産サイド・負債サイドの流動性を高め，さらにはオフバランスでも流動性の高い取引を行ったという．資産サイドでは中央銀行に預ける準備預金が増大し，負債サイドでは要求払い預金が増え，オフバランスではクレジットラインが増加した．しかし，QT に転じると，銀行は QE 時と対照的に流動性の低い取引を増やすかというと，そうはならなかったのだ．資産サイドは QT によって準備預金が減少するので流動性資産は減少したが，負債サイドの流動性の高い負債は減少せず，オフバランスにおける流動性の高い取引が減少することも起こらなかった．要求払い預金の定期性預金などへの振替や，コミットメントラインの減額などは，資産サイドほどスムーズに起こらなかったのだ．結果として，要求可能債権（要求払い預金＋クレジットラ

---

14)　Acharya and Rajan（2023）にて理論分析を，Acharya *et al.*（2023）では実証分析を行っている．

イン)[15]の流動性資産に対する比率が高まり，資産サイドと負債サイド（および
オフバランス取引）の間に流動性のミスマッチが発生，銀行は流動性リスク
に晒されることになる．この状況で市場全体に流動性ストレスが加わると，
健全な銀行であっても流動性を抱え込むことになり，SVB のような銀行は
市場調達が困難になり，流動性不足に直面する．そして，SVB のような銀
行は，中央銀行に流動性を依存することになる．

　ポイントはこの現象が SVB などの個別金融機関（ミクロレベル）で生じる
だけでなく，金融市場全体のマクロレベルで生じるという点である．QE に
より膨大な流動性が供給されると，同時に金融機関に対する要求可能債権が
膨張するので，QT に転じるとマクロ経済全体で流動性が不足する．つまり，
量的な金融緩和の中で銀行システム全体が知らず知らずのうちに，中央銀行
に流動性依存する体質に陥ってしまう可能性をアチャリャとラジャンは指摘
しているのだ．SVB 破綻は SVB 個別行の問題だけが引き起こしたのではな
く，マクロ経済全体に問題があった可能性がある．

　実際，米国は 2 度の QT で流動性不安に直面している．1 度目は 2019 年
に起こる．世界金融危機以降の米国の金融政策を振り返ると，FRB は，
QE1（2008 年 11 月〜2010 年 6 月），QE2（2010 年 11 月〜2011 年 6 月），QE3
（2012 年 9 月〜2014 年 10 月）を順次実施した．その後，FRB は金融を引き締
める方向に転換し，2017 年 10 月からは QT（2017 年 10 月〜2019 年 7 月）を実
施する．2019 年 7 月末，インフレ圧力の停滞等を理由に 10 年半ぶりに利下
げに転じるが，この時，利下げ（緩和政策）にもかかわらず，銀行の流動性
不安が生じ，2019 年 9 月にレポ等の資金調達金利が一時的に急上昇し，
FRB は流動性を市場に供給せざるを得なくなった．

　2 度目の流動性不安は，2023 年 3 月の SVB 破綻およびその後の米銀の連
鎖的破綻である．2020 年 3 月 11 日に WHO が，新型コロナウイルス感染症
がパンデミックに至っているとの認識を示し，各国に対し一層の対策強化が
求められると，FRB は再び QE（2020 年 3 月〜2022 年 3 月）に踏み切った．そ
の後，2022 年 2 月のロシアによるウクライナ侵攻に起因するインフレーシ

---

15)　Acharya *et al.*（2023）の "demandable claims（demand deposits and outstanding
　　credit lines）" の和訳．

ョンにより，FRB は急激な金融引き締めに転じる．まずは利上げによる引き締めを開始し，すぐに QT（2022 年 6 月～）を再開する．そして，この引き締めが SVB 破綻の引き金となった．

5.1　流動性依存のメカニズム

　本項では，流動性依存のメカニズムについて，簡単な例を用いて説明しよう．そもそも，QE により中央銀行が国債等を買い入れることで，なぜ銀行は要求可能債権（要求払い預金＋クレジットライン）を増やすのか．QE では中央銀行が国債等を市場から大量購入するが，売り手が銀行部門の時には銀行部門の負債サイドに変化は起こらず，（要求払い）預金は増えない．図 4-9 のパネル A が示す通り，銀行部門の保有する国債等が減少し，準備預金が増える．つまり，資産サイドの流動性のみが高まる．

　しかし，国債等の売り手が非銀行部門の時には，銀行部門の負債サイドにも変化が起こる．図 4-9 のパネル B が示す通り，中央銀行が国債等を非銀行部門から購入すると，その代金は銀行部門の準備預金を通じて非銀行部門に預金として支払われる．この結果，銀行部門では資産サイド，負債サイド共に流動性が高まる．

　では，QT に転じた場合はどうか[16]．基本的には前述の逆の動きが対称的に起こると考えられる．銀行部門に国債等を売却すれば，銀行部門の資産サイドのみが変化（国債等が＋\$1 億，準備預金が－\$1 億）し，負債サイドは変化しない．一方で，非銀行部門が国債等を購入すれば，銀行部門の負債サイドも変化する（準備預金－\$1 億，預金－\$1 億）．つまり，QE の際の国債等の売り手が，QT の際に同額だけ国債等を購入すれば，3 部門のバランスシートは元に戻るだけである．

　しかし，QE の際に非銀行部門から購入した国債等を，中央銀行が銀行部

---

16)　QT とは，QE の際に中央銀行が市場から買い入れた国債等の金融資産について，保有資産を売却したり，満期を迎えた債券の再投資を停止して償還したりすることにより，QE によって拡大したバランスシートを段階的に圧縮させることである．ここでは前者（保有資産の売却）の場合を取り上げる．

■パネル A：銀行部門から国債等を購入する場合

【量的緩和政策前】　　　　　　　　　　　　　　　【量的緩和政策後】

中央銀行

資産	負債
国債等	準備預金

中央銀行

資産	負債
国債等＋$1 億	準備預金＋$1 億

銀行部門

資産	負債
国債等 準備預金	資本金 預金

銀行部門

資産	負債
国債等－$1 億 準備預金＋$1 億	資本金 預金

■パネル B：非銀行部門から国債等を購入する場合

【量的緩和政策前】　　　　　　　　　　　　　　　【量的緩和政策後】

中央銀行

資産	負債
国債等	準備預金

中央銀行

資産	負債
国債等＋$1 億	準備預金＋$1 億

銀行部門

資産	負債
国債等 準備預金	資本金 預金

銀行部門

資産	負債
国債等 準備預金＋$1 億	資本金 預金＋$1 億

非銀行部門

資産	負債
国債等 預金	資本金

非銀行部門

資産	負債
国債等－$1 億 預金＋$1 億	資本金

■パネル C：非銀行部門から国債等を購入し，銀行部門に売却する場合

【量的引き締め政策前】（パネル B 右側）　　　　　【量的引き締め政策後】

中央銀行

資産	負債
国債等＋$1 億	準備預金＋$1 億

中央銀行

資産	負債
国債等	準備預金

銀行部門

資産	負債
国債等 準備預金＋$1 億	資本金 預金＋$1 億

銀行部門

資産	負債
国債等＋$1 億 準備預金	資本金 預金＋$1 億

非銀行部門

資産	負債
国債等－$1 億 預金＋$1 億	資本金

非銀行部門

資産	負債
国債等－$1 億 預金＋$1 億	資本金

図 4-9　量的緩和政策・量的引き締め政策による銀行部門のバランスシートの変化

出所）Acharya *et al.*（2023）を参考に筆者作成.

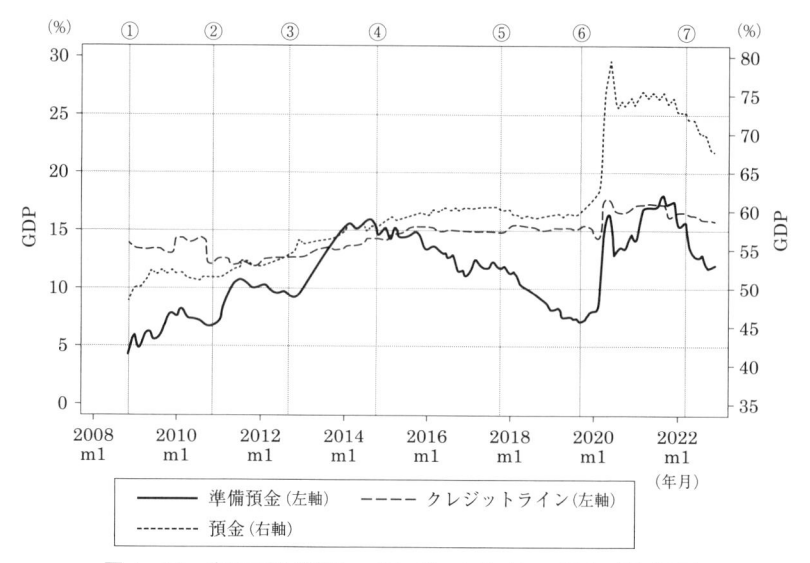

図 4-10　米国の準備預金，クレジットライン，預金（対 GDP）

出所）Acharya *et al.*（2023）Figure 2. Panel A. を筆者加工.

門に売却したらどうなるだろうか．図4-9のパネルCが示す通り，中央銀行のバランスシートには縮小（量的引き締め）が生じるが，銀行部門のバランスシートは縮小しない．資産サイドにおいては準備預金が減り，国債等が増えるが，負債サイドは変化しない．つまり，資産サイドの流動性は低下するが，負債サイドの流動性は高いままとなる．

　仮に銀行が，この資産・負債における流動性のミスマッチを解消すべく，市場にて非銀行部門に国債等を売却したり，要求払い預金を定期預金などの流動性が低く金利が（若干）高い負債へと振り替えさせたりすれば，ミスマッチは解消されるだろう．しかし，米国ではこういったミスマッチは解消されなかった．

　図4-10は，米国における2008年第4四半期から2023年第1四半期までの，準備預金（Reserves：左軸），未利用の信用枠（Credit Lines：左軸），および預金（Deposits：右軸）の対GDP比（%）の推移を示している．グラフ内の垂直線は，左から①2008年11月（QE1），②2010年11月（QE2），③2012年11月（QE3），④2014年10月（QE停止［QTは伴わない］），⑤2017

年10月（QT開始），⑥2019年9月（レポ市場の急騰とそれに伴う流動性供給 [2020年3月からのQE再開期を含む]），⑦2022年3月（パンデミックによるQE の終了とFRBの利上げ開始）を表している．

QE期（①と④の間）とQE再開期（⑥と⑦の間）に準備預金（対GDP比）の 上昇と共に預金も上昇するが，QT解除期（④と⑤の間）とQT期（⑤と⑥の 間）には準備預金のみが低下し，預金は変化していない．この図からも銀行 部門の非対称な行動が読み取れる．

クレジットラインに関してはどうだろうか．QE期（①と④の間）には目立 った上昇は見られないが，QE再開期（⑥と⑦の間）には準備預金（対GDP 比）の上昇と共に上昇している．しかし，QE解除期（④と⑤の間）とQT期 （⑤と⑥の間）には，預金同様，低下することなく，やや上昇すらしている．

QEによって要求可能債権（要求払い預金＋クレジットライン）を増やした銀 行が，QTによって流動性が減少する中でもクレジットラインを縮小しなか ったのはなぜか．Acharya *et al.*（2022）は3つの可能性を指摘している[17]． 1つ目が銀行内部のエージェンシー問題である．銀行の流動性資産が縮小し ていて，預金調達部門やクレジットライン提供部門に対して負債サイドやオ フバランスの流動性低下を求めたとしても，両部門が縮小しようとしない． 2つ目が，流動性危機に陥れば，中央銀行が流動性供給をしてくれると考え る，モラルハザード問題．そして，3つ目が規制の影響である．バーゼル規 制などの銀行規制によって，現在の銀行はレバレッジ拡大による利潤獲得機 会が制約されている．そのため，オフバランスの取引（クレジットライン）で 手数料を稼いだり，支払金利が高い定期性預金ではなく，支払金利が低い要 求払い預金を維持しようとしたのではないかと考えられる[18]．

このようにQE期とQT期の銀行の非対称な行動，その結果として生じる 流動性のミスマッチが流動性依存の状況を生み出し，銀行システムの流動性 リスクを高めると考えられている．

---

17)　Acharya *et al.*（2022）は，Acharya *et al.*（2023）の元になった論文であるが，この3 つの可能性についての議論は後者では割愛されている．

18)　Acharya *et al.*（2022, 2023）による実証研究では，これらの仮説の検証は行われてい ないが，将来の重要な実証研究のテーマである．

5.2 日本における流動性依存の可能性

第 3 節で述べたように，インフレ目標以上の物価上昇に直面している日本経済では，量的緩和政策の出口について議論されている．本項では，米国が経験した「流動性依存」が日本経済でも起こりうるのかを考えていきたい．

日本の量的金融緩和政策の歴史は米国以上に長い．量的金融緩和政策 (2001 年 3 月〜2006 年 3 月) から始まり，包括的金融緩和政策 (2010 年 10 月〜2013 年 3 月)，量的・質的金融緩和政策 (2013 年 4 月〜)[19] と，実に 20 年以上の歴史がある．また，量的金融緩和政策の規模も米国以上である．2023 年 12 月末時点のマネタリーベースは 673 兆円で，対 GDP で 100% 以上であるのに対して，米国のマネタリーベースは対 GDP で 25% 程度である．つまり，米国以上の量的金融緩和政策を経験してきた日本経済は，米国同様もしくはそれ以上に流動性依存に陥る可能性があるのではないか．

図 4-11 は，国内銀行の流動性預金比率 (対預金合計) と定期性預金比率 (対預金合計) の，過去 30 年間の推移を示している[20]．量的金融緩和政策が始まると (図 4-11 の①)，流動性預金比率が上昇 (定期性預金比率が下落) し，政策開始時に約 38% だった流動性預金比率は終了時 (同②) には 56% まで上昇する．その後，2009 年 10 月に約 51% で底を打つまで緩やかに低下するが，その後上昇を続け，包括的金融緩和政策 (同③)，量的・質的金融緩和政策 (同④) を経て現在は 73% まで上昇した．この図からも分かるように，流動性預金比率と定期性預金比率は 30 年前とは正反対の値を取っている．

コミットメントラインはどうだろうか．当該データが 2001 年以前は利用できないため，90 年代と比較することは難しいが，量的金融緩和政策が始

---

19) 量的・質的金融緩和政策は政策枠組みの違いで，「マイナス金利付き量的・質的金融緩和政策期 (2016 年 1 月〜)」と「長短金利操作付き量的・質的金融緩和政策期 (2016 年 9 月〜)」に分けられる．

20) マネーストック統計の要求払い預金の定義に基づき，流動性預金は，当座預金，普通預金，貯蓄預金，通知預金，別段預金，納税準備預金の合計額．定期性預金は，定期預金と定期積金の合計額．

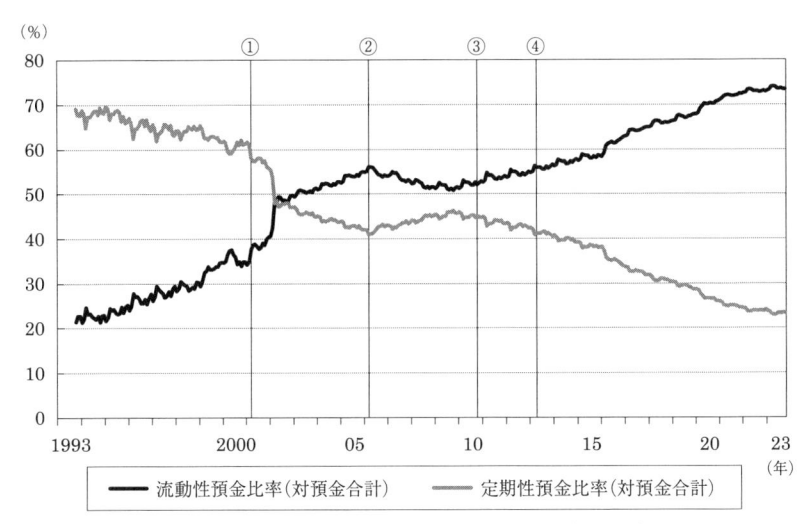

図 **4 - 11**　流動性預金比率と定期性預金比率の推移

出所）日本銀行より筆者作成.

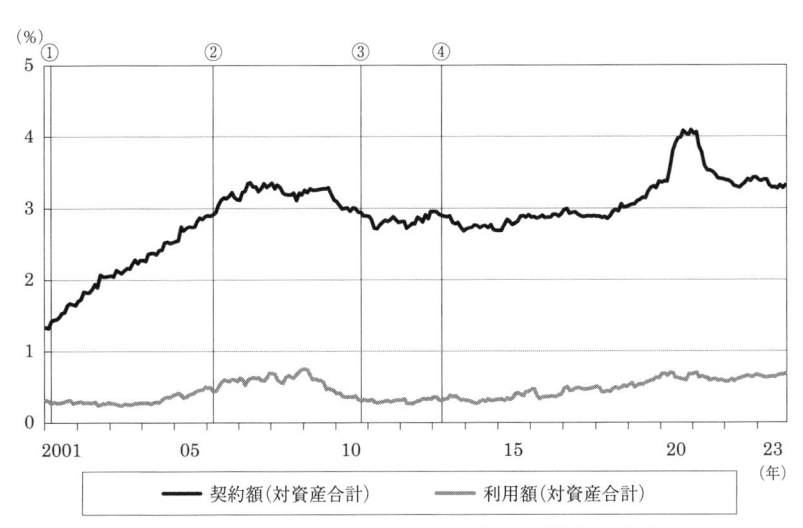

図 **4 - 12**　コミットメントライン契約額・利用額の推移

出所）日本銀行より筆者作成.

まると（図 4-12 の①），契約額（対資産合計）は大幅に上昇する．興味深いのは量的金融緩和政策の終了（同②）後も上昇を続け，2009 年末から低下し始めるものの，その後は 3% 弱で推移する．包括的金融緩和政策（同③）を経てもその値は大きく変動しなかったが，量的・質的金融緩和政策（同④）の後，緩やかに上昇し始め，コロナ禍に大幅に上昇し 4% を超える．その後，低下はするものの 2023 年 11 月時点で契約額（対資産合計）は約 3.3% であり，量的・質的金融緩和政策が開始された時点の約 2.9% より高い[21]．

　このように日本経済でも「QE 期の要求可能債権（要求払い預金＋クレジットライン）の相対的な増加」という現象が生じている．また，QE が行われていなかった時期（図 4-11，4-12 の②と③の間，もしくは②と④の間の時期）の変化からは，いわゆる「銀行の非対称な行動」が生じていた可能性も読み取れる．

　以上より，日本経済にも米国経済が経験した「流動性依存」が生じる可能性が十分にあると考えられると言えよう．

6. バーゼル規制の流動性規制

　日本経済が「流動性依存」に陥った場合，2019 年 9 月に米国経済が経験したレポ等の資金調達金利の高騰や，2023 年 3 月の SVB 破綻といった流動性不安が生じる可能性がある．プルーデンス政策の事後的措置として市場に流動性を供給するのではなく，事前的措置として日本経済は備えができているのか．本節ではバーゼル規制の流動性規制（LCR 規制）をもとに，この問いについて考えていきたい．

　SVB から始まる複数の米銀破綻による世界的な信用不安などから資金流出に直面したクレディ・スイスは，危機が 30 日続いた場合に想定される資金流出（830 億スイス・フラン［約 12 兆円］）に備え，2022 年末時点で 1,200 億スイス・フラン（約 17 兆 4,000 億円）を準備していたという（Arons 2023）.

21）　鵜飼（2023）が指摘するように，日本のクレジットラインは GDP 比でみて米国（16%）よりも相当小さい（3%）ので，米国ほど深刻な問題にならない可能性もある．

しかし，その準備では急速な資金流出には太刀打ちできず，SVB 破綻のたった 9 日後の 3 月 19 日，スイス当局の要請により UBS が破格の値段で買収して救済されることになる.

クレディ・スイスが準備した「危機が 30 日続いた場合に想定される資金流出への備え」とは，バーゼル規制の下で国際業務を行う銀行に課せられる流動性規制に基づいた備えであり，日本の国際統一基準行にも同じ流動性規制が課せられている[22]．30 日間のストレス下における資金流出に対応できるよう，「適格流動資産（ストレス時に大きく減価することなく換金できる資産であって，換金に係る障害がないもの）」の保有を求める規制である．そして，現在，日本の銀行（狭義の銀行）はこの規制に基づき流動性危機に備えている.

この流動性規制では，次式で求められる流動性カバレッジ比率（LCR：Liquidity Coverage Ratio）が 100% を上回る水準を維持することを銀行に求めている.

$$LCR = \frac{適格流動資産}{30 日間のストレス期間における純資産流出額} \geq 100\%$$
$$（資金流出 - 資金流入）$$

適格流動資産とは現金や国債，社債や上場株式，高格付けの住宅ローン担保証券などの比較的流動性の高い資産に，それぞれの資産ごとに異なる掛け目を掛けて計算される．例えば，現金，準備預金，国債は 100%，社債は格付に応じて 50% もしくは 85%，住宅ローン担保証券は 75% といった感じである．一方，分母に関しては，預金（債権）などに流出率（流入率）を掛けて計算する．例えば，リテールの預金に関しては預金保険対象であれば流出率は 5%，預金保険対象外であれば 10%，非金融機関の大企業の預金であれば前者が 20%，後者が 40% と想定して算出する．つまり，この流動性規制の下では 30 日のストレス期間に，個人の預金は預金保険対象外であっても 90% は流出しないという仮定に基づいている.

しかし，これまでの議論に基づくと，この規制の根底にある経済環境に関

---

22)　岩木・大鐘（2020）によれば国内基準行に対しては，LCR 規制比率に準じた比率を金融庁に報告することを求める措置を取っている.

する仮定が時代に合っていない可能性が指摘できる．世界金融危機後のバーゼル規制の強化（バーゼル III）によって導入された当該規制であるが，バーゼル III の議論がなされた 10 年以上前と現在では経済環境が異なる．前節までに述べてきた量的金融緩和政策の経験の有無，次節で述べるデジタル社会の進展など銀行システムを取り巻く環境は変化した．つまり，QE・QT が引き起こす「流動性依存」とデジタル社会の「速さ」を考慮していない．

　例えば，「30 日間というストレス期間の設定」や算出に用いられる「掛け目」は，このような時代の変化に対応しているだろうか．現行の規制の下では，30 日の間に預金は 5～40% 流出すると仮定されている．しかし，SVB は 1 日で総預金の 4 分の 1 が流出した．つまり，同程度の預金流出に備えるためには 30 日間のストレス期間の下で，750%（1/4×30）の流出率（掛け目）を想定していなければならなかったことになる[23]．30 日というストレス期間，資金流出の掛け目は，流動性依存に陥っていない経済（銀行が市場で資金調達することができる経済）を想定していないだろうか．また，預金者が店舗に並んで引き出すような経済（デジタルバンキングが普及していない経済）を想定していないだろうか．

　分子の適格流動資産の掛け目の妥当性の検証も必要だ．第 3 節に述べたように，急速な利上げは SVB が保有する債券などの価格を暴落させた．例えば，現在の規制では自国債の掛け目が 0%（つまり損失を出すことなく現金化できる）となっているが，金利上昇が予想される中でこの掛け目は妥当だろうか．実際，クレディ・スイスの破綻の遠因の 1 つは国債価格の急落だ．第 3 節でも述べたが，日本以上に低いマイナス金利政策を実施していたスイスは，2022 年 9 月のマイナス金利政策解除後，約 4 年で 3% ポイントも政策金利は上昇し，現在 1.75% に至っている．時代の変化に対応した規制の修正が求められよう[24]．

---

23)　流出率には各国の預金保険制度の違いも大きく影響する．日本の場合，米国と異なり，企業向け当座預金が預金保険で 100% カバーされている．そのため，流出率は米国に比べ低く，流動性リスクも低いと考えられる．

24)　流動性規制の対象は狭義の銀行のみである．しかし，流動性依存，デジタル化という経済環境の変化は狭義の銀行に限った話ではない．信用金庫や信用組合なども含めたあらゆる預金取扱金融機関もまた，時代の変化に対応する必要があろう．

　世界的な低金利政策，量的金融緩和政策が終焉を迎える中，銀行システム
の安定にとって流動性規制もまた再検証が必要な規制である．

7.　その他の課題——デジタル銀行取付

　前節でも触れたが，SVB 破綻はデジタル社会がもたらした銀行の新たな
脆弱性の存在を示した．
　今回の銀行取付の特徴は，デジタル銀行取付（Digital Bank Run）である．
SNS などを通じてオンラインバンキングの不具合を示す画面が拡散される
など，信用不安の情報が急拡散された．破綻直前には 1 日に総預金の約 4 分
の 1 の預金が引き出された．SVB は米国のみならず，英国，大陸欧州各国
（ドイツなど），インド，中国，イスラエルなど世界各国に進出する銀行であ
ったにもかかわらず，支店は米国内に 16 店舗，国外には 1 店舗しか存在し
なかった．つまり，銀行サービスの大部分がオンライン上で提供されていた．
そのため，今回の預金引き出しもオンラインバンキングを通じたものであっ
たと推測される．つまり，現金を窓口に引き出しに行くのではなく，オンラ
インバンキングを通じて他銀行口座などに預金を移動させたのだ．デジタル
社会以前の銀行取付は，窓口や ATM に長蛇の列ができて順番に引き出し
たため，預金流出に時間がかかったが，デジタル銀行取付は瞬時に起こる．
　SNS などによる信用不安の急拡散，オンラインバンキングを通じた急速
な預金引き出しは，従来の銀行取付と比べてデジタル社会ならではの「速
さ」が特徴だ．SVB 破綻 2 日後の 2023 年 3 月 12 日に破綻したシグネチャ
ー銀行（資産規模全米 29 位）も，デジタル銀行取付だ．ネットを通じた信用
不安の急拡散と，預金の急速な引き出し，オンラインバンキング不具合によ
るさらなる信用不安の増幅という，デジタル社会ならではのメカニズムがそ
こにはある．
　世界中で進展する金融のデジタル化．それは金融包摂や金融の効率化の進
展などを通じて世界経済の発展に貢献してきた．日本の銀行も脱店舗，オン
ライン化などのデジタル化を進めている．この流れは今後一層加速し，止め

ることも，抗うこともできないだろう（Nakagawa *et al.* 2023）．デジタル社会が進展する中，銀行はデジタル社会以前には存在しなかった「速さ」が生み出す新たな脆弱性があることを認識し，その対策を講じる必要がある．前節で述べた流動性規制の修正もその一つだ．

また，この「速さ」に備え，サイバーレジリエンスを高めることも今まで以上に求められる．銀行に信用不安が生じた場合，SNS などを通じてそれは今まで以上に「速く」拡散し，オンラインバンキングを通じて今まで以上に「速く」預金が流出する．そして，それは銀行のオンライン・システムに膨大な負荷をかけ，今まで以上に「速く」システムに不具合を生じさせる可能性がある．

2023 年 10 月全国銀行データ通信システムに障害が発生し，障害が復旧するまでに 2 日間を要した．顧客に影響が出るシステム障害が発生するのは 1973 年の稼働以降，50 年間で初めてだったという．今後，同様のシステム障害が，信用不安時に生じる可能性はゼロではない．また，今回のシステム障害は預金引き出しによる負荷が原因ではなかったが，そういった負荷がシステム障害を引き起こす可能性はゼロではない．岩下（2023）によれば，ここ 10 年ほどの間に世界全体で決済システムの世代交代が進んでおり，全銀システムは時代遅れであり，システム開発・運用にかかる体制の刷新が必要な時期であるという．全銀システムに限らず，各金融機関のシステムの見直し，サイバーレジリエンスの再点検も不可欠であろう．

8. おわりに

2023 年春に起こった銀行取付による SVB 破綻は，我々に銀行の本源的な脆弱性を再認識させる出来事であった．それと同時に，世界経済が過去 15 年間経験してきた低金利経済・量的金融緩和によって，銀行システムの中に SVB 破綻の火種が生まれていたという事実を我々は知ることになった．

そして，その火種を燃え上がらせたのは，本書のテーマでもある「地政学的リスク」の高まりであった．地政学的リスク上昇によるインフレ圧力の高

まりが急激な金利上昇，量的金融引き締めを誘引し，銀行が保有する資産の価格は暴落，流動性依存を引き起こし，銀行取付による SVB 破綻を生んだ．長期間にわたる量的金融緩和政策の中で蓄積されてきたリスクが，銀行破綻という形で顕在化した．

日本経済は未だ超低金利が続く唯一の主要国である．欧米各国以上に長期間に及ぶ金融緩和政策が続く中で，日本経済・邦銀は低金利環境に慣れ，同様のリスクが蓄積している可能性がある．欧米各国のような大幅な金利上昇イベント・量的引き締めが起こった際に，日本経済がどこまで対処できるか不透明だ．

確かに，米国以上に手厚い預金保険制度を有する日本経済は銀行取付のリスクは低いだろう．しかし，20 年以上にも及ぶ低金利経済の下で構築してきたリスク管理は，これからの時代に合っているとは言えない．

金利上昇リスクに対応する IRRBB 規制は，有効な手段の一つだろう．しかし，現行規制下で設定されている金利ショックシナリオが，今後の金利上昇リスクに十分に対処することができるものであるとは言い難い．当局による金利ショックシナリオの見直しが待たれる．また，IRRBB 規制の対象外である預金取扱金融機関が多く存在し，それらの金融機関が金利上昇リスクに十分に準備できていない可能性も認識する必要があろう．低金利に慣れてしまった銀行は，どこまでシリアスな金利上昇シナリオを想定し金利上昇リスクに備えているのだろうか．

また，預金流出のリスクに備えることも重要だ．流動性規制（LCR 規制）はその有効な手段だが，現在の流動性規制の「ストレス期間」「掛け目」の妥当性の検証は必要だ．量的金融緩和政策によって生じた流動性依存，急速に進展したデジタル化による預金流出の速さ，これらに対して 10 年以上前の議論に基づくバーゼル III では対処できない可能性がある．そして，流動性リスクもまた規制対象外の預金取扱金融機関の存在に注視が必要だ．流動性がジャブジャブに供給された経済に慣れてしまった銀行の中に，いざという時には市場で資金調達できるという楽観はないだろうか．我々は流動性依存によって米国で起こった 2 度の流動性危機から学び備える必要がある．

ウクライナ侵攻，イスラエルとハマスによる戦争，それらに起因する国際

的な国家間・民族間の対立の高まりによって，現在我々は，今世紀で最も地
政学的リスクが高い時期にあると言える．2008年の世界金融危機から2022
年ウクライナ侵攻までの約15年と，2023年以降の金融経済は大きく異なる
だろう[25]．15年の間に我々は，超低金利で流動性が過度に供給された経済
に慣れてしまった．この中で知らず知らずのうちに生じてしまった行動や意
識の変化，それに伴うリスクの蓄積を認識し，新たな時代に挑む必要がある．
金利上昇，流動性依存，そしてデジタル社会の速さを認識し，銀行および監
督当局は未来に備える時期にあるのではないだろうか．

参考文献

Acharya, V. V., R. S. Chauhan, R. Rajan, and S. Steffen (2022), "Liquidity Dependence: Why Shrinking Central Bank Balance Sheets is an Uphill Task," Jackson Hole Economic Policy Symposium 2022 of Federal Reserve Bank of Kansas City.

Acharya, V. V., R. S. Chauhan, R. Rajan, and S. Steffen (2023), "Liquidity Dependence and the Waxing and Waning of Central Bank Balance Sheets," National Bureau of Economic Research, No. w31050.

Acharya, V. V. and R. Rajan (2023), "Liquidity, Liquidity Everywhere, Not a Drop to Use: Why Flooding Banks with Central Bank Reserves May Not Expand Liquidity," *Journal of Finance*, forthcoming.

Basel Committee on Banking Supervision (BCBS) (2016), "Standards：Interest rate risk in the banking book". (バーゼル銀行監督委員会「基準文書：銀行勘定の金利リスク」(全銀協事務局仮訳案) 2016年)

Board of Governors of the Federal Reserve System (US), Federal Funds Effective Rate [FEDFUNDS], retrieved from FRED, Federal Reserve Bank of St. Louis. https://fred.stlouisfed.org/series/FEDFUNDS (Retrieved December 28, 2023)

Diamond, D. W. and P. H. Dybvig (1983), "Bank Runs, Deposit Insurance, and Li-

---

25)　イスラエルと敵対するイエメンの親イラン武装組織フーシ派は，2023年末から紅海周辺で商船への攻撃を繰り返している．これにより，国際石油資本の英BP社をはじめ複数の海運会社が紅海での航行停止を発表，スエズ運河経由の物流が大きく減少し，南アフリカの喜望峰経由への迂回が増えていると言われている．ウクライナ侵攻と同様，物流の停滞が再び世界的なインフレを引き起こす可能性がある．図4-2で示した主要国のインフレ率は2023年末にかけて落ち着きつつあったが，今後上昇する可能性は否定できず，日本経済も例外ではない．

quidity," *Journal of Political Economy*, Vol. 91 (3), pp. 401-419.

Federal Deposit Insurance Corporation (2023a), "History of the FDIC".

　　https://www.fdic.gov/about/history/index.html (Retrieved January 18, 2024)

Federal Deposit Insurance Corporation (2023b), "FDIC Quarterly, 2023, Volume 17, Number 4".

Nakagawa, S., S. Yamadera, J. Lee, and T. Osada (2023), "Financial Digitalization and Its Implications for ASEAN＋3 Regional Financial Stability," Asian Development Bank January 2023.

Silicon Valley Bank (2023), "Facts at a Glance".

　　https://www.svb.com/newsroom/facts-at-a-glance (Retrieved March 22, 2023)

Arons Steven (2023)「クレディ S17 兆円準備も破綻寸前，流動性ルール「超光速」に無力か」Bloomberg, 2023 年 4 月 6 日.

　　https://www.bloomberg.co.jp/news/articles/2023-04-06/RSNVIDDWLU6801 (2024 年 1 月 8 日参照)

岩木宏道・大鐘雄太 (2020)「新しい国際金融規制が日本の中小企業向け銀行貸出へもたらした影響について──リスクベース自己資本比率規制に焦点を当てて」『金融構造研究』第 42 号，1-17 頁.

岩下直行 (2023)「全銀システムの未来」『IRC Monthly』(いよぎん地域経済研究センター) 2023 年 12 月号，28 頁.

鵜飼博史 (2023)「今回の米銀行危機を加速させた量的緩和・引き締め──日本への含意」国立研究開発法人科学技術振興機構「経済を読む眼」第 9 回，2023 年 4 月 27 日.

　　https://www.jst.go.jp/fund/dl/researchnote09.pdf

大槻奈那 (2023a)「金利上昇の邦銀への影響」PICTET, DEEP INSIGHT, 2023 年 2 月 22 日.

　　https://www.pictet.co.jp/investment-information/market/deep-insight/20230222.html

大槻奈那 (2023b)「米 SVB，シグネチャー銀行──金融混乱の背景と波及」PICTET, DEEP INSIGHT, 2023 年 3 月 13 日.

　　https://www.pictet.co.jp/investment-information/market/deep-insight/20230313.html

長田健 (2023)「米 SVB 破綻で認識すべきデジタル社会の銀行経営リスク」『近代セールス』2023 年 4 月 15 日号 (第 1416 号), 72-73 頁.

日本経済新聞 (2023)「米シリコンバレー銀行，預金 21 兆円が保護対象外」『日本経済新聞』電子版，2023 年 3 月 12 日.

服部孝洋 (2021)「日本経済を考える (113) 銀行勘定の金利リスク (IRRBB) 入門

──バーゼル規制からみた金利リスクと日本国債について」『ファイナンス』第 57 巻第 3 号，60-69 頁.

三國谷勝範（2015）「日本の金融の歴史と預金保険システム・金融制度」預金保険機構，2015 年 6 月 15 日.
　　https://www.dic.go.jp/content/000010381.pdf

三菱 UFJ フィナンシャル・グループ（2022）「中間期ディスクロージャー誌 2022」.
　　https://www.mufg.jp/dam/ir/report/disclosure/pdf/2023half-data_all.pdf

預金保険機構（2024）「付保対象預金〈被保険預金〉残高と責任準備金の推移」.
　　https://www.dic.go.jp/kikotoha/page_000815.html（2024 年 1 月 18 日参照）

吉藤茂（2020）『図説　金融規制の潮流と銀行 ERM──続・金融工学とリスクマネジメント』金融財政事情研究会.

第 III 部

リスクと向き合う経済政策

第5章

財政の持続可能性
——開放経済モデルによるグローバル分析——

山田　潤司

要　旨

　わが国では，政府債務が危機的レベルに積み上がり，今後も人口減少・少子高齢化が一層進展することが見込まれる．このため，地政学的リスクが高まるなか，日本経済の見通しと財政の持続可能性を改めて検証してみることは重要である．そこで，本章では，開放経済の世代重複モデルを用いて日本の経済・財政の見通しを示す．

　自由な貿易と自由な国際資本移動を前提とした開放経済モデルでは，海外との貿易や資本移動が存在しない閉鎖経済モデルに比べて，将来の日本の経済成長は高まり，財政状況も改善するという結論が得られる．この結果は，地政学的リスクの高まりによって今後グローバル経済のつながりが弱まっていくならば，日本の経済や財政の課題がこれまで以上に深刻化することを示唆する．

　開放経済モデルでの経済成長や財政状況に影響を及ぼす要因を探ると，経済成長や財政の見通しに人口構成や金利の水準が大きな影響を及ぼすことが明らかとなる．このため，高成長を実現し，財政を持続可能にするためには，生産性の上昇や税・労働制度の抜本的な見直しに加えて，人口減少と少子高齢化への対策を強化していくことが重要となる．加えて，地政学的リスクも高まるなかで，海外経済とのつながりをこれまで以上に強化していくことが必要となる．

1. はじめに

　日本の政府債務が巨額なものに積みあがっている．IMF, World Economic Outlook Database, October 2023 に基づくと，日本の政府債務（グロス）対 GDP 比はバブル崩壊後の 1990 年前半頃から増加の一途をたどり，現在では 250% を超えている（図 5-1(a)）．これは，他の先進主要国よりもはるかに高いだけでなく，新興国や発展途上国の平均を大きく上回るものである．このため，日本の財政の持続可能性に関して，数多くの疑念が呈されてきた．新型コロナウイルス感染症の感染拡大により，2020 年には多くの国で政府支出が増大し，政府債務対 GDP 比も上昇した．しかし，感染症が収束した後，その多くが政府債務を削減した中，日本では高止まりが続いた．上述の IMF のデータベースによれば，日本の政府債務（グロス）対 GDP 比は 2019 年の 236.4% から 2020 年には 258.6% に大きく上昇し，2021 年も 255.1% とわずかな低下にとどまった．

　一方，経済成長に目を移すと，1990 年代前半以降，日本の低迷が顕著である（図 5-1(b)）．2020 年には日本を含む多くの国で経済が減速しマイナス成長となった．2021 年の実質 GDP 成長率は反動で高いものとなり，2022 年は感染拡大以前の水準に戻ってきたようにもみえるが，今後の経済成長率がどのように推移していくかは予断を許さない．

　感染拡大以前から日本の政府債務の水準は高く，人口減少・少子高齢化が進展することが予測されていたため，これまでも多くの研究が財政の持続可能性を検証してきた．しかし，感染の拡大期・収束期を経て，事態はますます深刻化しているように思われる．とくに，2022 年以降は物価が上昇し長期金利も上昇基調にあり，人口構成の変化がさらに進んでいる．また，世界経済では，ロシアのウクライナ侵攻やイスラエル・ハマス衝突など，地政学的リスクが飛躍的に高まっている．そうした中で，日本経済の長期的な見通しを探り，財政の持続可能性を改めて検証してみる必要があるだろう．

　本章では，3 つの切り口から日本の経済状況や財政状況を分析してみたい．1 つ目は，開放経済と閉鎖経済の視点からの切り口である．過去に財政の見

(a) 政府債務対 GDP 比

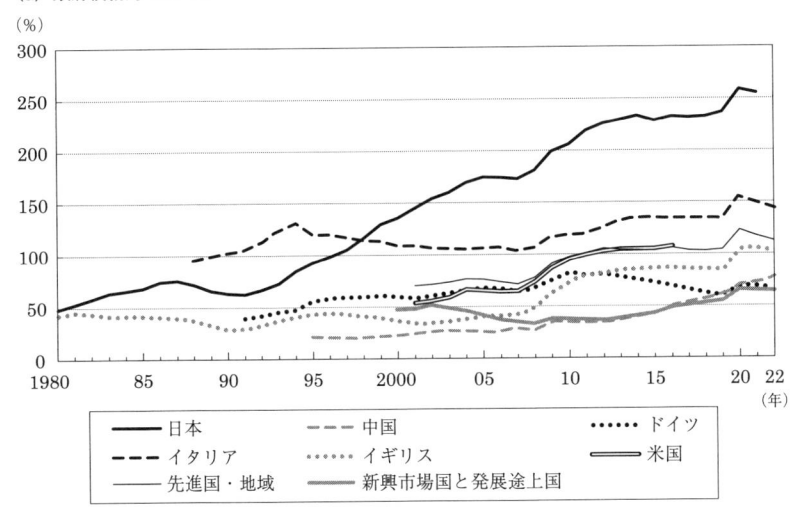

(b) 実質 GDP 成長率

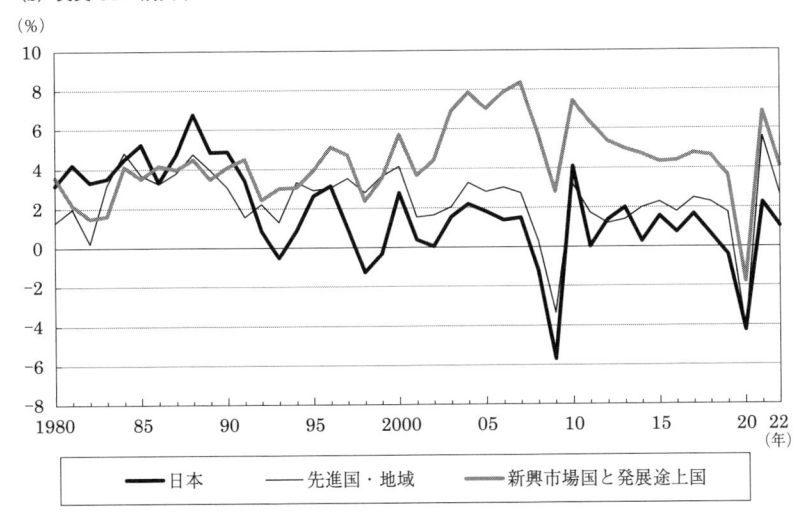

図 5−1　各国・地域の政府債務対 GDP 比と実質 GDP 成長率

出所）IMF, World Economic Outlook Database, October 2023.

通しを推計した研究は，諸外国の存在を考慮しない，日本のみからなる閉鎖経済モデルを用いていた．本分析では，海外部門を明示的に取り入れた開放経済モデルによるシミュレーション分析にも取り組むことで，新たな視点から日本の経済財政の状況を分析する．地政学的リスクの高まりとともに，近年続いてきたグローバリゼーションの進展には歯止めがかかりつつある．このような状況は，グローバル経済の開放度に徐々に変化が生じてきているとも捉えることができよう．そうした中で，開放経済と閉鎖経済それぞれのモデルで経済シミュレーションを行うことで，示唆に富んだ分析結果が得られる．2 つ目は，金利の切り口である．日本銀行のイールドカーブ・コントロールによりゼロ % 程度で推移してきた 10 年物国債金利は，2022 年以降は緩やかな上昇傾向をたどっているようにもみて取れる．国債金利の水準は経済の見通しや財政の持続可能性を大きく左右するため，その動向に注目が集まる．そこで本章では，国債金利が日本の経済財政見通しに与える影響を分析する．3 つ目は人口の切り口である．人口減少と少子高齢化により，日本の経済成長が低迷し財政状況も悪化してきたことが指摘されている．人口構成変化がさらに進展する中，本章ではその影響を改めて検証してみる．具体的には，2023 年に公表された「日本の将来推計人口（令和 5 年推計）」（2020年の国勢調査を基にしている．以下 2020 年推計）を用いてシミュレーション分析を行う．2020 年推計は過去に行われた「日本の将来推計人口（平成 29 年推計）」（2015 年の国勢調査を基にしている．以下 2015 年推計）の推計値とは異なっており，その差異が将来の経済動向にどのような影響を及ぼすかを分析する．

　まずは日本の経済状況，特に財政状況を分析した先行研究を簡単に振り返っておこう．数多くの研究がある中で，ここでは本章の分析手法に近いものに絞って紹介する．具体的には一般均衡モデルや世代重複（Overlapping generations）（以下 OLG）モデルを用いて日本の財政状況をシミュレーション分析し，2015 年以降に発表された研究を振り返ってみる．

　Braun and Joines (2015) は一般均衡 OLG モデルを用い，現状の政策を維持し徐々に税率を引き上げた場合，2062 年には消費税率を 42% に引き上げる必要があると指摘している．Miyazawa and Yamada (2015) も一般均衡 OLG モデルを構築し，政府試算が想定するように経済が成長した場合でも，

2050 年代には消費税率を 26% に引き上げる必要があると結論付けている. Hansen and İmrohoroğlu（2016）は OLG 構造のない標準的な成長モデルを用いているが, 現状の政策を維持した場合, 消費税率あるいは労働所得税率を 40〜60% に引き上げる必要があるという結論に至っている. İmrohoroğlu, Kitao, and Yamada（2019）は, 一般均衡構造はないが詳細なミクロデータに基づいた OLG 世代会計モデルを構築し, 定年を 67 歳に延長し, 年金を 10% 削減し, 医療・介護保険の負担金を 20% 引き上げ, 女性の雇用と賃金が男性並みになり, 消費税率を 15% に引き上げれば政府債務対 GDP 比が低下するというシミュレーション結果を得ている. Kitao and Mikoshiba（2020）は一般均衡 OLG モデルに基づいて, 現状の政策を維持した場合 2070 年には消費税率を 24% に引き上げる必要があるとしている.

　以上の研究のうち OLG 構造を持ったモデルを用いているものは, 人口構造変化の影響を詳細に捉え, 日本経済に与える影響を分析している. またいずれの研究も, 財政が持続可能であるために必要な税率を推計している. 前提条件やモデルの設定が異なるため, 必要な税率の上昇幅にはばらつきがあるものの, 人口動態変化の影響を受けるため現状から税率を上げる必要があり, 日本財政の先行きは厳しいという見通しを示している. しかし, これらの研究は, 閉鎖経済体系を仮定している点に限界があるといえる. 一方で海外部門を組み込んだ開放経済モデルでは, 諸外国の経済状況によって日本国内の金利や経済成長率が変化してくる. したがって海外からの影響を考慮していない閉鎖経済モデルによる経済・財政見通しの推計は, 現実経済の動きに対応していない可能性がある. そこで本章では, 開放経済の一般均衡 OLG モデルを構築し, 日本の経済財政状況の予測・分析を試みる.

　加えて, 長期金利の水準と将来推計人口が, 経済や財政の状況にどの程度の影響を与えるのかも分析する. 多くの国で感染症の拡大により政府債務が一時的に増加しており, さらに今後は高齢化が進展すると予測されている. 世界で最も政府債務が累積し高齢化が進んでいる国の一つである日本の経済財政状況は, 多くの人の関心を引いている. 金利や人口の視点からの最新の経済財政見通しを提供することは, 大きな意義があるだろう.

　分析の結果, 開放経済と閉鎖経済を比較すると, 開放経済体系の方が経済

成長率は高く，財政状況の見通しも明るくなることが示される．近年グローバル経済の開放度が低下してきているという指摘もあることを踏まえると，開放度の低下傾向が強まれば日本の抱える経済と財政の問題がより深刻となる可能性が示唆される．長期金利と人口については両者ともに，その動向が日本の経済・財政状況を大きく左右することが明らかになる．金利は政府債務の利払いの水準を決定するため，財政の将来動向を見通す際には重要な役割を果たすことが示される．人口構成の変化が日本経済に大きな影響を与えることはこれまでも指摘されてきたが，今回の分析で改めて日本の抱える人口課題が将来に深刻な影響を及ぼすことが確認される．

　本章の構成は以下の通りである．次の第 2 節では本章で用いる分析手法を紹介する．第 3 節では第 2 節の分析手法に基づいたシミュレーション分析の結果をまとめ，第 4 節は結論となる．

2.　分析手法

　前節で述べたように本章の目的は開放経済の一般均衡 OLG モデルを構築し，日本の経済財政状況の予測・分析を試みることである．この節では分析手法を説明する．まずは分析手法の全体像を述べた後，モデルの設定や用いるデータを紹介していく．

2.1　分析の枠組み

　本章の分析では前節で挙げた先行研究にならい，人口を外生的に設定した上で，2023 年以降の経済成長率や金利の動向を推計する．加えて，政府債務の対 GDP 比の将来値が安定的に推移するような消費税率の将来値も計算する．人口動態や海外の経済成長等が与えられた時の日本の経済成長の動きを確認し，また日本の財政が持続可能であるような税制を模索する試みとなる．

　先行研究と大きく異なるのが，開放経済体系のモデルを用いる点である．

日本とその他の海外部門（Rest of the world）（以下 ROW）の 2 カ国経済を仮定し，2 カ国一般均衡 OLG モデルを分析に用いる．これは Miyazawa and Yamada（2015）で用いた一般均衡 OLG モデルを，開放経済体系に拡張したものである．ROW は日本の貿易相手上位 30 カ国をまとめたものになっている．財務省「貿易統計」を用い，世界すべての国と地域について 2005 年から 2022 年にかけての日本との貿易総額（輸出額と輸入額の和）の合計値を計算し，その上位 30 カ国を ROW とした[1]．

　図 5-2 にあるように，日本と ROW では人口動態や経済成長率が大きく異なる．図 5-2(a)は，65 歳以上人口が総人口に占める割合を示している．世界で最も高齢化が進む国の一つである日本の 65 歳以上人口比率は，2020 年に 28.5% であったものが 2070 年には 38.7% に達すると予測されている．それに対し ROW の 2020 年の比率は，日本の半分以下の 10.8% である．しかし，ROW も欧米諸国や中国の高齢化に引っ張られる形で，2070 年には 27.5% まで上昇する．図 5-2(b)の出生数は今後日本では横ばい，ROW では低下が続く．その結果，図 5-2(c)にあるように日本の総人口は減少し続け，ROW の人口も 2050 年には減少に転じると予測されている．図 5-2(d)の実質 GDP 成長率は，過去の実績値が示されている．ROW の経済成長率は，世界金融危機や新型コロナウイルス感染症の感染拡大などにより大きく落ち込んでいる時期があるものの，それらを除けば比較的安定しているようにもみえる．一方で日本の経済成長率は，長期的にみれば低下傾向にあるのは明白である．

　これら日本と海外部門の経済状況・人口動態の違いを明示的に取り入れて分析を試みることが，本章の主目的の 1 つである．閉鎖経済体系のモデルでは，日本の人口構成が日本の経済財政状況に影響を及ぼすだけであった．それに対し，本研究では，開放経済体系で日本と ROW の違いが盛り込まれていることにより，海外の人口動態や経済成長が日本の経済成長や金利に影響を及ぼすという，新たな経済の波及メカニズムが生まれる．この点が本章の分析の特徴となる．

---

1)　これらの上位 30 カ国との貿易総額は，日本の 2005 年以降の貿易総額の 91.7% を占める．

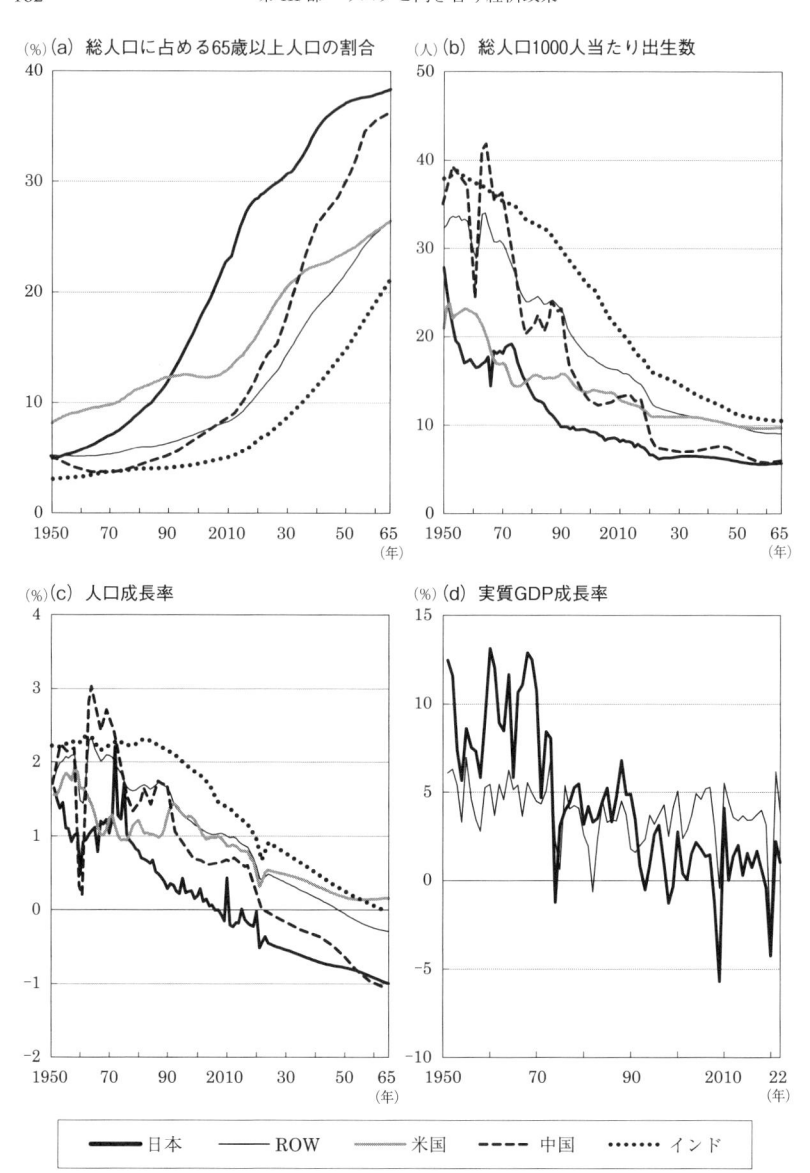

図 5 - 2　日本とその他の海外部門（ROW）の人口動態と実質 GDP 成長率

出所）Total Economy Database, United Nations, World Population Prospects 2022, 国立社会保障・人口問題研究所「日本の将来推計人口（令和 5 年推計）」, 総務省「人口推計」.

2.2 モデル

本章で用いる2カ国 OLG モデルでは，日本と ROW のそれぞれに家計・企業・政府の主体が存在する．モデルの構造は図 5-3 にまとめられている．ここではそれぞれの主体の行動を順に説明し，最後に経済全体での市場均衡の条件をまとめる[2]．モデルの時間単位は年で，中間財等は存在せず1つの財のみが存在すると仮定する．

家計：家計は多世代の重複構造となっている．具体的には，21 歳から労働市場に参加し，65 歳で退職し，以降 100 歳まで生きる家計が存在する設定となっている．このような家計が毎年生まれるが，死亡する確率にも直面し，ある年から次の年にかけての家計の生存確率は日本と ROW の実際の死亡率から計算される．その結果，出生数と死亡数がモデルに組み込まれ，この2つの関係により経済全体の人口が変動していく．家計は労働収入をもとに資産（Asset）を形成し，退職後は年金を得て資産を取り崩し生活する．ある年に生存しているすべての家計の資産と労働量を足し合わせたものが，それぞれその国全体の資産と労働量となる．各世代の代表的家計は，予算制約のもと，消費と余暇からなる効用を最大化する．その結果，各年齢時点での消費と労働そして資産が決定される．

企業：日本と ROW それぞれに代表的企業が存在すると仮定する．代表的企業は労働と資本（Capital）を用いて財を生産する．労働投入は国内の労働市場から，資本は国際資産市場から調達する．企業は利子率と賃金率を所与とした上で利潤を最大化する．

政府：日本と ROW の政府は消費，資産所得，労働所得に課せられた税を集め，それをもとに，年金制度を運営し，政府支出を行う．国債も発行しており，毎期政府の予算制約式が成り立つように消費税が調整されるという仮定を置く．

国内労働市場と国際資産市場：労働は日本と ROW それぞれで固有の要素

---

2) 本章末の補論に，モデルの設定を，数式を用いて簡単にまとめている．

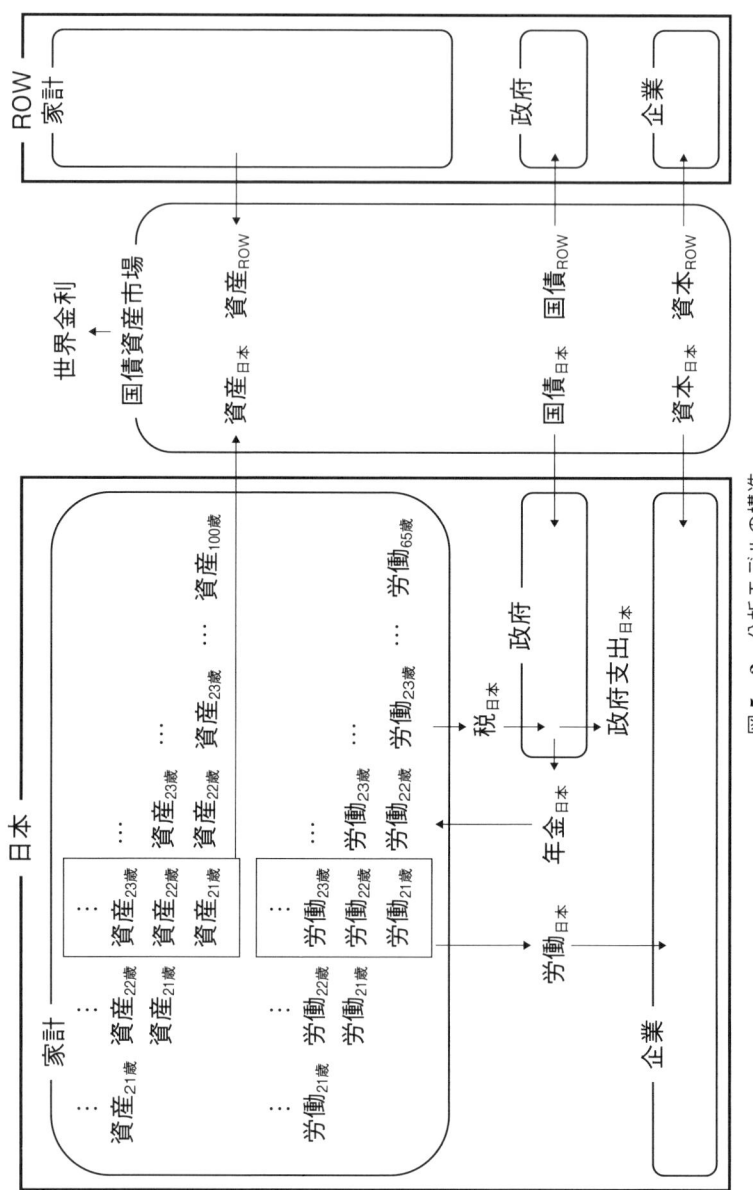

図 5-3 分析モデルの構造

があると想定するため，ある年に生存するすべての家計の労働量の和と代表的企業の労働投入が，各国の労働市場において等しくなる．一方で資産については，完全競争市場の国際資産市場が存在すると想定している．個人の資産の和が国全体の資産と等しくなるため，日本・ROW を i 国とすると，両国ですべての年において以下が成り立つ．

$$i\text{国の総資産}=(i\text{国の }21\text{ 歳家計の持つ資産}\times i\text{国の }21\text{ 歳人口})$$
$$+(i\text{国の }22\text{ 歳家計の持つ資産}\times i\text{国の }22\text{ 歳人口})+\cdots\cdots$$
$$+(i\text{国の }100\text{ 歳家計の持つ資産}\times i\text{国の }100\text{ 歳人口})$$

国際資産市場では，個人の資産の和と，世界全体で企業が生産に利用する資本と世界全体での国債の和が等しくなる．そのため，各年において以下が満たされる．

$$(\text{日本の総資産}-\text{日本の総資本}-\text{日本国債})$$
$$+(\text{ROW の総資産}-\text{ROW の総資本}-\text{ROW 国債})=0$$

利子率は日本と ROW に共通の世界利子率であり，上の国際資産市場の均衡を表す式が各期で成立するように決定される．

2.3　データ

続いて分析に用いるデータについて説明する．結果に大きな影響を与える人口構成及び総生産のほか，税率や年齢別労働生産性のデータについては出所や構築方法を紹介する．それ以外のデータやパラメータについては，出所や値を表 5-1 にまとめた．シミュレーション期間は 2023 年から 2200 年であるが[3]，以下では主に 2023 年から 2070 年までの結果を報告する．これは将

---

3)　モデルのパフォーマンスを確認するために，過去にさかのぼってシミュレーション分析を行った．過去の実績値を用いたシミュレーションの期間は，開放経済体系では 1980 年から 2019 年，閉鎖経済体系では 1955 年から 2019 年までである．シミュレー

表 5 - 1　外生変数とパラメータの出所と値

外生変数・パラメータ		出所と値	
		日本	ROW
人口データ			
年齢別条件付き生存確率	$\psi_{j,t}$	社人研 [8], [9], [10]	UN [6]
21 歳人口増加率	$n_{1,t}$	社人研 [8], [9], 総務省 [12]	UN [6]
初期人口分布	π_{2023}	総務省 [12]	UN [6]
マクロデータ			
実質 GDP	Y_t	TED [5]	
資本	K_t	PWT [4]	
資本減耗率	δ_t	PWT [4]	
雇用者数	L_t	TED [5]	
平均労働時間	L_t	TED [5]	
政府データ			
政府債務対 GDP 比	d_t	IMF [1]	
政府支出対 GDP 比	g_t	IMF [1]	
年金所得代替率	λ_t	OECD [2]	
労働所得税率	$\tau_{w,t}$	OECD [3], McDaniel (2011)	
資産所得税率	$\tau_{r,t}$	OECD [3], McDaniel (2011)	
パラメータ			
割引因子	β	1.012	
消費・余暇比率	ϵ	0.372	
年齢別労働生産性	e_j	厚生労働省 [7], Hansen (1993)	
資本・労働比率	θ	0.4522	0.4582
生産性成長率	q	1.0055	1.0155

注)　[　] 内の数字は, 章末の参考文献のデータ一覧に付した番号に対応している.

来推計人口の 2020 年推計が, 2070 年までの期間で人口推計を行っていることと対応させるためである. 人口関連のデータは日本については 2070 年まで, ROW については 2100 年までの推計値を用い, それ以降の将来仮定値は推計値の最終 10 年の平均値を用いた. その他の外生変数の値については, 2000 年から入手可能な最新の値までの平均値に固定した. したがって日本や ROW の過去 20 年程度の平均的な経済成長や, 税・財政制度に基づいて将来推計を行うこととなる. 以下では, 各データについて順に説明する.

ションの結果, モデルから計算される実質 GDP 成長率や資本, 労働投入, 人口分布や金利等の動きが, 実際に確認された過去の世界経済や日本経済におけるそれらの経済変数の動きとおおむね一致することが確認された.

人口構成：日本の人口データについては，国立社会保障・人口問題研究所（以下社人研）「日本の将来推計人口」の 2020 年推計における出生中位・死亡中位推計と，総務省「人口推計」を用いた．ここから条件付き生存確率 $\psi_{j,t}$，$j=1$ 歳人口の人口成長率 $n_{1,t}$，人口分布の初期値 π_{2023} を構築し，2023 年以降のモデル上の人口分布を計算した．この日本の将来推計人口については，第 3 節で過去の推計値との比較を試みる．ROW については United Nations, World Population Prospects の Medium fertility variant 推計を使用した．

総生産：国全体の生産水準は，生産性・資本・労働に依存するマクロ生産関数により決定されると想定している．生産性の伸び率を推計するためには，実質 GDP や資本，労働投入，資本労働比率のデータが必要になってくる．実質 GDP や労働投入のデータについては，Total Economy Database より構築した．ここでの労働投入は，雇用者数に平均労働時間を掛けあわせたものである．Total Economy Database では資本の数値が報告されていないため，資本には Penn World Table の Capital stock を用いた．資本・労働比率は，同じく Penn World Table の Labor share から計算した．実質 GDP と国全体の労働投入，資本，資本・労働比率のデータがそろうと，マクロの生産関数より残差としてマクロの生産性を計算することができる．この生産性の伸び率が外生変数として与えられ，シミュレーション期間中は 2000 年から 2019 年にかけての成長率の平均値で一定と想定されている．

労働所得税率・資本所得税率：McDaniel（2011）で報告されている手法に基づき OECD, Revenue Statistics のデータを使用して，日本と ROW の税率を計算した．

年齢別労働生産性：Hansen（1993）の方法と厚生労働省「賃金構造基本統計調査」のデータを用いて，日本の年齢別労働生産性を推計した．ROW の年齢別労働生産性を推計することはデータが不足し困難であることから，簡略化のため日本と同様の年齢別労働生産性であると仮定した．

3. シミュレーション結果

　前節で説明した分析手法を用いたシミュレーションの結果を紹介する．ま
ず本章での主たるねらいである開放経済体系での分析の結果を紹介し，次に
閉鎖経済体系での結果との比較を行う．その後，海外部門の経済成長率や金
利がシミュレーション結果に及ぼす影響を確認し，追加的な分析として将来
推計人口の影響を分析する．

3.1　開放経済と閉鎖経済

　まずは開放経済体系でのシミュレーション結果をみてみることとしよう．
図5-4(a)と(b)の「(i)開放経済」で示したものが，実質GDP成長率の推計
値である．図5-4(a)は2024年から2070年までの，(b)は2024年から2035
年の間の推計値となっている．2020年代平均で0.30％，2030年代平均では
－0.06％，2040年代平均では－0.10％となり，2031年まではプラスの経済
成長となるが，2032年からはマイナス成長となるという推計結果となった．
経済成長の要因分解については，後に検証する．図5-4(c)には，金利の動
きが示してある．2020年代平均では2.80％であった金利は，2030年代平均
では2.58％，2040年代平均では2.41％へと低下していくことが見込まれる．
第2節の国際資産市場の均衡条件で示したように，本分析における開放経済
体系下での金利は，世界全体での資本と労働の比率に依存し決まる．世界的
な人口減少と高齢化により労働投入が減少していくこととなり，金利には低
下圧力がかかる．図5-4(d)には，財政の持続可能性を保つために必要な消
費税率が示されている．開放経済モデルから推計された必要な消費税率は，
2020年代平均では13.13％，2030年代平均では15.77％，2040年代平均で
は20.12％に上昇する．必要な税率が現状より高くなっていくのは，高齢化
と人口減少の影響で増大していく年金支出を賄うためである．世界的な人口
動態変化により金利に低下圧力がかかり政府債務の負担は減少していくが，

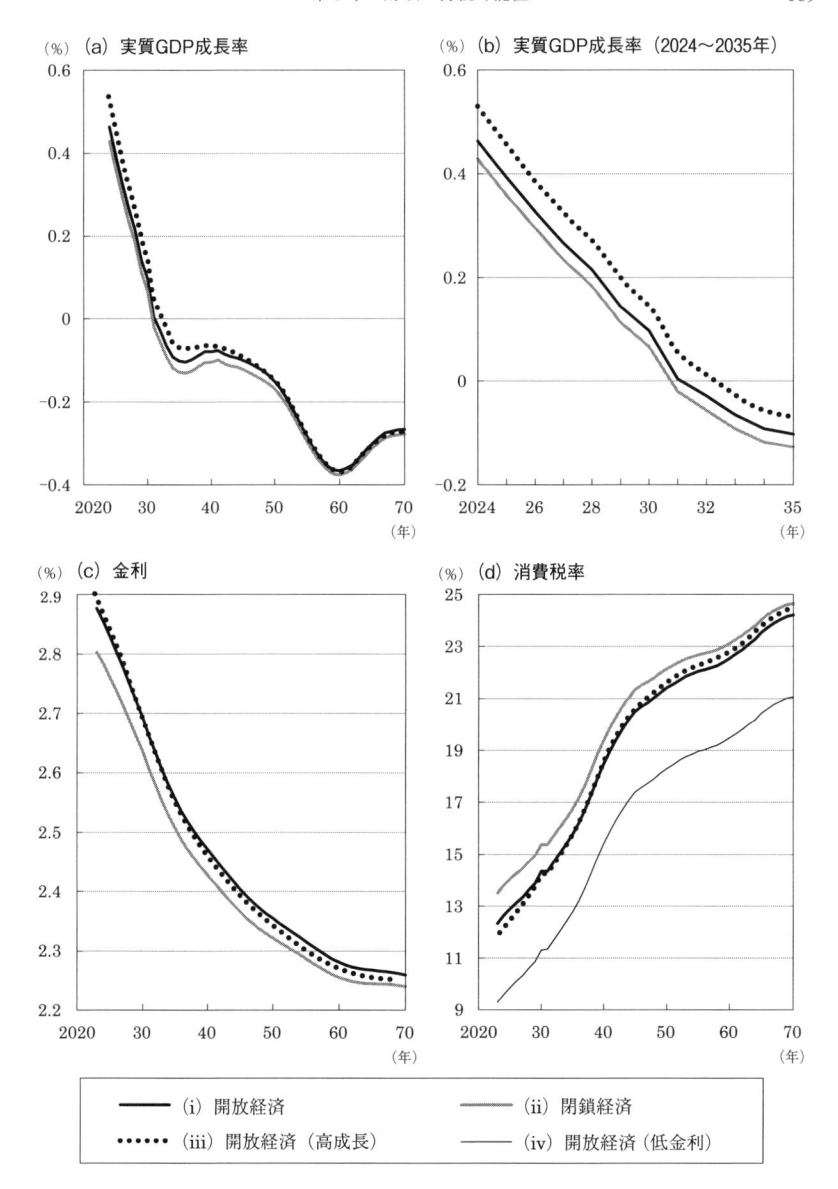

図 5-4　シミュレーション結果（経済・財政見通し）

同時に日本国内で経済成長が低迷するため財政に負の影響が及ぶこととなる．両者の影響が打ち消し合い，年金支出の影響が強く出る結果となった．

　続いて開放経済と閉鎖経済での結果を比較してみる．閉鎖経済でのシミュレーション結果は，同じく図 5-4 の「(ii)閉鎖経済」で示されている．図 5-4(a)，(b)の実質 GDP 成長率をみてみると，開放経済の実質 GDP 成長率は，閉鎖経済での推計値よりわずかであるが高く推計されていることが分かる．閉鎖経済での経済成長率の推計値は 2020 年代平均で 0.27%，2030 年代平均では −0.08%，2040 年代平均では −0.12% となった．両者のシミュレーション結果の差には労働投入が影響しており，労働投入が多くなる開放経済の方が高い経済成長を実現できるため成長率が高く推計される．一方で，図 5-4(c)の金利をみると開放経済の方が閉鎖経済より高くなっている．閉鎖経済体系での金利は 2020 年代平均で 2.73%，2030 年代平均では 2.53%，2040 年代平均では 2.37% となっている．ROW では日本ほど労働世代の人口減少が進まないため，閉鎖経済に比べ開放経済の方が，労働投入の水準が高めに保たれる．その結果 ROW が存在する開放経済体系の方が閉鎖経済に比べ金利の水準は高くなる．これらの経済成長と金利の動きの結果として，開放経済モデルと閉鎖経済モデルそれぞれで必要な税率が図 5-4(d)の「(i)開放経済」と「(ii)閉鎖経済」に示されている．この 2 つを比較してみると分かるように，開放経済で必要な税率は閉鎖経済のそれより低く推計されている．閉鎖経済の想定下でのシミュレーション結果により計算された必要な税率は，2020 年代平均で 14.25%，2030 年代平均では 16.75%，2040 年代平均では 20.96% となっている．開放経済モデルでは，閉鎖経済に比して，金利が高水準となり政府債務の利払いが増大するものの，経済成長が促進されるため，結果として財政の持続可能性を保つのに必要な税率は低めに推計される．

　上記のように開放経済と閉鎖経済では違いがみられるが，その違いは，経済成長率の差で測ると最大で 0.03% 程度，政府の予算制約式を成立させるのに必要な税率の差で測ると最大で 1.17% 程度となっている．モデルを閉鎖経済から開放経済に拡張したことによる違いは大きなものではない．本分析では国際資産市場の完全性を想定し，日本と ROW で制度上の違いも税率

と年金代替率以外は組み込んでいないため，閉鎖経済モデルと開放経済モデルにおける違いは大きくならなかったことが指摘できる．

影響度合いは大きなものではないが，経済の開放度と経済成長や財政状況に関係性があることが指摘できるだろう．上の分析結果を前提とすれば，経済の開放度が低下し開放経済から閉鎖経済により近い状況が仮に生じるとすれば，日本経済の成長はわずかであるが低迷し，財政の問題も深刻になると言える．

3.2　経済成長の要因分解

前項の分析で，開放経済体系での日本の経済成長率の方が閉鎖経済体系での成長率に比してわずかであるが高くなるとの見通しが示された．ここでは実質 GDP を生産性，資本，労働のそれぞれの要素に分解し，経済成長の要因を探ってみる．本章での分析では実質 GDP 成長率は「(i)生産性成長率（生産性要素）」と「(ii)資本の成長率に資本・労働比率を掛けあわせたもの（資本要素）」，「(iii)労働投入の成長率に（1 マイナス資本・労働比率）を掛けあわせたもの（労働要素）」の 3 要素に分けることができる．これを示したのが図 5-5 である．図 5-5(a)が開放経済，(b)が閉鎖経済体系での日本の経済成長の要因分解である．ここで生産性要素はいずれの体系でも一定率で成長していくため，時間を通じて変化はない．(a)の開放経済モデルをみてみると，労働要素の貢献度は 2023 年から 2070 年にかけ一貫してマイナスとなっており，2020 年代平均で−0.61％，2030 年代平均で−0.81％，2040 年代平均で−0.76％ となった．マイナス幅は変動しながらも，2020 年代に比べると年代を追うごとに拡大する傾向と推計されている．人口減少により，21 歳から 65 歳までの労働世代の数が減り，労働投入が減少するためである．資本要素は 2023 年から 2049 年までは経済成長にプラスの貢献をするが，その後マイナスとなり経済成長を押し下げる要素に転じることとなる．その結果，2031 年までの実質 GDP 成長率はプラスであるが，2031 年からは資本要素と生産性要素のプラスの影響を労働要素のマイナスが打ち消し，マイナス成長になることが分かる．さらに 2050 年以降になると，資本要素もマイ

(a) 開放経済

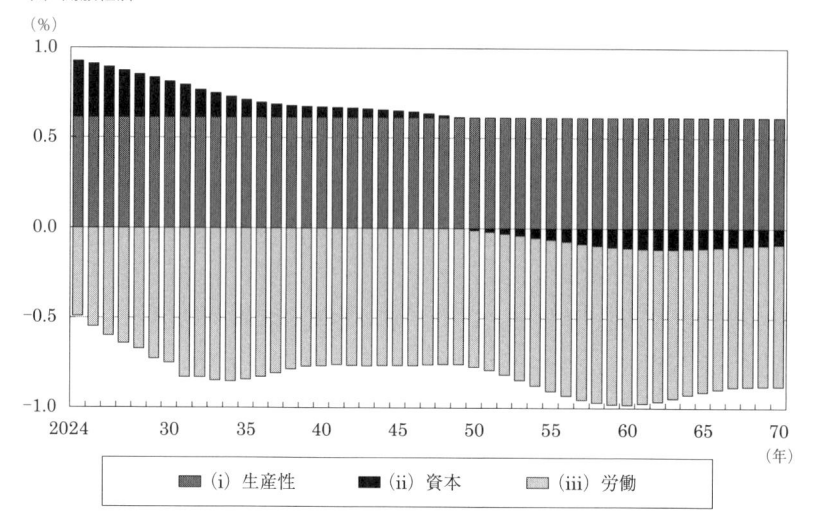

(b) 閉鎖経済

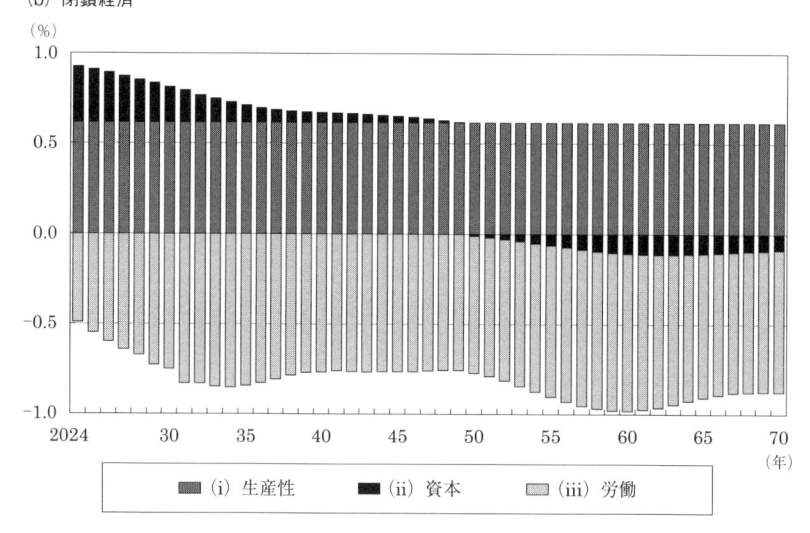

図 5-5　シミュレーション結果（経済成長の要因分解）

ナスとなりマイナス成長が定着する形となる.

開放経済と閉鎖経済を比べてみると,開放経済と閉鎖経済での経済成長の差がごくわずかであるため,その要因分解でも大きな差はみられない.労働要素の影響の差はほとんどなく,資本要素については,(a)の開放経済モデルでは2024年から2025年にかけて0.31%ほど,閉鎖経済モデルでは0.28%ほど経済成長を押し上げるが,その後いずれもマイナスに転じる.

3.3 海外の経済成長の影響

続いて,海外の経済成長が日本経済に与える影響をみてみる.国内の経済成長が変化しても国内の財政状況に大きな影響を及ぼさないことは,İmrohoroğlu and Sudo (2011) 等ですでに指摘されている.そこで,ここでは海外部門の経済成長率が高まった場合の影響を分析してみよう.ここまでの「(i)開放経済」の分析では,ROW の実質 GDP 成長率の将来値は2024年から2070年の平均で3.39%となっていたが,高めの経済成長が将来実現することを想定し,6.11%の実質 GDP 成長率となるケースをシミュレーションしてみる.図5-4の「(iii)開放経済(高成長)」がその結果である.図5-4(a)をみると,確かに ROW の経済成長率上昇の影響で日本の経済成長率も高まっている.ベンチマークとなる「(i)開放経済」での日本の経済成長率は,2020年代平均で0.30%であったが,「(iii)開放経済(高成長)」では0.36%に高まっている.しかし,開放経済体系で海外経済の経済成長が日本経済に与える影響も軽微であり,その差はわずかでしかない.また,図5-4(c)にあるように金利の変化もほとんどない.その結果として,図5-4(d)にあるように日本の財政状況に与える影響もまた軽微である.開放経済体系で分析したとしても,海外の経済成長が財政状況に与える影響は人口動態が及ぼす影響に比べると小さいことが分かる.

3.4 金利の影響

次に金利の影響をみてみよう.ここまでの「(i)開放経済」モデルでは,

国際資産市場の完全性を仮定し，需要と供給が一致する水準で金利が決定されると考えた．そのため資本の収益率（rate of return on capital）と国債の金利は無差別であった．しかし，本章の第1節でふれたように，日本では国債金利が金融政策により低く抑えられていたため，過去を振り返るとこの2つに乖離がある．そこでこの節では資本市場の完全性の仮定を緩め，日本においては資本と国債のリターンに差異があるという設定を導入する．Braun and Joines（2015）にならい，日本国債の金利が資本の収益性に比べ 1.145% 低くなるという外生的な金利差を組み込むこととする．その結果が図 5-4 の「(iv)開放経済（低金利）」である．図 5-4(d) に示された必要な消費税率は，ベースラインの「(i)開放経済」に比べ，2020 年代平均で 3.02%，2030 年代平均で 3.01%，2040 年代平均で 3.10% 低下する．政府債務の利払い負担が軽減されるためで，国債金利の水準により財政見通しは変化することが明らかとなった．

3.5　将来推計人口の影響

　最後に，追加的な分析として将来推計人口の影響を検証してみる．社人研は，5 年ごとに実施される国勢調査に合わせ，日本の将来人口の予測を公表している．2020 年の国勢調査を基にした将来推計人口は 2023 年に公表された．この 2020 年推計が，その 1 つ前の 2015 年推計とどのように異なっているか比較した後，推計の違いが経済財政見通しにどのように影響を及ぼすかを確認する．2020 年推計と 2015 年推計のいずれも，出生中位・死亡中位仮定の下での人口動態に関する推計値を用いている．

　まず，図 5-6(a) がそれぞれの推計での総人口の見通しを表している．2020 年推計では 2020 年に 1 億 2615 万人であった総人口が，2070 年には 8700 万人に減少することが見込まれている．この数字をみると総人口が大きく減少しているが，2015 年推計と比較すると減少幅は小さいことが分かる．両者で比較可能な 2065 年をみると，2020 年推計が 9159 万人なのに対し，2015 年推計では 8808 万人で，351 万人の差がある．

　続いて，2 つの人口推計で総人口の差が生まれた原因を挙げてみよう．最

(a) 総人口

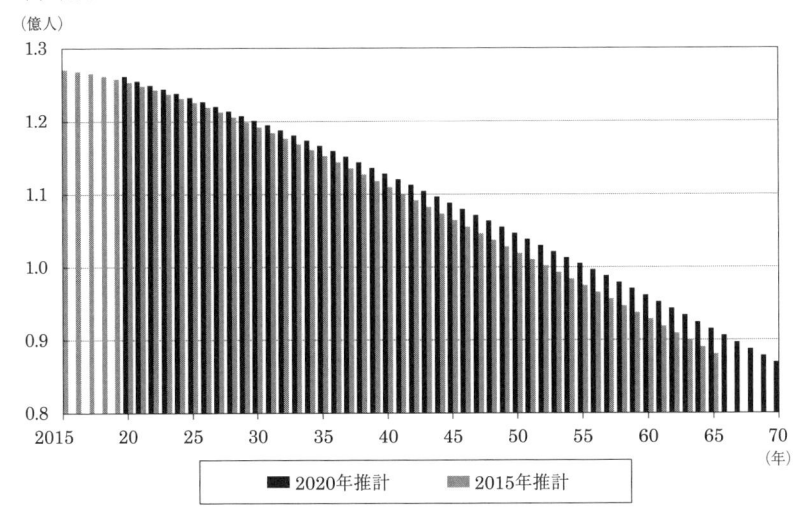

(b) 2025 年の外国人入国超過数

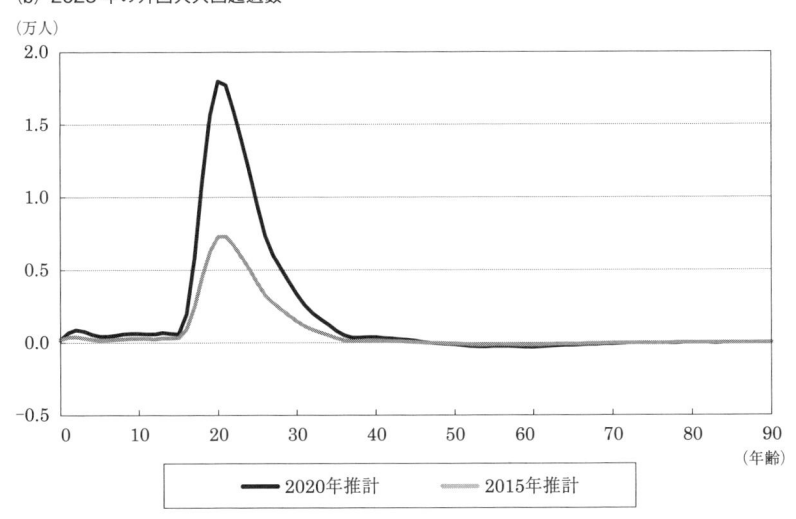

図5−6 将来推計人口の総人口と外国人入国超過数

出所) 国立社会保障・人口問題研究所「日本の将来推計人口（平成29年推計）」, 国立社会保障・人口問題研究所「日本の将来推計人口（令和5年推計）」.

も大きな影響を与えているのが国際人口移動である．2020 年推計では，2015 年推計に比べ，外国人入国超過数が増加することが仮定されている．2020 年推計では，2023 年以降，毎年 16 万 3791 人の入国超過になると仮定されているが，2015 年推計では，2017 年以降，6 万 8000 人から 6 万 9000 人の入国超過という仮定値が置かれていた．図 5-6(b)には，2020 年推計と 2015 年推計の 2025 年の年齢別外国人入国超過数が示されている．これをみると，いずれの推計でも 0 歳から 46 歳は入国超過であるが，47 歳以上 89 歳以下は出国超過となっている．またいずれも 10 代後半から 30 代前半が，入国超過のボリュームゾーンになっている．この入国超過が両推計での総人口の差につながっている．

　次に挙げられるのが生存確率（生残率）の違いである．図 5-7(a)は 1960，1980，2000，2020，2040，2060 年それぞれの年の年齢別条件付き生存確率を示したものである．2020 年の 20 歳人口の条件付き生残率は，2020 年に 20 歳だった人が 2021 年まで生存し 21 歳になる確率を表している．この条件付き生存確率は，2019 年までの実績値は社人研「日本版死亡データベース」の生命表，予測値については将来推計人口を作成する際の仮定値でもある社人研「男女年齢別将来生命表：中位仮定」から計算した．これをみると主に 60 代以上の年齢で，生存確率が年を追うごとに上がっていることが分かる．死亡率の低下が長寿命そして高齢化につながったことが確認できる．図 5-7(b)，(c)にあるのが，2065 年時点での，2020 年推計と 2015 年推計の年齢別条件付き生存確率を比較したものである．図 5-7(b)は 20 歳から 64 歳まで，図 5-7(c)は 65 歳以上の生存確率を示している．90 歳までの年齢層では 2020 年推計の方が生存確率は高く推計されているが，90 歳を超えると 2020 年推計の方が生存確率は低く推計されている．2020 年推計は，2015 年推計に比べ高齢化と長寿命に歯止めがかかるという推計と言える．その結果，図 5-8(a)に示されているように，総人口に占める 65 歳以上人口比率は 2020 年推計の方が低く見積もられている

　出生数の違いも原因として浮かんでくるが，出生数は，総人口とは逆に，2015 年推計より 2020 年推計の方が少なくなると仮定されている．図 5-8(b)にあるように，2065 年の 1000 人当たり出生数は 2020 年推計では 5.7 人

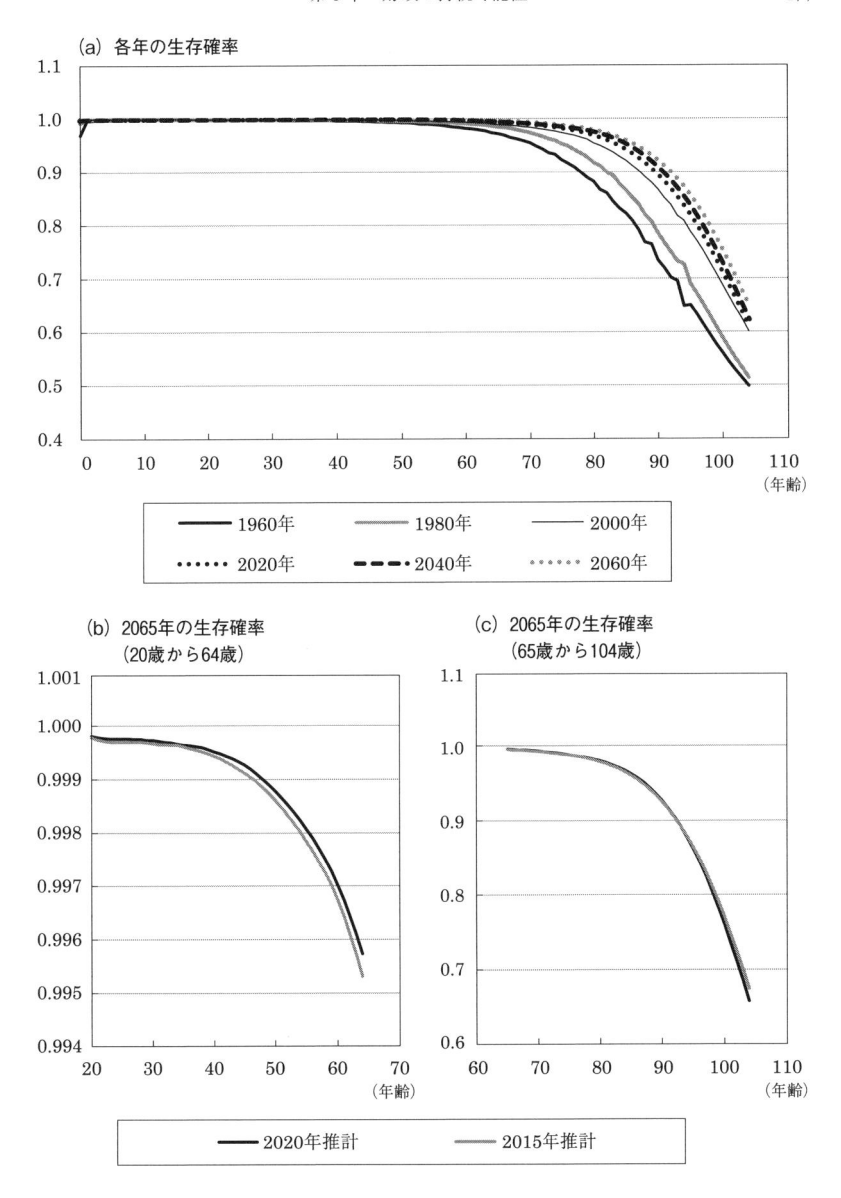

図 5-7　将来推計人口における生存確率

出所) 国立社会保障・人口問題研究所「日本の将来推計人口 (令和5年推計)」, 国立社会保障・人口問題研究所「日本版死亡データベース」.

(a) 総人口に占める 65 歳以上人口の割合

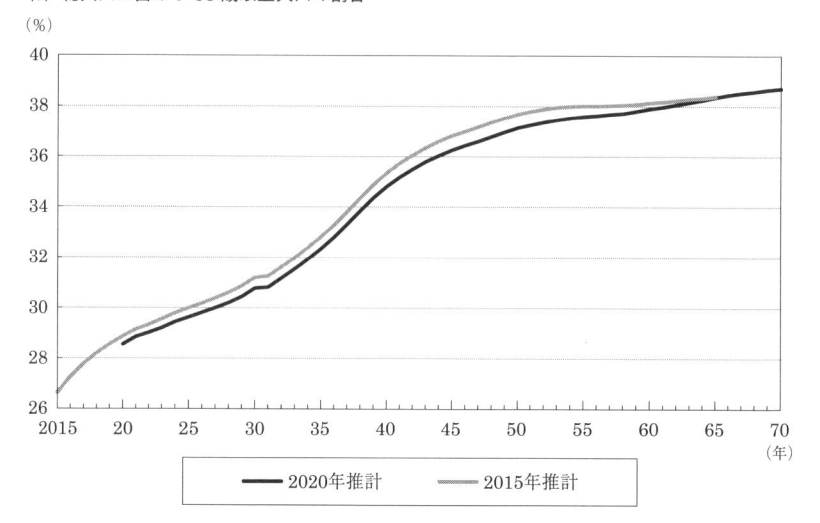

(b) 総人口 1000 人当たり出生数

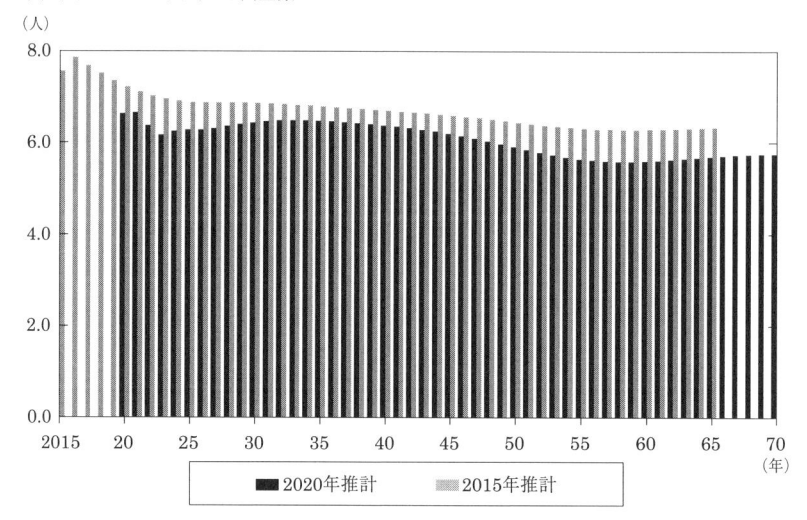

図 5 - 8 将来推計人口における 65 歳以上人口比率と出生数

出所）国立社会保障・人口問題研究所「日本の将来推計人口（平成 29 年推計)」, 国立社会保障・人口問題研究所「日本の将来推計人口（令和 5 年推計)」.

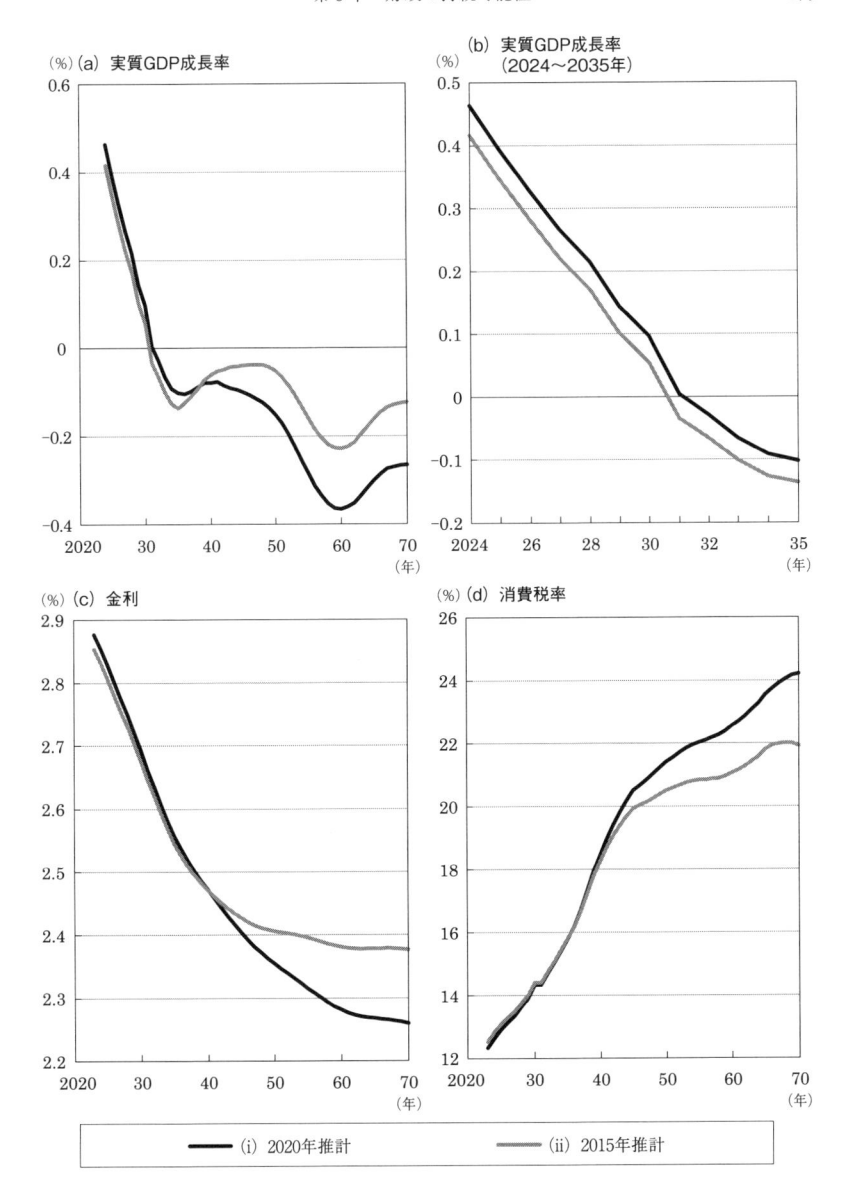

図 5 - 9　2020 年推計・2015 年推計に基づく経済・財政見通し

であるのに対し，2015 年推計では 6.3 人と予測されている．出生数は 2020
年推計の将来人口を押し下げる影響を及ぼしている．

　このように 2020 年推計で将来推計人口が多く見積もられている要因とし
ては，国際人口移動の影響が最も強く，生存確率が補完的な役割を果たして
いることが指摘できる．出生数は逆に推計人口を少なくする役割を果たして
いる．

　これらを踏まえ推計人口が経済財政状況に与える影響を検証する．図 5-9
に示されているのが，2020 年推計と 2015 年推計に基づいた経済財政見通し
である．まず，経済成長への影響であるが，図 5-9(a) にあるようにシミュ
レーション期間の最初の 20 年ほどでは大きな差はないが，その後になると
推計人口の差が反映され，両者の違いが鮮明になってくる．すなわち 2040
年頃から，2020 年推計に基づいた結果と 2015 年推計に基づいた結果の差が
大きくなっていることがみてとれる．これは，図 5-8(b) に示した出生数の
差が反映されてくるからである．2020 年推計では，2015 年推計に比べ，国
際人口移動が活発となり，高齢化の進展も緩やかになると想定され人口も多
くなる．しかし，2020 年推計は出生数が少なく，そのことが将来の労働人
口に影響を及ぼし，経済成長を減速させるというシミュレーション結果とな
った．図 5-9(c) にある金利の差も 2040 年から開いていき，2020 年推計の方
が低くなっている．これも労働投入の差から生まれてくる．これらの結果，
図 5-9(d) に示されているように，政府の予算制約を満たすために必要とな
る税率は 2020 年推計の方が高く予測されている．金利は低くなり財政への
負担は緩和されるが，人口と経済成長が財政を圧迫する効果の方が強く，
2015 年推計のものより財政状況が悪化するという予測結果となった．

4. おわりに

　本章では，開放経済 OLG モデルを用いて日本の経済・財政の見通しを示
した．

　第 1 に，開放経済と閉鎖経済での将来推計の比較を行った．開放経済に拡

張したモデルを用いた推計では，閉鎖経済下での推計に比べると，海外部門の高成長に押し上げられる形で，将来の日本経済・財政の先行きは明るくなるという結論を得た．しかし，本章で用いたモデルによる分析では，開放経済と閉鎖経済での結果に大きな差異はなかった．地政学的リスクの高まりにより，グローバルなサプライチェーンを見直す動きも出てきている．仮に世界経済の開放性が低下するならば，日本の経済や財政の問題はより深刻さが増すとも言えるだろう．

第2に，開放経済モデルでの経済成長や財政状況に影響を及ぼす要因を探った．まず，経済成長や財政の見通しに人口構成が多大な影響を及ぼすことが指摘できる．本章での将来予測において変化する外生変数は，日本とROW の人口動態要因（$j=1$ 歳人口の人口成長率，年齢別生存確率）のみである．この人口動態変化により，経済成長が将来マイナスにもなりうるという予測や，財政状況が悪化していくという予測になることが確認された．その一方で，海外部門の経済成長は，日本の経済成長や財政状況には大きな影響は及ぼさないことが明らかとなった．国内の経済成長が財政状況に及ぼす効果は大きくないことは，過去の研究により指摘されていたが，開放経済体系においても同様のことが指摘できる．また，金利の動向は，本章の設定の下では経済成長には影響を及ぼさないが，財政の見通しには利払い費の増減を通して大きな影響を及ぼすことを指摘した．

第3に，追加的な検証として，将来推計人口の推計結果が経済や財政の見通しに与える影響を，過去の推計人口との比較から分析を試みた．その結果2020 年の国勢調査に基づく 2020 年推計人口と，2015 年の国勢調査に基づく2015 年推計人口では，出生数や国際人口移動の仮定値に差があり，将来人口に違いが出てくることを指摘した．特にその差が現れてくる 2040 年頃からは，出生数の少ない 2020 年推計の下では，2015 年推計に比して経済成長が低迷し，財政状況も悪化していく圧力がかかることを明らかにした．この結果も，将来の日本経済の動向に人口構成が大きな影響を及ぼすことを示す結果と言える．

開放経済体系で分析しても，閉鎖経済下で分析を行った先行研究において指摘されているのと同様に，高成長を実現し財政を持続可能にするために，

長期的に見ると，人口減少と少子高齢化に歯止めをかけることが重要となる．生産性の上昇や，税・労働制度の抜本的な見直しも必要と言えるだろう．生産性と金利の影響をみると，金利の水準が財政の見通しを大きく左右することも指摘したように，構造的な改革を推し進めるとともに国債金利の動向を注視しなければならない．加えて，世界経済の動向にも着目していく必要があるだろう．本章での分析を前提とすれば，これまではグローバリゼーションの進展で将来の経済財政にかかる負担が軽減されていた可能性がある．今後仮にグローバル経済のつながりが弱まっていくことがあるとするならば，日本の経済・財政の課題が深刻化することも指摘できる．

補論

補論では分析に用いたモデルの設定を紹介する.

人口構成：モデル内での家計の年齢を j で表すと，$j=1$ が実際の 21 歳に，$j=80$ が 100 歳に対応する. $\mu_{j,t}$ を t 年に j 歳である家計の人口，$\psi_{j,t}$ を t 年に j 歳であった家計の $t+1$ 年までの条件付き生存確率とし，$n_{1,t}$ を t 年から $t+1$ 年にかけての $j=1$ 歳世代の人口成長率とすると，$\mu_{j,t}$ は以下の式に基づき変化していく.

$$\mu_{j+1,t+1}=\psi_{j,t}\mu_{j,t}$$
$$\mu_{1,t+1}=(1+n_{1,t})\mu_{1,t}$$

家計：予算制約のもと，消費と余暇からなる生涯効用を最大化する. その結果家計の消費と労働が内生的に決定される. t 年に経済活動を始めた（21 歳となった）家計の割引生涯効用は以下で表される.

$$U_t=\sum_{j=1}^{80}\beta^{j-1}\left(\prod_{i=1}^{j}\psi_{i-1,t+i-1}\right)[\varepsilon\ln c_{j,t+j-1}+(1-\varepsilon)\ln l_{j,t+j-1}]$$

ここで β は割引因子である. $c_{j,t}$ と $l_{j,t}$ は t 年に j 歳であった家計の消費と余暇を表し，ε は消費と余暇の比率を表すパラメータである. t 年に j 歳である家計の翌年にかけての予算制約は以下で表される.

$$a_{j+1,t+1}+(1+\tau_{c,t})c_{j,t}$$
$$=[1+(1-\tau_{r,t})r_t]a_{j,t}+(1-\tau_{w,t})w_t e_j(1-l_{j,t})\varphi(j\leq45)+\phi_t\varphi(j\geq46)$$

$a_{j,t}$ は t 年に j 歳である家計が期初に所有している資産を表す. r_t と w_t はそれぞれ t 年の利子率と賃金率であり，$\tau_{c,t},\ \tau_{r,t},\ \tau_{w,t}$ はそれぞれ t 年の消費税率，資産所得税率，労働所得税率である. e_j は年齢別労働生産性である. ϕ_t は t 年に家計が受け取る年金である. $\varphi(\cdot)$ は括弧の中の条件が満たされれば 1，それ以外は 0 をとるオペレータである.

企業：代表的企業はコブ・ダグラス型生産関数を持っている.

$$Y_t = Z_t K_t^\theta L_t^{1-\theta}$$

Y_t は t 年の総生産，Z_t は経済全体での生産性である．K_t は t 年初めの資本量を表し，L_t は労働投入量，θ は資本・労働比率を示すパラメータである．利潤最大化の結果，利子率と賃金率は下記のように決まる.

$$r_t = \theta Z_t K_t^{\theta-1} L_t^{1-\theta} - \delta_t$$
$$w_t = (1-\theta) Z_t K_t^\theta L_t^{-\theta}$$

資本は毎期減耗していくが，新たな投資により蓄積されるため，以下の式のように決まる.

$$K_{t+1} = (1-\delta_t) K_t + I_t$$

δ_t と I_t はそれぞれ t 年の資本減耗率と設備投資を表す．経済全体での生産性の成長率 q は時間を通じて一定である.

$$q = \frac{Z_{t+1}}{Z_t} - 1$$

政府：政府は税金をもとにして財政支出を行い，年金制度を運営し，国債を発行している．t 年の政府の税収を T_t とおくと，以下で表せる.

$$T_t = \sum_{j=1}^{80} \tau_{c,t} c_{j,t} \mu_{j,t} + \sum_{j=2}^{80} \tau_{r,t} r_t a_{j,t} \mu_{j,t} + \sum_{j=1}^{45} \tau_{w,t} e_j l_{j,t} \mu_{j,t}$$

年金制度は日本と ROW のいずれも単純な賦課方式であると想定した．労働世代の税引き後の平均所得に純年金所得代替率を掛けあわせたものが引退世代の年金受取額となる．国により年金制度は大きく異なっておりこれをモデル化することは難しいが，OECD, Pensions at a Glance が各国の年金の所得代替率を推計しており，これに基づき分析を行えるような方式を想定した．個人の年金受取は，

$$\phi_t = \lambda_t \frac{(1-\tau_{w,t}) w_t L_t}{\sum_{j=1}^{45} \mu_{j,t}}$$

である．λ_t は年金の所得代替率である．政府の年金支払いを P_t とすると以下で表される．

$$P_t = \sum_{j=46}^{80} \phi_t \mu_{j,t}$$

これらを用いると政府の予算制約式は以下で表される．

$$D_{t+1} + T_t + B_t = (1 + r_t)D_t + G_t + P_t$$

D_t と G_t はそれぞれ政府債務と政府支出であり，

$$D_t = d_t Y_t$$
$$G_t = g_t Y_t$$

で表される．d_t の政府債務対総生産比と g_t の政府支出対総生産比が外生的に与えられる．B_t は家計が残す意図しない遺産を集めたものである．この政府の予算制約を満たすよう消費税率が調整される．

　労働市場と資産市場：労働は日本と ROW で固有の要素であるが，資産については国際資産市場が存在すると想定した．$i=1$ を日本，$i=2$ を ROW とした時，国内労働市場の均衡条件は以下で表される．

$$L_t^i = \sum_{j=1}^{45} e_j^i \mu_{j,t}^i l_{j,t}^i, \quad i = 1, 2$$

国内の資産市場では，個人の資産の和が国全体の資産と等しくなるため以下が成り立つ．

$$A_t^i = \sum_{j=2}^{80} a_{j,t}^i \mu_{j,t}^i, \quad i = 1, 2$$

国際資産市場では，個人の資産の和が，世界全体での資本と世界全体での政府債務の和と等しくなるため，各年において以下が満たされる．

$$\sum_{i=1}^{2} (A_t^i - K_t^i - D_t^i) = 0$$

利子率 r_t は日本と ROW に共通の世界利子率であり，上の国際資産市場の均衡を表す式が各期で成立するように決定される．

参考文献

Braun, R. A. and D. H. Joines (2015), "The Implications of a Graying Japan for Government Policy," *Journal of Economic Dynamics and Control*, Vol. 57, pp. 1–23.

Hansen, G. D. (1993), "The Cyclical and Secular Behaviour of the Labour Input: Comparing Efficiency Units and Hours Worked," *Journal of Applied Econometrics*, Vol. 8 (1), pp. 71–80.

Hansen, G. D. and S. İmrohoroğlu (2016), "Fiscal Reform and Government Debt in Japan: A Neoclassical Perspective," *Review of Economic Dynamics*, Vol. 21, pp. 201–224.

İmrohoroğlu, S., S. Kitao, and T. Yamada (2019), "Fiscal Sustainability in Japan: What to Tackle?" *Journal of the Economics of Ageing*, Vol. 14, article no. 100205.

İmrohoroğlu, S. and N. Sudo (2011), "Will a Growth Miracle Reduce Debt in Japan?" *Economic Review* (Institute of Economic Research, Hitotsubashi University), Vol. 62 (1), pp. 44–56.

Kitao, S. and M. Mikoshiba (2020), "Females, the Elderly, and Also Males: Demographic Aging and Macroeconomy in Japan," *Journal of the Japanese and International Economies*, Vol. 56, article no. 101064.

McDaniel, C. (2011), "Forces Shaping Hours Worked in the OECD, 1960–2004," *American Economic Journal: Macroeconomics*, Vol. 3 (4), pp. 27–52.

Miyazawa, K. and J. Yamada (2015), "The Growth Strategy of Abenomics and Fiscal Consolidation," *Journal of the Japanese and International Economies*, Vol. 37, pp. 82–99.

〈データ〉

[1] IMF, World Economic Outlook Database, October 2023.
https://www.imf.org/en/Publications/WEO/weo-database/2023/October

[2] OECD, Pensions at a Glance 2021.
https://www.oecd-ilibrary.org/finance-and-investment/pensions-at-a-glance-2021_ca401ebd-en

[3] OECD, Revenue Statistics 2022.
https://www.oecd-ilibrary.org/taxation/revenue-statistics-2022_8a691b03-en

[4] Penn World Table version 10. 01.
https://www.rug.nl/ggdc/productivity/pwt/

[5] Total Economy Database.
https://www.conference-board.org/data/economydatabase

[6] United Nations, World Population Prospects 2022.

https://population.un.org/wpp/

[7] 厚生労働省「賃金構造基本統計調査」.
https://www.mhlw.go.jp/toukei/list/chinginkouzou.html

[8] 国立社会保障・人口問題研究所「日本の将来推計人口（平成 29 年推計）」.
https://www.ipss.go.jp/pp-zenkoku/j/zenkoku2017/pp_zenkoku2017.asp

[9] 国立社会保障・人口問題研究所「日本の将来推計人口（令和 5 年推計）」.
https://www.ipss.go.jp/pp-zenkoku/j/zenkoku2023/pp_zenkoku2023.asp

[10] 国立社会保障・人口問題研究所「日本版死亡データベース」.
https://www.ipss.go.jp/p-toukei/JMD/

[11] 財務省「貿易統計」.
https://www.customs.go.jp/toukei/info/index.htm

[12] 総務省「人口推計」.
https://www.stat.go.jp/data/jinsui/

第6章

植田総裁の下での金融政策の新たな船出
——自然言語処理は何を教えてくれたか——

慶田 昌之

要　旨

　本章執筆時点の 2024 年 1 月現在において，1999 年から続いている日本銀行の非伝統的金融政策の出口が議論されていた．ロシアのウクライナ侵攻など，地政学的な大きな変化に伴って，欧米の中央銀行は物価上昇を止めるため利上げを行っており，日本銀行の政策スタンスにも注目が集まっていた．2023 年 4 月に就任した植田総裁の下で，マイナス金利の解除を含む，政策スタンスの大きな変更があると市場関係者は予想していた．

　非伝統的金融政策のもとでは，政策金利は基本的にはゼロであるため，政策金利は政策スタンスを示す十分な指標とならない．そのため，日本銀行は各種の文書を発表して，市場関係者に政策スタンスを十分に説明する必要がある．本章では，黒田総裁から植田総裁への交代の時期における総裁定例記者会見の発表文書について，自然言語処理のひとつであるトピック分析によって，日本銀行の政策スタンスの変化を把握することを試みた．分析の結果は，白川総裁から黒田総裁への交代の時期（2013 年）と類似した変化があることを見出している．一方で，今回の変化は 2013 年の時期と比較して，ドラスティックではないこと，また植田総裁に特有のトピックが検出されることがわかった．

　得られたトピック分析の結果をもとに，「マイナス金利」という単語が総裁の発言に現れている状況を検討した．「マイナス金利」は記者の質問には多く出てくるにも関わらず，総裁が回答部分で意図的に使用することを避けている可能性を確認できた．今後，政策変更が行われる場合，「マイナス金利」の解除について総裁が説明することになり，この意味で今後の「マイナス金利」という言葉の頻度の変化に注目する必要がある．

1. はじめに

　黒田総裁が 2013 年 3 月からの 2 期 10 年の任期を終え，2023 年 4 月に植田総裁が就任した．1990 年代に入ってバブル崩壊を経験した日本経済は，1997 年の金融危機を経験し，1999 年にゼロ金利政策を開始したことで，非伝統的金融政策（unconventional monetary policy）のフェーズに入った．その後も短いゼロ金利政策の解除の時期をはさみながら，2023 年現在まで日本銀行は非伝統的金融政策を続けてきた．

　退任した黒田総裁は，その就任時に金融政策を刷新し「黒田バズーカ」と呼ばれる大きなインパクトを持つ政策を開始し，株価の上昇と円高の是正が進み，市場の評価を得た一方で，当初の達成期間 2 年でインフレ率を 2% 程度にすることはできなかった．その後 10 年の任期中も，一時は 2% を超えるインフレ率を記録したが，安定的に目標とする 2% のインフレ率を達成できたとは言い難い状況であった．

　黒田総裁の任期の終盤に入って，2020 年にコロナ禍が発生し，2022 年にはロシアのウクライナ侵攻が勃発するなど経済に大きな影響を与える事象が起こると，日本銀行も対応に追われた．また，米国や欧州では，特にウクライナ侵攻に起因するエネルギー価格の高騰によると考えられる物価上昇に直面し，2008 年の世界金融危機から始まったゼロ金利政策を解除して，2023 年 8 月現在で FRB は政策金利を 5.25〜5.5%，ECB は政策金利を 4.25% という水準に引き上げている．日本は欧米各国と比較するとインフレ率は高いとはいえず，依然として政策金利はゼロを維持しているが，今後の動向では植田総裁のもとで政策変更も予想されている．

　非伝統的金融政策は，期待（予想）に働きかける政策と考えられてきた[1]．期待に働きかけるためには，金利を設定するだけではなく，マクロ経済の将来の展望について説明することが必要になる．そのために伝統的金融政策の

---

　1)　例えば，Krugman（1998）や Eggertsson and Woodford（2003）などを参照．また，植田（2005）では，非伝統的金融政策の期待に働きかける効果をタイプ 1 と呼んでいる．

もとでの金利の決定と，日々の市場取引のような日本銀行の行動だけではなく，総裁，副総裁および審議委員の講演，記者会見やその他発表文書を通じて言葉で説明することが重要になったと考えられる．このような観点から，Keida and Takeda (2017) と Keida and Takeda (2019) は自然言語処理を用いて，日本銀行の発表文書，特に総裁定例記者会見（以下，定例記者会見）の総裁発言部分を分析して，政策スタンスがどのように推移しているのかを把握しようと試みた．白川総裁から黒田総裁への交代の時期については，政策スタンスの変化を把握できると解釈できる結果が得られている．

　本章では，今回の黒田総裁から植田総裁への交代の時期について，Keida and Takeda (2019) でもちいたトピック分析の手法を適用し，その結果からわかることを報告したい．

2. 日本の非伝統的金融政策

2.1 黒田総裁就任までの日本の非伝統的金融政策

　伝統的な金融政策の手段は，政策金利をコントロールすることと考えられているが，政策金利をほとんどゼロに誘導しても景気が回復しない，あるいはさらなる景気刺激策が金融政策に求められるといった状況になると，非伝統的金融政策が必要になる．日本においては，1999年2月12日の金融政策決定会合（以下，決定会合）において，無担保コール翌日物の金利を0.15%に誘導することを決めた．当時の速水総裁が記者会見において「ゼロでもよい」と発言したことから，「ゼロ金利政策」と呼ばれることになり，1999年2月が最初の「ゼロ金利政策」の開始となる．さらに4月13日の決定会合後の総裁記者会見では，「デフレ懸念の払拭が展望できるような情勢になるまでゼロ金利を継続する」という旨の発言があり，時間軸政策としての効果が意識されていた．このときの「ゼロ金利政策」は，翌年8月に一旦解除される．解除時に当時審議委員であった現総裁の植田氏は，解除に反対の投票をした．

　その後，アメリカ経済の景気悪化と株式市場の低迷を受けて，日本の株式

表 6-1 黒田総裁以前の非伝統的金融政策

年月	政策
1999 年 2 月	ゼロ金利政策の開始
2000 年 8 月	ゼロ金利政策の解除
2001 年 2 月	ゼロ金利政策の開始
2001 年 3 月	量的緩和政策（Quantitative Easing, QE）の開始
2006 年 3 月	量的緩和政策の解除　ゼロ金利政策へ移行
2006 年 7 月	ゼロ金利政策の解除
2010 年 10 月	包括的な金融緩和政策の開始
2013 年 1 月	物価目標を 2% と設定，政府・日銀の政策連携についての共同声明発表

市場も株価が下落したため，2001 年 2 月 28 日の決定会合において再度金利の 0.15% への誘導を決め，「ゼロ金利政策」の再開となった．さらに 3 月 19 日の決定会合においては，「量的緩和政策（Quantitative Easing: QE）」の導入を決定する．この 2 回の決定会合は，「ゼロ金利政策」を強いられた状況下で，各方面からさらなる金融緩和を求められており，議事録からも白熱した議論が読み取れる．「量的緩和政策」の導入に先立って，3 月 16 日にはロンバート型貸出制度（補完型貸出制度）が導入されている．このときの「量的緩和政策」は 2006 年 3 月に解除されて「ゼロ金利政策」のみとなり，その「ゼロ金利政策」も 2006 年 7 月に解除される．

　2008 年に就任した白川総裁のもとで，2010 年 10 月には「包括的な金融緩和政策」が実施され，金利の誘導目標を 0.1% にした上で，国債およびリスク資産の買い入れをするための基金の創設を決定した．実質的な「ゼロ金利政策」の再開であり，今回は「物価の安定が展望できる情勢になったと判断するまで，実質ゼロ金利政策を継続していく」として，「ゼロ金利政策」を継続する期間についてもより明確に示した．

　「包括的な金融緩和政策」導入後，日本経済は 2011 年 3 月に発生した東日本大震災に見舞われる．それまでも円高基調で推移していた円・ドルレートは，震災後の 2011 年 10 月に 1 ドル＝75 円 32 銭の円の戦後最高値をつけた．2013 年 1 月 22 日に政府・日銀の間で政策連携に関する共同声明が発表され，その中で 2013 年 1 月に物価安定目標を前年比上昇率 2% とすることを定めた．この共同声明は現時点においても有効であると考えられている．表 6-1

にこの期間の金融政策の変遷をまとめる.

2.2 黒田総裁とアベノミクス

2012年11月の総選挙で,積極的な金融政策を含むアベノミクスを掲げて大勝した安倍首相が政権に返り咲き,2013年に入って黒田新総裁を日銀総裁として指名した.2013年3月に黒田総裁が就任すると,4月4日に「量的・質的金融緩和政策（Quantitative and Qualitative Easing: QQE）」を決定する.記者会見では,「物価安定の目標は『2%』」,「達成期間は『2年』を念頭にできるだけ早期に」,「マネタリーベースは2年間で『2倍』に」,「国債保有額・平均残存期間は2年間で『2倍以上』に」という目標を掲げ,その衝撃度合いから「黒田バズーカ」と呼ばれた.2012年10月あたりから円安基調で動いていた円・ドルレートはその後も円安が進み,また2012年12月から回復し始めていた株価も一段と上昇幅を広げ,市場には好感されたと考えられる.それまでマイナスであった物価上昇率も,2013年はプラスで推移した.

2014年4月に消費税の8%への引き上げが実施されると景気の悪化が顕在化し,2014年10月31日に市場の意表を突く形で追加緩和が発表された.追加内容は「マネタリーベースの増加ペースを上げて年80兆円とする」,「長期国債の買い入れ量も30兆円増やし年80兆円にする」,「上場投資信託（ETF）と不動産投資信託（REIT）の購入量を3倍に増やす」というものだった.市場は好感して反応したため,「黒田バズーカ第2弾」とも呼ばれた.当日発表された資料によると,導入の賛否は賛成5,反対4であった.

しかし2015年の半ばから物価上昇率はゼロ近辺で推移するようになり,2016年1月29日に「マイナス金利付き量的・質的金融緩和政策」を導入する.マイナス金利の導入の賛否は賛成5,反対4であった.このマイナス金利については,金融機関が新たに積み増す日本銀行当座預金について−0.1%の金利を課すというものであった.同時に発表された「展望レポート」では,2%の物価目標達成の見通しを「2017年度前半頃」へ先送りした.

さらに2016年9月21日の決定会合で「長短金利操作付き量的・質的金融

表 6-2　黒田総裁のもとでの非伝統的金融政策

年月	政策
2013 年 4 月	量的・質的金融緩和政策（Quantitative Qualitative Easing, QQE）の開始
2016 年 1 月	マイナス金利付き量的・質的金融緩和政策（3 次元 QQE）の開始
2016 年 9 月	長短金利操作（YCC）付き量的・質的金融緩和の開始

　緩和」を導入したこの「長短金利操作（イールドカーブ・コントロール：YCC，以下 YCC）」によって，10 年物国債の金利の誘導目標をゼロ % にすることとした．

　この後，YCC の長期金利の誘導目標は 2018 年 7 月に±0.2%，2021 年 3 月に±0.25%，2022 年 12 月に±0.5% 程度に，というように徐々に緩和されていくことになる．表 6-2 に，この期間の金融政策をまとめる．

2.3　植田総裁への期待

　2023 年 3 月 10 日に植田総裁の日本銀行の人事が国会で同意され，この時点で新総裁に就任することが決まった．この日は，偶然にも黒田総裁のもとでの決定会合が行われており，3 月 10 日の黒田総裁にとって最後となった定例記者会見においても，植田総裁が同意されたことに関する質問があった．

　2016 年 1 月にマイナス金利が導入され，2016 年 9 月に YCC が導入された黒田総裁の異次元緩和は，2022 年 12 月に黒田総裁によって誘導幅をそれまでの±0.25% から±0.5% に拡大することで，YCC の運用が緩められてきた経緯がある．その一方で，長期に渡る異次元緩和の歪みは大きく，長らく短期金利が低く抑えられ，さらにマイナス金利が導入されていることで，副作用は大きくなっていた．2022 年の黒田総裁任期中も，YCC によるイールドカーブの歪みが指摘されていたし，外国為替市場への影響も指摘されていた（「異次元緩和「解体」の始まり　黒田日銀，問われる有終の美」『日本経済新聞』2022 年 12 月 21 日）．イールドカーブの歪みは企業の資金調達にも影響を及ぼし始めており，外国為替市場への影響は急速な円安の進行として，注目度も高かった．

　さらに2022年からは物価上昇が家計に影響を与えていることが鮮明になり，米国や欧州に比較すると低いインフレ率とはいえ，人々の不満が高まっていたといえる．物価上昇は，それに見合う賃金の上昇がなければ，実質賃金の低下をもたらすので，物価上昇の家計への影響は賃金上昇への注目を高めることとなっていた．

　また，長期に渡る低金利政策とマイナス金利の導入は，銀行業の収益を圧迫していることへの不満も高まっていた．銀行業全体では運用資産益が減少するなど，収益にマイナスの影響があるが，特に地方銀行での影響が深刻であったと考えられている．このように日本銀行への政策修正への期待が大きい中で，植田総裁は就任した．

　植田総裁は就任後の2023年4月10日の総裁・副総裁就任記者会見に臨んで，修正を明言しなかった．また，4月27・28日と6月15・16日の決定会合においてもYCCの修正を見送り，現状維持とした．また，4月の決定会合において，「金融政策の多角的レビュー」（以下，「多角的レビュー」と呼ぶ）を実施することを決めた．

　7月27・28日に行われた決定会合では，「YCCの柔軟化」を発表し，長期金利の上限は0.5%を「めど」とした上で，10年物国債金利について1.0%の利回りでの指値オペを行うとした．さらに，「柔軟化というふうに私どもの紙に書いてございますけれども，それは修正とそんなに別に意味としては違わないとは思います（後略）」と述べた．

　さらに，植田総裁はYCCの柔軟化の理由について，「わが国の物価は4月の展望レポートの見通しを上回って推移しており（後略）」，物価の上昇率について「4月時点の見通しは，やや過小，あるいはかなり過小であった．その分，上振れ方向にかなり大幅にずれた．そういう不確実性をやや過小評価していた可能性が4月時点ではあるということ」と説明した．さらに「上振れリスクが顕在化してから何か対応するということですと，後手に回ってすごい混乱してしまったり，あるいは副作用が大きくなる」と発言しており，「今回の措置は，前もってリスク対応を考えておくという措置」と述べた．このような発表に対して，長期金利は0.6%程度で推移した．

　その後，9月21・22日の決定会合では現状維持を決めたものの，10月

30・31 日の決定会合において YCC の再柔軟化を決め,「長期金利の上限の
めどを 1.0% とし, 大規模な国債買入れと機動的なオペ運営を中心に金利操
作を行うこと」とした. 長期金利の上限であった 1.0% をめどとすることで,
1.0% を超えることを容認したと市場には受け止められた. これは新発の 10
年物国債の利回りが 10 月 31 日に 0.995% をつけるなど上限に迫っていたこ
とがある (「日銀, 金利操作の再修正を決定　長期金利 1% 超え容認」『日本経済新
聞』2023 年 10 月 31 日).

　7 月と 9 月の日銀の YCC の柔軟化によって, YCC は事実上形骸化しつつ
あると捉えられるようになってきた. 例えば東短リサーチ代表取締役社長・
チーフエコノミストの加藤出氏は, インタビューにおいて「YCC は形骸化
しつつあるが, 正しい方向に進んでいると評価している」と述べている
(「東短リサーチ・加藤出氏「YCC は形骸化, 正しい方向に」異次元緩和　近づく出
口　識者に聞く」『日本経済新聞』2023 年 12 月 1 日). 日銀の政策変更によって
事実上 YCC が役割を終えることとなり, 市場関係者の関心は「マイナス金
利の解除」の時期へと変化していって, 2024 年 1 月の時点では「マイナス
金利の解除」が論点となっていた.

　植田総裁の就任後, 2023 年 4 月の決定会合で実施を決めた「多角的レビュ
ー」は, 1 年から 1 年半をかけて「1990 年代後半以降, 25 年間」を検証
するものとされていた. 日本銀行では, これまでも 2016 年 9 月の「『量的・
質的金融緩和』導入以降の経済・物価動向と政策効果についての総括的検
証」(以下,「検証」と呼ぶ) や, 2021 年 3 月の「より効果的で持続的な金融
緩和を実施していくための点検」(以下,「点検」と呼ぶ) を報告している. た
だし, これらの「検証」や「点検」は, 直近の政策効果についての報告であ
り, また金融緩和を続けて実施するために行われたと考えられている. 一方
で,「多角的レビュー」は, 1990 年代後半以降を対象とするとしており, こ
れは日本の長期に渡る非伝統的金融政策の効果について検証するものといえ
る. 本章執筆の時点 (2024 年 1 月) で, どのような結論が報告されるのかに
ついては明らかではないが,「検証」や「点検」と比較して長期間を対象と
していることから, 非伝統的金融政策の功罪について包括的な検証となると
考えられていた. その検証内容の方向性から, 今後の金融政策の方向性が見

えてくるのではないかと期待されていた.

　2023 年 7 月には「多角的レビュー」の実施方針が示されて, 経済界への
ヒアリング等を行い, 有識者を招いて 2023 年 12 月には第 1 回のワークショ
ップも開催された. 11 月 16 日に行われたヒアリングでは, 「地銀トップか
ら金融緩和の長期化やマイナス金利政策に伴う預貸金利ざやの縮小が, 銀行
の収益を圧迫しているとの懸念が表明された」との報道もあった(「地銀がマ
イナス金利解除を要望, 日銀がレビューで意見聴取 – 関係者」『ブルームバーグ』
2023 年 12 月 6 日). 多角的レビューの中でも, 副作用に関する指摘がなされ
ていた.

　本章執筆の時点 (2024 年 1 月) において, 「マイナス金利の解除」が重要な
論点となっていた. さらに, 植田総裁のもとで日本の長期に渡る非伝統的金
融政策が大きく変更され, 出口へと向かう可能性が高まっていた. その意味
で, 植田総裁の金融政策の舵取りが, 日本経済の将来に大きな影響があると
予想されていて, 大きな期待を受けるとともに, 注目が集まっていた.

3.　自然言語処理と金融政策

　ここまで見てきたように, 1999 年から始まった日本の非伝統的金融政策
は, 市場関係者を含む社会全体の期待に働きかける効果を狙ったものであっ
たと言える. これは 2008 年以降に非伝統的金融政策を導入した FRB, ECB
やイングランド銀行 (BOE) についても同様であったと考えられている. こ
れは 1999 年 4 月の総裁記者会見において「デフレ懸念の払拭が展望できる
ような情勢になるまで」との総裁の発言があるように, 早い段階から日本銀
行においても意識されてきたと考えられる.

　それでは, どのように日本銀行の政策が人々の期待に働きかけるのであろ
うか. もちろん現下の政策金利がゼロであること自体が将来の期待を変化さ
せる効果を持ちうるが, 将来の比較的長い期間にわたってゼロが続くという
信念を抱かせる必要があるとすると, 現時点の政策金利の水準のみでは十分
ではない. そのために「デフレ懸念の払拭が展望できるような情勢になるま

でゼロ金利を継続する」という総裁の発言が重要になる.

　したがって，日本銀行は決定会合後の発表文書や総裁の記者会見などを通じて，人々に政策スタンスを明瞭に伝えることが，非伝統的金融政策の状況においては決定的に重要であると言える．また，それは市場関係者を含む社会全体がこれらの文書に注目する理由となっている．このような中で，文書の内容について分析することの重要性は高まっていると考えられる.

　このような問題意識のもとで，Keida and Takeda（2017, 2019）は白川総裁から黒田総裁への総裁の交代時期における日本銀行総裁の定例記者会見について，自然言語処理を用いた分析を試みた.

　Keida and Takeda（2017）は，latent semantic indexing の手法を用いて，文書間の類似性をみた．その結果，白川総裁の記者会見文書同士は類似性が高く，黒田総裁の記者会見文書同士は類似性が高いという，常識的な結果となった．そして，白川総裁と黒田総裁の定例記者会見文書の間では類似性が低かった．したがって，文書の類似性の観点から，白川総裁と黒田総裁の政策スタンスの変化を読み取れることがわかった．また，黒田総裁の記者会見文書は，類似性の高さでいくつかのクラスターに分けることができることを確認した．連続した時期の文書でクラスターができることは，その前後で政策スタンスが変更した可能性を示唆するものと考えられる.

　Keida and Takeda（2019）では latent Dirichlet allocation（LDA）と呼ばれる手法で，文書に表現されたトピックを抽出する手法を，白川総裁から黒田総裁に交代する時期に用いた．その結果は，LDA が白川総裁から黒田総裁の政策スタンスの変更を検出できることを示している.

3.1　文書のトピック分析

　トピック分析に関する詳細については，Keida and Takeda（2019）を参照していただきたいが，ここでは簡単な考え方を説明する．まず，文書は単語の集まりとして捉える．通常の人間は単語の連なりかたを文法的に解釈した上で意味を理解するが，自然言語処理を用いた文書理解では，多くの場合文法的な解釈はせず，単語の「頻度」を用いる．この点は人間の文書理解と大

きく異なるので，直感的に理解しにくい部分であるが，単語の頻度を用いて文書を理解できることを示したのが，自然言語処理の進展の重要性であった．

　まずトピックごとに単語の発生確率が存在すると考える．文書には複数のトピックが含まれているとして，トピックの配分比率とトピックにおける単語の発生確率の組み合わせにより，文書の単語の頻度が決まると考える．これがトピック分析の基本的な考え方である．

　私たちは，文書に含まれる各単語の頻度（出現回数）をデータとして持っている．複数の文書に含まれる単語の頻度から，トピックごとの単語の発生確率と，文書ごとのトピックの配分比率を，同時に推測することが必要になる．2つのことを同時に推測するので困難ではあるが，潜在的ディリクレ配分法（latent Dirichlet allocation）と呼ばれる推計手法が，Blei, Ng, and Jordan (2003) によって提案されている．この手法では，文書全体に現れるトピックの数を指定することで，与えられた文書に存在する単語の頻度に最も適合する，トピックごとの単語の発生確率と，文書ごとのトピックの配分比率を，繰り返し演算によって推計することができる．

　このような LDA による推計を用いたトピック分析を，日本銀行総裁の定例記者会見の文書に適用する．1つの文書は1回の総裁の定例記者会見の内容であり，それぞれの文書（すなわち定例記者会見の内容）についてトピックの配分比率が推計される．文書ごとにトピックの配分比率は変化していくが，もし前回の文書からトピックの配分比率が大きく変化した場合は，総裁が語った内容が大きく変化したと考えられる．総裁は定例記者会見において，決定会合で決まった日本銀行の政策スタンスを説明しているので，政策スタンスが大きく変化しない場合は，以前と説明が似通っており，トピックの配分比率も大きく変化しない可能性が高い．一方で，決定会合で政策変更を行った場合は，その内容について説明するので，以前の説明とは異なる内容となる可能性が高い．これがトピックの配分比率に影響を与える可能性は十分にあると考えられる．総裁が語った内容に含まれるトピックの配分比率の変化を，時間を通じてみていくことで総裁の政策スタンスの変更を把握しようと考えるのが，この分析の主要な目的である．

3.2　日本銀行総裁記者会見

　日本銀行は，様々な文書を公表している．これは，日本銀行の金融政策について市場関係者を含む社会全体に的確に説明する必要があるためである．それらの文書には，決定会合の発表文書，議事要旨，展望レポート，記者会見の概要，総裁，副総裁，審議委員の講演や会議での挨拶などが含まれる．これらは基本的に，日本銀行の政策について説明するために行っていると考えられる．

　日本銀行の様々な発表文書の中で，Keida and Takeda (2017, 2019) と本章は，定例記者会見の概要として発表された文書のみを用いることにした．これは，総裁の定例記者会見は，決定会合後の総裁による記者会見であり，政策スタンスを明確に伝えるという目的がはっきりしているからである．

　また，その他の内容が含まれる可能性が非常に低い．例えば地域の金融経済懇談会や業界団体での講演・挨拶などでは，多くが金融政策の説明であるが，一部その地域，業界に関する内容を含む場合が多い．また，副総裁や審議委員の講演なども日本銀行の金融政策のスタンスを説明するものであるが，場合によっては，総裁と内容の力点等が異なる可能性が全くない訳ではない．これらの観点から，本章でも基本的に総裁が行う定例記者会見の内容について分析することとする．

4.　トピック分析の結果と解釈

　本章で紹介するトピック分析は，2018 年 9 月 19 日から 2023 年 12 月 19 日までの定例記者会見の内容を基本的に用いた[2]．ただし，2023 年 4 月 10 日の総裁・副総裁就任記者会見を 1 回含めた．植田総裁の記者会見が定例記者会見のみでは少ないため，例外として扱った．就任記者会見は 2 人の副総

---

　2)　本章で用いたプログラム・コードについては，以下のサイトを参照．https://github.com/masakeida/monetary_policy_lda

裁が同席して記者の質問に答えているが，植田総裁が述べた部分のみを用いている．また，他の定例記者会見も，記者の質問を除いて総裁が答えた部分のみを用いた．この期間の定例記者会見と就任記者会見は合計 44 回であり，そのうち 37 回分が黒田総裁によるものであり，7 回分が植田総裁によるものである．

　本章の分析では，トピックの数を 6 とした．これは，2018 年から 2023 年の間に「コロナ禍」とロシアによる「ウクライナ侵攻」が発生しており，これらは日本経済にも大きな影響を与えたことは明らかであり，日本銀行総裁の定例記者会見においても言及されたトピックと言える．Keida and Takeda (2019) においては，トピックを 3 つとしたので，この期間に起きたイベントの 2 つを加えてトピック数を 5 とすることも考えられる．ただし，5 つのケースで推計した場合は，トピックの間で混乱が見られたので（例えば，ウクライナ戦争に関すると考えられるトピックに「YCC」というキーワードが上位に来るなど），安定的なトピックの分離を考慮して 6 とした．

　図 6-1 は，トピック分析の結果をグラフで表したものである．横軸は日時が入っており，それぞれの定例記者会見の日時である．グラフは topic 1 から 6 までの割合を示しており，縦軸方向に示された割合を 6 つのトピックで合計したものは 1 となっている．横軸方向は時間を表しているが，決定会合は定期的に行われるものの，会合ごとの間隔は一定ではない．例えば，2020 年 は 1 月 21 日，3 月 16 日，4 月 27 日，6 月 16 日，7 月 15 日，9 月 17 日，10 月 29 日，12 月 18 日の 8 回行われている．これを順番に並べているため，横軸方向の時間の経過は一定とは言えないことに注意が必要である．

　表 6-3 は，それぞれのトピックの発生確率が高い単語の上位 20 個を表示している．一部記号が含まれてしまっているが，多くは単語である．上位 20 個のみを表示しているが，それぞれのトピックから発生する 21 位以下の単語も存在することに注意していただきたい．

　これらの上位 20 個の単語とグラフの推移を勘案すると，topic 6 が「コロナ禍」，topic 5 が「ウクライナ侵攻」に関するトピックであると推測できる．例えば，topic 6 は上位の単語が上から「新型」，「ウイルス」，「コロナ」，「ワクチン」となっており，2020 年 3 月 16 日の定例記者会見で突然トピッ

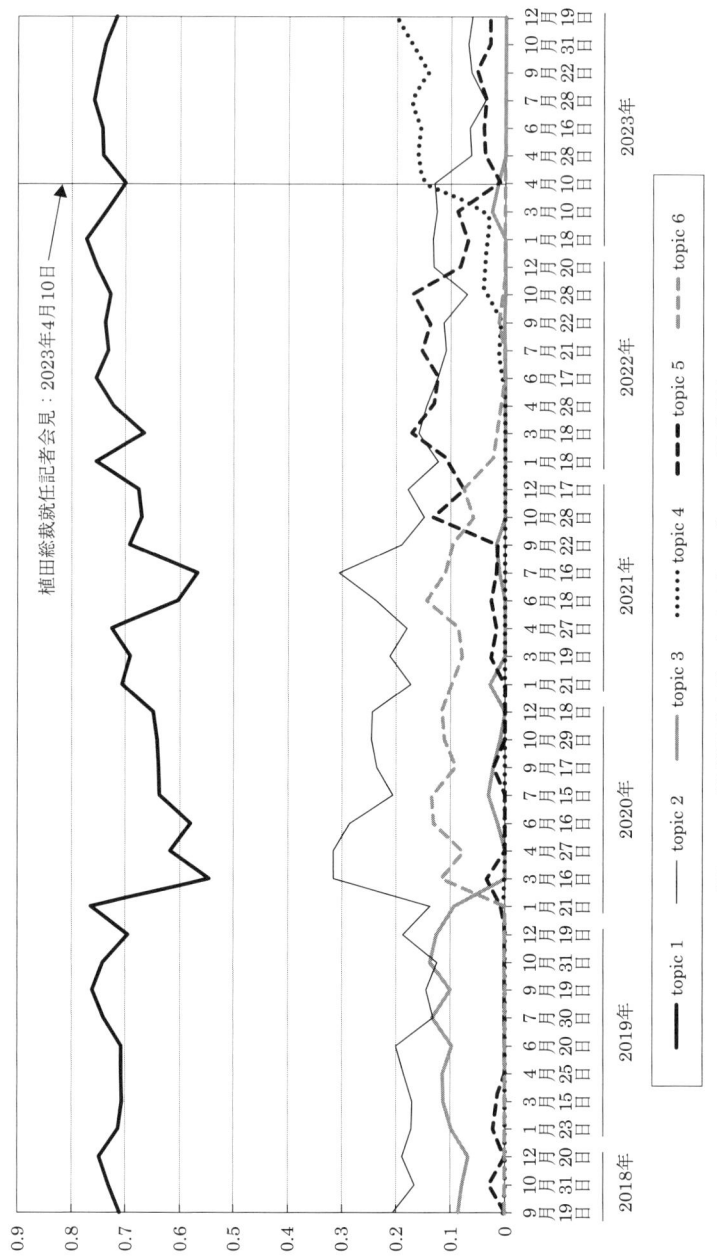

図 6 – 1　総裁記者会見における各トピックの配分割合

表 6-3　各トピックの発生確率 20 位までの単語

topic 1	topic 2	topic 3	topic 4	topic 5	topic 6
する	必要	モメンタム	質問	為替	新型
金融	企業	減速	賃金	賃金	ウイルス
思う	感染	損なう	YCC	コロナ	資金繰り
物価	行う	税率	力	エネルギー	コロナ
ある	拡大	日本	インフレ	円	収束
経済	買入れる	引き上げ	かたち	金利	支援
なる	銀行	惧	一つ	通り	ETF
政策	機関	ETF	足元	資源	上限
影響	様々	2020	データ	供給	CP
上昇	変動	米	お答え	転嫁	対面
金利	中央	マインド	最初	指値	サービス
安定	投資	2019	起点	来る	特別
みる	世界	横ばい	見通せる	商品	ワクチン
考える	増加	摩擦	輸入	労働	プログラム
緩和	踏まえる	圏内	いろいろ	25	積極
2	日本	中	設定	輸入	緊急
申し上げる	与える	下	24	反映	延長
市場	オペ	保護	確度	ウクライナ	設ける
消費	システム	高める	繰り返す	賃上げ	接種
目標	—	公共	ボラティリティ	実質	外貨

クの配分比率が多くなり，2022 年 4 月 28 日以降のそれは非常に少なくなっている．

　また，topic 5 の上位の単語は上から「エネルギー」，「円」，「資源」，「輸入」となっており，18 位に「ウクライナ」という単語が入っている．トピックの配分比率でみると，2021 年後半から徐々に上昇しているが，ロシアの侵攻直後である 2022 年 3 月 10 日の記者会見で最初のピークがあることから，「ウクライナ侵攻」に関するトピックと解釈することは妥当であろう．ロシアのウクライナへの侵攻によって，エネルギー価格が上昇すること，エネルギーの輸入価格への影響が心配されていたことを反映するものと考えられる．

　ただし，topic 5 の発生確率の高い単語として，3 位に「コロナ」という単語が入っている．これらは「コロナ禍」と関連性の高い単語であり，完全に

分離ができていない可能性は認めざるを得ない．また，topic 5 が 2021 年の後半から徐々に増加していることも，「ウクライナ侵攻」以外のトピックを含んでいる可能性を示唆するものである．ロシアのウクライナ侵攻は，事前に米国のロシア軍の動きに関する情報が提供されるなど，予想されていた側面がないとはいえない．ただし，それを勘案しても 2021 年後半から日銀の定例記者会見において質問があったと考えることは難しい．このように，topic 5 には単に「ウクライナ侵攻」と解釈できるとはいえない要素が含まれていると考えるべきであろう．ただし，2022 年中の状況は「コロナ禍」の対応も続いている中で，「ウクライナ侵攻」の勃発が日本経済にも影響を与えていたことを考えると，不十分な部分を認めつつも，おおよそこれらのイベントに関わるトピックを抽出できていると判断される．

　これら topic 6 および topic 5 がそれぞれ「コロナ禍」，「ウクライナ侵攻」に関するトピックであると判断した上で，残りの topic 1，2，3，4，について検討する．この時期に一貫して最も高い配分比率を持っているのが topic 1 である．上位の単語をみると，「金融」，「物価」，「金利」などが含まれる．Keida and Takeda（2019）の結果との類似性から，「政策目標」のトピックと考えられる．また，topic 1 よりは低いものの，この時期に比較的配分比率が高いものは topic 2 である．これも Keida and Takeda（2019）の結果との類似性から「政策手段」のトピックと考えられる．

　次に，topic 4 は 2023 年 4 月以降に 0.15 以上になり，徐々に増えていることが観察される．このトピックの上位の単語には「賃金」，「インフレ」，「YCC」などが含まれている．植田総裁の就任直前から上昇しているものの，植田総裁への期待に関するトピックとして解釈可能である．ここでは，「植田総裁への期待」というトピックと解釈する．

　この topic 4 については，植田総裁が就任する以前から徐々に配分比率が上昇している．ただ，黒田総裁の 2022 年 3 月 10 日の定例記者会見では，新総裁の就任が決まっており，植田総裁に関する質問もあることから，配分比率が 7.3% ほどあることは不思議ではない．「YCC」という単語が入っていることから，「YCC」に対する修正も含めた対応に関する内容であると推測できる．直近の 2023 年 7 月 28 日の植田総裁に対する定例記者会見も，

「YCC」の修正に関する話題を含んでいると考えられる．このような観点からすると，2022 年後半の黒田総裁の任期中から「YCC」を修正するのかどうかについて議論があったこととも整合的であると考えられる．したがって，「植田総裁への期待」というトピックは，「YCC」の修正の可能性も含んだトピックと解釈すると，新総裁就任と同時に配分比率が高まっていることは，「YCC」修正について植田総裁が説明する比率が高まっていると解釈できる可能性がある．

　最後の topic 3 の解釈は少々困難である．このトピックの配分割合は，2020 年 1 月まで，0.1 前後であったが，その後ほとんど検出されなくなっている．時期としては「コロナ禍」のトピックと入れ替わってしまったように見える．Keida and Takeda（2019）では白川総裁の時期のみに現れていた「裁量」と解釈するトピックが存在したが，上位の単語を比較して共通するとは判断できない．1 位に挙がっている「モメンタム」という言葉については，2019 年当時黒田総裁が物価上昇への「モメンタムを維持する」，あるいは「モメンタムが損なわれる恐れがある」等の発言が見られている．また，2 位の「減速」や 3 位の「損なう」という単語から類推されるのは，将来に対する悲観的なトピックである可能性がある．これらの表現が黒田総裁の時期に追加緩和の説明に使用されたと考え，「追加緩和」の説明に関するトピックと解釈したい．

　以上を踏まえて，全体を見渡して図 6-1 からわかることをまとめる．この期間を通じて topic 1「政策目標」と topic 2「政策手段」の 2 つのトピックが主要な内容であった．2019 年ごろまで重要であった topic 3「追加緩和」に関するトピックは，2020 年から topic 6「コロナ禍」と 2022 年から topic 5「ウクライナ侵攻」のトピックに置き換わった．その後直近では topic 4「植田総裁への期待」のトピックが徐々に大きくなっている．この topic 4 については，YCC の修正に関するトピックと解釈することは，一定の妥当性を持つと考えられる．また，植田総裁が就任したあとに，topic 1「政策目標」が増加しており，topic 2「政策手段」に関するトピックが減少していることは，注目に値する．Keida and Takeda（2019）でも，白川総裁から黒田総裁への交代時期に，「政策目標」の上昇と「政策手段」の下落が観察され

ており，大きな政策の変更が起こっている可能性を示唆している．その内容
としては，YCC の修正である可能性が高い．ただし，白川総裁から黒田総
裁への交代の時期ほどにはドラスティックではないことに注意すべきである．

　新しい政策への変更に伴って「政策目標」の増加が起こる理由としては，
新しい政策スタンスを説明することには，「政策目標」トピックについての
説明が必要になるということが考えられる．すなわち，現下の植田総裁の新
しい政策スタンスについても，それを説明する中で「政策目標」についての
詳しい説明が必要となり，トピックの上昇をもたらしていると考えられる．
白川総裁から黒田総裁の時期との違いとしては，新しいトピック，ここでは
topic 4「植田総裁への期待」の上昇とともに，topic 1「政策目標」のトピッ
クが増加している点である．ただし，topic 1「政策目標」のトピックは，植
田総裁の就任直後に増加しているが，2023 年後半には少し下がっているこ
とにも注意しなければならない．

5.　異次元緩和から出口への道のり

　2024 年 1 月の時点において，植田総裁は就任から 9 カ月が経過している
が，2023 年 7 月 27・28 日の決定会合で YCC の柔軟化を決め，さらに同年
11 月 30・31 日の決定会合で YCC の再柔軟化を進めた．2023 年 11 月まで
の 1 年間で，インフレ率は概ね前年同月比 3% 程度の上昇率で推移している
ので，マイナス金利の解除を含む大規模な金融緩和策の転換が予想されてい
る状況である．メディアにおいては，マイナス金利の解除が 2024 年の早い
段階で行われるのではないかとの予想もある（「日銀，緩和出口へ瀬踏み　マイ
ナス金利解除は 24 年前半か」『日本経済新聞』2023 年 1 月 5 日）．

　2020 年に発生したコロナ禍，2022 年のロシアのウクライナ侵攻に対応し
てきた日本銀行は，2023 年 10 月にはハマスの大規模攻撃に端を発するイス
ラエルのガザ侵攻など，地政学的な要因に起因する経済的な影響への対応を
余儀なくされてきた．2024 年 1 月 1 日の能登半島地震の発災も日本経済へ
の影響は避けられず，日本銀行は災害等のリスクにも直面している．このよ

うな中で現在進行形の政策変更について予想することは，困難を伴っている．本節では，現在進行形ではあるがマイナス金利の解除を含む大規模金融緩和からの出口戦略の方向性について，本章のトピック分析からわかることをまとめる．

　植田総裁が就任してからの日本銀行の政策変更に関する関心は，すでに述べたように YCC の見直しからマイナス金利の解除へと変化していった．また，日本銀行が繰り返し発表文書で用いている「賃金の上昇を伴うかたちで 2% の物価安定の目標を持続的・安定的に実現することを目指していく方針」という言葉に対応するかたちで，賃金の上昇がマイナス金利の解除，ひいては異次元緩和からの出口へと進む条件となっていると考えられている（『日本経済新聞』前掲記事）．

　本章のトピック分析においても，「賃金」という単語が topic 4 の「植田総裁への期待」に 2 番目に頻度の高い単語として現れていることから，賃金の上昇についての方針の重要性が理解される．植田総裁の就任以降，インフレ率は 2% を超える状況が続いているため，当然マイナス金利の解除を含む大規模金融緩和の変更に関する質問が増えたと考えられる．そのため，その条件となる「賃金の上昇を伴うかたちで 2% の物価安定の目標を持続的・安定的に実現することを目指していく方針」が説明されたと考えられるだろう．「賃金」という単語が高い頻度で topic 4 の「植田総裁への期待」に現れた理由は，このように説明できるだろう．

　また，topic 5 の「ウクライナ侵攻」のトピックにも「賃金」という単語が現れていることに注意しなければならない．ロシアのウクライナ侵攻は，黒田総裁の任期中である 2022 年 2 月に勃発した．このトピックに「賃金」が頻度の高い単語として含まれるのは，原油価格の上昇とそれに伴う物価上昇が懸念されていたことに関連するキーワードと考えられる．

　一方で，すでに述べたように topic 5 の「ウクライナ侵攻」には必ずしも完全にトピックを分離できていない可能性があることを認めると，黒田総裁の任期中から賃金の上昇について議論されていた可能性も示唆されている．実際，黒田総裁も 2022 年 7 月 22 日定例記者会見において「引き続き金融緩和を実施していくことで，（中略）賃金の上昇を伴うかたちで，『物価安定の

目標』を実現することは可能であると考えています」と述べており，「賃金上昇を伴うかたちでの物価安定」という表現は定型的であったと考えられる．黒田総裁の期間においても「賃金」への言及は少なくない．このような点を考えると，「ウクライナ侵攻」のトピックに「賃金」が含まれると考えるべきか，2022 年という時期に「賃金」への言及が増えたのか，判断は困難である．ここでは，「賃金」という単語が，植田総裁の就任後に定例記者会見の話題となっているわけではなく，日銀の政策方針から自然に話題になる単語であることを確認したい．

　その上で，topic 4 の「植田総裁への期待」というトピックに「賃金」が高い頻度で出現することについて検討したい．本章を作成する上で，2018 年 9 月 19 日から 2023 年 7 月 28 日までの 41 回（植田総裁は 4 回分）で同様のトピック分析を行っている．本章では，41 回分の結果を報告しないが，41 回分と 44 回分の分析の違いには興味深い点があるので，その点について簡単にまとめる．41 回分までの分析では，「植田新総裁への期待」のトピックに「賃金」という単語は上位の頻度では現れなかった．「ウクライナ侵攻」のトピックには現れていたので，その点は変化がなかった．本章の 44 回分の結果で，「植田総裁への期待」のトピックのその他の単語には大きな変化がなかったものの，新たに「賃金」という単語が加わったものである．

　このことは，9 月 22 日以降の定例記者会見において，総裁の「賃金」に対する言及が増えたことを意味する．すでに述べたように，10 月 31 日の定例記者会見において YCC の再柔軟化を発表するなど，マイナス金利の解除への関心が高まる中で，賃金とくに賃金の上昇に関する言及が増えたことを意味する．「賃金」という単語については，4 月 28 日の定例記者会見の発表文書（質問部分を含む）において 17 回出現しているのに対して，12 月 19 日の文書（質問部分を含む）では 36 回に増加している．このことは賃金の上昇が，最終的なマイナス金利の解除の条件として非常に関心を集めていること，またそれに対して総裁が言及したことの結果であろう．

　次に，ここでは高い頻度で現れなかった「マイナス金利」という単語について考える．マイナス金利の解除が関心を集めているとすると，「マイナス金利」という単語がトピック分析の頻出単語として出現しなかったことは，

本章の分析の問題点となるかもしれない．しかしながら，少し詳細に見ると言語を扱う分析を用いる上で興味深い点があるので，以下で報告する．

　マイナス金利の解除についての定例記者会見のやり取りは，「マイナス金利」という単語でみた場合に，2023 年 6 月 16 日の定例記者会見においては 0 回であったのが，7 月 28 日には 3 回，9 月 22 日には 19 回，10 月 31 日には 9 回，12 月 19 日には 16 回とばらつきながらも増加していることが見て取れる．ただし，記者からの「マイナス金利の解除」に関する質問が多く，植田総裁が回答の中で言及していることは比較的少ない．例えば 12 月 19 日の定例記者会見でみると，14 回が記者からの質問の中であり，ほとんどが「マイナス金利解除」あるいは「マイナス金利の解除」と言及されている．これに対して，植田総裁の回答として言及されたのは 2 回である．そのうち 1 回は「マイナス金利の解除」と言及されている．

　本章のトピック分析では，定例記者会見のやり取りのうち総裁の回答部分のみを用いているため，記者の質問に多く出てくる単語は対象外となっている．実際，本章のトピック分析において「マイナス金利」は，いずれのトピックにおいても上位 20 位までの頻度の単語に入っていない．この点は，良い面と悪い面があると考えられる．良い面は，総裁がある単語を意図的に用いないことによって政策の説明をしようとする場合，総裁の意図をトピックが正しく抽出できる可能性がある．一方で悪い面は，現下の金融政策において市場関係者，あるいはその意を汲んで質問する記者が重要と考えられる単語を，総裁が意図的に避けた場合，ここでのトピックは市場関係者や記者の関心と乖離する可能性がある．

　この点で，「マイナス金利」という単語は 12 月 19 日の定例記者会見において 14 回も質問で用いられたにも関わらず，総裁が 2 回しか回答で用いなかったという状況は，極めて典型的に検討できる場面である．植田総裁が「マイナス金利」という単語を，特に「解除」という言葉とともに用いることを避けたことは確かなように思われる．

　このことはトピック分析が政策変更について，どのように評価できるかについて示唆を与えるものと考えられる．この後，マイナス金利の解除となった場合に，総裁が「マイナス金利」および「解除」という言葉を避けて説明

する可能性は考えにくい．この後，マイナス金利の解除する政策スタンスの変更の際には，総裁の発言に含まれる「マイナス金利」および「解除」という言葉について注目されることになるが，記者会見における質問のこれまでの経緯から，記者の発言ではなく総裁の発言における当該単語の頻度に注目することが必要になるであろう．すなわち，総裁の発言の中で当該単語の頻度が高まった場合のみ，政策スタンスの変更が発生したと判断することになるだろう．総裁の言葉のみに注目し，記者の質問部分を含めないことで，単にメディアや市場関係者の関心を一定程度排除することで，政策変更を際立たせることが可能になると考えられる．そのような観点から，本章で用いた総裁の回答部分のみを用いた分析は，記者の質問を含んだ分析よりも，政策変更を抽出する可能性が高いと考えられる．

6. おわりに

　本章では，黒田総裁から植田総裁に交代した時期における定例記者会見の内容をトピック分析した結果を紹介した．分析の結果は，白川総裁から黒田総裁への交代の時期（2013 年）と類似した変化があることを見出している．一方で，今回の変化は 2013 年の時期と比較して，ドラスティックではないこと，また植田総裁に特有のトピックが検出されることがわかった．この結果からは，植田総裁が新しい政策を志向している可能性が示唆される．

　本章の説明で理解されるように，トピック分析の結果の解釈は容易に 1 つに定められるものではない．読者が，ここで示した以外の解釈のほうが妥当性を持つと感じたとしても，それは自然であると思う．トピック分析の結果は，明確でない部分，混乱していると思われる部分を持つのは認めざるを得ない．それを差し引いても，期待に働きかけるという非伝統的金融政策の文脈において，自然言語処理を用いた分析の意義は大きいと考える．

　本章の後半では，「賃金」と「マイナス金利」という単語について特に検討した．「賃金」が topic 4 の「植田総裁への期待」に頻出したこと，また「マイナス金利」がいずれのトピックにも上位の出現頻度で現れなかったこ

とについて考察した．「賃金」については，必ずしも金融政策の文脈におい
て突然現れたわけではないことを確認した上で，2023年の後半において，
植田総裁の言及が増えたことをみた．また，「マイナス金利」については，
会見文書全体には出現していないわけではないものの，植田総裁の回答部分
においては記者の質問部分と比較して極端に少ないことをみた．今後，「マ
イナス金利」という語が総裁の回答部分に増加することに注目する価値があ
ると考えられる．

　ただし，トピック分析の手法の特徴を考慮すると，いくつかの特別な単語
に注目することの限界に注意しなければならない．ここでのトピック分析は，
単語の出現頻度に注目しているので，単語ごとの重要性は考慮していない．
そのため，金融政策への関心にそって，ここでは「賃金」と「マイナス金
利」に着目して検討を試みたが，その他の単語について同様の検討をしなけ
れば，ここでの検討が正当であると言えるかどうかは明らかではない．しか
しながら，表6-3に現れたすべての単語について，文書に現れた回数を，特
に記者の質問部分と総裁の回答部分に分けて調べているわけではない．これ
は今後の課題としたい．

　また，本章で見た通り植田総裁への期待として，マイナス金利の解除を含
む異次元緩和の政策変更がある．これは，非伝統的金融政策のフェーズから，
金利を正の範囲でコントロールする伝統的金融政策のフェーズへの移行に対
する期待ともいえる．このような移行の過程において，日銀のアナウンスメ
ントがどのような役割を果たすのかに関して，引き続き自然言語処理の分析
を用いて検討することが求められている．

参考文献

Blei, D. M., A. Y. Ng, and M. I. Jordan; J. Lafferty editor (2003), "Latent Dirichlet Allocation," *Journal of Machine Learning Research*, Vol. 3 (4-5), pp. 993-1022.

Eggertsson, G. B. and M. Woodford (2003), "The Zero Bound on Interest Rates and Optimal Monetary Policy," *Brookings Papers on Economic Activity*, The Brookings Institution, Vol. 34 (1), pp. 139-235.

Keida, M. and Y. Takeda (2017), "A Semantic Analysis of Monetary Shamanism: A

Case of the BOJ's Governor Haruhiko Kuroda," RIETI Discussion Paper Series, No. 17-E-011.

Keida, M. and Y. Takeda (2019), "The Art of Central Bank Communication: A Topic Analysis on Words Used by the Bank of Japan's Governors," RIETI Discussion Paper Series, No. 19-E-038.

Krugman, P. R. (1998), "It's Baaack: Japan's Slump and the Return of the Liquidity Trap," *Brookings Papers on Economic Activity*, The Brookings Institution, Vol. 29 (2), pp. 137-206.

植田和男（2005）『ゼロ金利との闘い——日銀の金融政策を総括する』日本経済新聞出版.

第7章

基軸通貨と世界経済の構造変化
——高まる地政学リスクとドル一極集中の行方——

丸尾 優士

要 旨

第2次世界大戦後，米国の通貨であるドルは，世界の基軸通貨として，国際的な貿易・投資にかかる決済手段としてだけでなく，各国の外貨準備通貨や民間投資家の安全資産としても，きわめて重要な役割を担ってきた．ただし，国際的な取引にどの通貨を使うかを検討する際には，どの通貨を使うのが得かという経済的な側面だけでなく，地政学的な視点も重要である．そこで，本章では，地政学的リスクが高まりつつある世界経済における米ドルの基軸通貨としての地位を改めて考察する．

米ドルが世界の基軸通貨としての地位を築いた背景には，米国の経済力や信用力の高さだけでなく，その存在が世界経済の成長や国際金融システムの安定のために重要であるという考え方が各国当局や民間主体の間で共有され，実際にその便益を得てきたことがある．また，新興国の台頭や金融規制の強化といった近年の構造変化も，基軸通貨であるドルへの需要を下支えしてきた．これらドル需要の背後にある経済的なメカニズムは強固なものであり，ドルを基軸通貨とする構造が今後も継続する可能性は高い．

1. はじめに

　現在，世界には約 180 種類の通貨が流通していると言われており，それぞれの地域の中央銀行は，その時々の情勢を踏まえて，その供給量，基準金利あるいは他通貨とのペッグ比率等を管理し，国民が通貨を安心して使用できるよう努めている．もっとも，自国内における経済活動は別にして，国際的な財・サービスの売買や金融取引に伴う資金のやり取りなどには，限られた種類の通貨しか使われていない．具体的には，米国のドル，欧州のユーロ，英国のポンド，わが国の円，中国の人民元などで，特に，米国のドルは，様々な国際的な取引において圧倒的なシェアを持ち，世界の基軸通貨として機能している．

　周知のように，世界の GDP に占める米国のシェアはトップであるし，ニューヨークの金融市場は世界で最も重要な市場のひとつである．こうしたもとで，米国の通貨であるドルが世界的に流通するのは当然に思えるが，米国のドルのシェアは，そうした経済や金融市場における米国のプレゼンスと比較しても圧倒的である．具体的には，世界 GDP に占める米国のシェアは 25％ 程度であるが，為替取引において，円・ドルやユーロ・ドルといったドルを含む取引高のシェアは 8 割を超えている（図 7-1）．また，各国中央銀行の外貨準備に占める各通貨のシェア（2023 年 3 月末時点）をみると，ドルは約 6 割を占めており，続いてユーロが 2 割，わが国の円が約 5％ 程度となっている（図 7-2）．さらには，国際貿易において米国のシェアは約 1 割であるが，世界の輸出品の約半分はドルで価格付けされている．また，企業金融面においても，国をまたいだ貸出や，国際金融市場で取引される CP や社債などの約半分が，ドルで契約・売買されている．

　本章では，こうしたドル一極集中の背後にあるメカニズムやその含意，そして先行きの展開などについて，この間の世界経済・国際金融における構造変化との関連に着目しつつ，読み解いていきたい．

　結論をやや先取りすれば，基軸通貨を中心とする国際金融システムとその背後にあるメカニズムは強固なものであり，現在のドル一極体制は当面継続

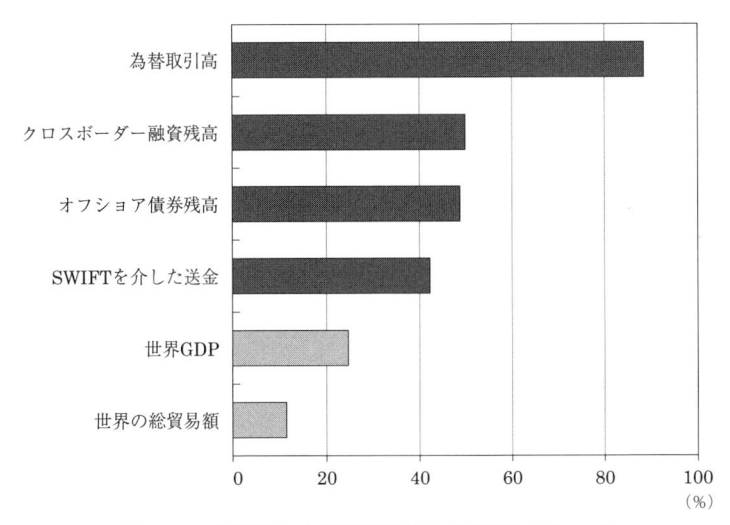

図 7-1　国際的な金融取引等におけるドルのシェア

出所）BIS：https://www.bis.org/publ/qtrpdf/r_qt2212f.htm

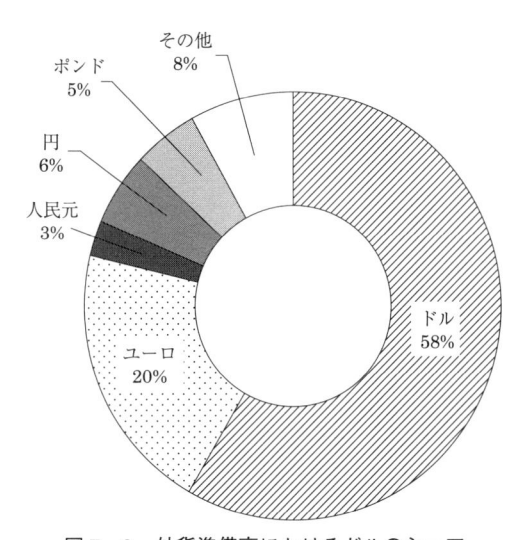

図 7-2　外貨準備高におけるドルのシェア

注）2022 年第 4 四半期時点.

出所）IMF：Currency Composition of Official Foreign Exchange Reserves（COFER）, International Financial Statistics（IFS）.

すると考えるのが自然である．もっとも，歴史を振り返ると，第 2 次世界大戦後に起きたポンドからドルへの基軸通貨のシフト，ブレトンウッズ体制の成立とその後のニクソンショックなど，基軸通貨を巡る転換点は過去幾度となく訪れている．また，米国の対外債務の持続的拡大をはじめ，基軸通貨に関する未解決のテーマもある．こうした点を踏まえると，ドル一極体制が永続する保証もないと言えるだろう．

　また，通貨政策を分析するうえでは，どの通貨を使うのが得か，という経済的な観点だけでなく，地政学的な視点も重要である．例えば，Eichengreen (2011) は，第 2 次世界大戦後，すでに米国が経済的な覇権を握り，米国のドルが世界で広く使われるようになっていたのにもかかわらず，英国の政治的な影響力が強い豪州では，国際的な取引に引き続き英国のポンドが使われており，米国のドルに代わるまでに長い歳月を要した点を指摘している．こうした点を踏まえると，このところの米中関係やロシア・ウクライナ紛争，グローバルサウス（Global South）と呼ばれる新興地域の動向をはじめとする地政学的な動きが，国際金融システムや基軸通貨の在り方にどのような含意を持つのか，という点も重要なテーマのひとつであると考えられる．こうした論点について議論の枠組みを示すことも，本章のもうひとつの目的である．

2．ブレトンウッズ体制とトリフィンのジレンマ

　ドルが世界の基軸通貨として機能している背景やメカニズムを考えていく前に，第 2 次世界大戦後の国際金融システムであるブレトンウッズ体制について，ごく簡単に振り返っておきたい．ブレトンウッズ体制は，金・ドル本位制とも解釈されるように，金の貴金属としての価値と米国の際立った経済的な強さを前提とした枠組みであった．具体的には，米国のドルは，金と一定比率（金 1 トロイオンス［約 31 グラム］＝35 ドル）で交換することができ，ドルと他国通貨との為替レートについては基本的に固定され，経済成長や技術革新等によって基礎的経済要件が変化し，既存のレートのもとでは国際収支の赤字または黒字の拡大が持続するような場合については，レートの切り

下げあるいは切り上げを認めることとされていた.

トリフィンのジレンマ（Triffin's dilemma）

　この仕組みのもと, ドルは, 世界の基軸通貨として機能することが期待されていたが, Triffin (1960) は, 一国の通貨が基軸通貨として使用された場合の矛盾を指摘し, ブレトンウッズ体制は持続し得ないと主張した. トリフィンのジレンマ（Triffin's dilemma）と呼ばれるその主張の骨子はこうである.

　まず, 世界経済の自律的な成長に伴って, 通貨の需要は傾向的に増加していく. 他方, 金の採掘量は, その需要の上昇ペースにはついていけない. 金への交換要請に備えて, 米国が通貨の供給量を抑制すれば, 通貨の価値が持続的に上昇し, デフレーション（名目物価の下落）が発生する. デフレが定着するもとで, 企業や家計は, 先行きも物価が下落していくと予想するため, 今期における設備投資や個人消費を抑制する. 結果として, 大規模な不況が発生する. 一方, 米国がドルの供給を抑制しなかった場合は, 他の国・地域の経済成長に伴い, 米国の国際収支の赤字は持続的に拡大する. こうした国際収支の累積的な赤字は, 米国の信用力を毀損する. 結果として, ドルの基軸通貨としての地位を維持することはできなくなる. このように, いずれの場合も, ブレトンウッズ体制は持続しないというわけである.

　では, 実際はどうだったのだろうか. 米国の対外負債は増加を続け, 1958 年には, 米国の金の保有量を超過し, 1964 年には, 他国の中央銀行が保有するドルの外貨準備額が, 米国の金の保有量を上回った. このように, 金への交換要請が一斉に寄せられたら対応できない, という状況が早くから常態化していたのである. そして 1971 年 8 月 15 日, 当時のニクソン米大統領は, ドルと金の交換の停止を発表した. 各通貨は暫定的な変動相場制に移行した後, スミソニアン合意において金との交換のない固定相場制にいったん復帰したものの, その後 1 年余りの間に, 主要国は順次変動相場制に移行していった. ここで, 名実ともにブレトンウッズ体制は放棄されたことになる.

　ただ, Triffin (1960) の予想が完全に正しかったのかというと, 必ずしもそうではなかった. 世界経済の成長が続くもとで金と通貨の交換が維持できなかったのは確かだが, 米国の対外負債は, ブレトンウッズ体制の崩壊後も

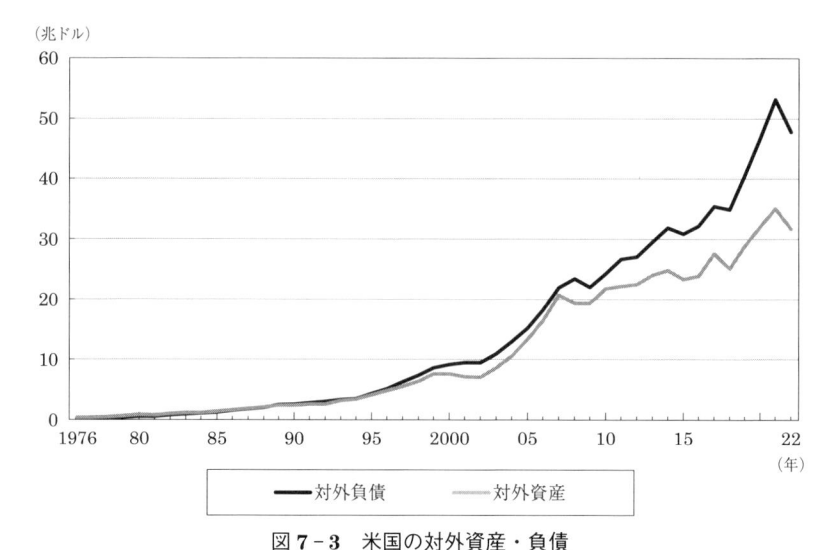

(兆ドル)

図 7 - 3　米国の対外資産・負債

出所）BEA：U.S. Net International Investment Position at the End of the Period.

持続的に拡大し，米国のドルは，現在まで基軸通貨であり続けている（図7-3）．裏を返せば，トリフィンのジレンマは，現在においても引き続き国際金融上の重要な論点となっていると言うこともできる．

3. ドルの一極集中の背後にあるメカニズム

　ニクソンショックの後も，ドルの一極集中の構造が維持されてきたのはなぜであろうか．この背景としては，金本位制やブレトンウッズ体制の背後に想定されていた，何か価値のあるものと交換できたり，信用力のある国の通貨が基軸通貨となっていくというメカニズムとは別に，「基軸通貨が存在していること」そのものが，国際金融システムや世界経済の安定や成長のために重要であるという考え方が，各国当局や民間主体の間で共有されてきたという点もきわめて重要である．

基軸通貨のもとでの国際的な役割分担

Eichengreen（2005）は，ドルという基軸通貨のもとで，大きな意味での国際的な役割分担が成立し，そのことを米国を含む世界の各国・地域がサポートしてきたという点を指摘している．つまり，米国は，基軸通貨であるドルあるいはドル建ての負債（相手国にとっては資産）を世界に供給し，他の各国・地域は，それを経済成長に伴って発生する通貨需要に充当する．この背後で，米国は，ドルあるいはドル建て資産への需要の強さを背景に，負債の発行コストが抑えられるため，対外的な投資による収益を挙げやすくなる．こうした米国の位置づけについて，Kindleberger（1965）や Gourinchas and Rey（2007）は，"World banker" あるいは "World venture capitalist" と表現している．また，米国が高い対外的な投資収益を持続的に挙げられる点について，当時のド・ゴール仏大統領のもとでの財務大臣であったジスカール・デスタンが，米国の "法外な特権（Exorbitant privilege）" として苦言を呈したことも有名である．

この間，他の国・地域は，割安な自国通貨を背景に，割高な輸入物価の影響で足もとの生活水準は一定程度犠牲になるものの，輸出を積極化することを起点とした経済成長を志向することができる．実際に，戦後の西ドイツや日本の高成長，近年の新興国の台頭には，他にも様々な要素が背景にあるものの，こうした役割分担も環境面で貢献していたと考えられる．

また，「基軸通貨が存在していること」は，国際金融システムの安定化にも資するものと考えられてきた．これは，基軸通貨であるドルを，安全資産もしくは為替介入の原資として，ストレス期や自国通貨の為替レート不安定化への備えとして活用できるためである．IMF が公表している，世界の中央銀行・当局が保有するドルの外貨準備残高をみると，1995 年には約 0.6 兆ドルだったが，2022 年には 6.5 兆ドルにまで増加している．

各国当局や中央銀行は，こうした基軸通貨を中心とした枠組みを維持する観点から，古くから様々な協調行動を行ってきた．前述の通り，ブレトンウッズ体制下の 1958 年には，米国の対外負債は米国の金の保有量を超過していた．こうしたもとで，1961 年以降は，米国，英国，ドイツ，フランス等の BIS 加盟中央銀行の間で "Gold Pool" 協定が結ばれ，ロンドンの金市場価

格安定化のための介入が累次に実施された．また，後段でも触れるが，米国連邦準備制度（Federal Reserve System，以下 Fed）と主要国中央銀行間のスワップ取極は，近年こそ，ストレス期におけるドルの国際的な流動性を確保するという観点に重点が置かれているが，1962 年に欧州主要国に対して導入された際には，ドルの為替レート安定に向けた為替介入をサポートすることなどが主眼にあった．

また，Bordo and McCauley (2018) は，第 1 次世界大戦前の金本位制下においてもデフレーションは起こっていなかった点を報告しており，この背景として，統計や理論面の未整備といった要素も影響しているとしつつも，欧州各国の中央銀行によるサポートも重要な要素として挙げている．例えば，1890 年や 1907 年に起こった金融危機に際し，フランス中銀は，当時の基軸通貨であった英国ポンドを管理するイングランド銀行（Bank of England，BOE）が十分な金保有を維持できるよう，金の貸付け等の措置を実施している．

ブレトンウッズ体制が放棄された後も，先進 5 カ国（米国，英国，ドイツ，フランス，日本）によるドル高の是正に向けた協調が合意された 1985 年のプラザ合意や，その後のルーブル合意など，ドルを中心とする国際金融システムの安定化を目的とした国際的な協調が継続してきたことは周知の通りである．

このように，基軸通貨の存在が，基軸通貨国である米国とそれ以外の国・地域の間での役割分担の実現や国際金融システムの安定に資するとみられるもとで，米国を含めた各国の当局・中央銀行が，基軸通貨のシステムを維持・活用するよう努めてきたことは，ドルが基軸通貨として現在も機能し続けていることに大きく貢献していると考えられる．

民間の経済主体の基軸通貨への需要──通貨に関する "戦略的補完性"

もうひとつの重要な要素は，民間の経済主体による基軸通貨への需要の高まりである．ブレトンウッズ体制の崩壊後，主要国通貨の為替レートが順次変動相場制に移行した結果，この間の世界経済の拡大も相まって，民間の経済主体も，国際金融や為替市場において一層大きなプレゼンスを発揮するよ

うになった．こうした中で，通貨の流通の背後にある経済的なメカニズムについても学術的な研究が進展し，Krugman（1984）や Matsuyama, Kiyotaki, and Matsui（1993）などは，経済主体の間での通貨の流通に関して，通貨の3機能（価値尺度，交換・流通手段，価値貯蔵手段）の全てにおいて"戦略的補完性（Strategic complementarity）"がキーワードとなる点を示した．平易な言葉で言えば，全てのプレイヤーにとって，自分以外のプレイヤー達がよく使用していると「思われる」通貨を利用する方が，そうでない通貨を利用するより経済的な便益が高いというものである．このとき，多くのプレイヤーが特定の通貨を使い続ける，という各プレイヤーの「信念」や「期待」が，当該通貨の流通に重要な役割を果たす．金と固定比率での交換を可能としたり，各国当局・中央銀行が通貨価値や物価の安定にコミットしたりすることは，そうした「信念」や「期待」を強化することを通じて，通貨システムの維持に貢献してきたと解釈することもできるだろう．こうした通貨の特質は，いわゆる「規模の経済」のメカニズムが稼働する可能性を示唆しており，ある通貨がいったん基軸通貨の地位を確立すると，新たなプレイヤーが増える度にさらなる利用拡大に繋がるため，その地位はより盤石なものとなっていく．

　最近では，より実務的な視点に立って，民間企業や投資家が為替変動リスクを低減させようと行動することを通じて，基軸通貨に対する需要が高まる点を説明する研究も多くみられている．例えば，Doepke and Schneider（2017）や Gopinath and Stein（2021）では，輸出企業が自社製品をどの通貨で価格付けするのが最適かという論点に着目している．各企業は，為替変動リスクを回避する観点から，材料費の支払いと商品の売却を同じ通貨で行おうとするため，（材料の価格として使用されている可能性が高いと思われる）基軸通貨であるドルで輸出品の価格付けを行うインセンティブがあり，これが，ドルによる価格付けを一層拡大させ，結果として基軸通貨の地位を強めていく可能性を示した．実際，Gopinath *et al.*（2020）は，米国を含まない2国間の交易条件（輸出財1単位と交換される輸入財の量）が，当該2国の通貨の為替レートと相関していない点を報告している．例えば，A 国と B 国が貿易を行う際，仮に，お互いの輸出品が A 国もしくは B 国の通貨で価格付けされていれば，交易条件は，両通貨間の為替レートと強く相関するはずだが，実

際にはそうなっていない．これは，貿易相手に米国を含まない取引においても，基軸通貨であるドルでの価格付けが拡がっている可能性を示唆している．

このように，通貨が持つ"戦略的補完性"という特質のもとで，民間企業についても，為替変動リスクを忌避する観点から，基軸通貨に対する需要は強まりやすくなっている．こうしたメカニズムは，冒頭で述べたような，米国の経済的なプレゼンスを超えてドルのシェアが高まっていることの背景のひとつとなっていると考えられる．

4. 新興国の台頭やグローバル金融危機後の金融規制の強化

また，新興国の台頭や金融規制の強化といった近年の構造変化が，前述のような経済的メカニズムを通じて，ドルの一極集中の後押しとなってきた面もあると考えられる．

新興国によるドル需要の増加——国際金融システムの "Original Sin"

新興国経済は，アジア通貨危機やグローバル金融危機などを経験しつつも趨勢的に拡大してきた．IMF（2024）によれば，新興国の世界GDPに占めるシェアは1980年代には約2割に過ぎなかったが，2000年代から急速に上昇し，現在は約4割となっている．これと対照的に，米国を含む主要先進国G7のシェアはこの間徐々に低下してきている（図7-4）．ただし，こうした状況の中にあっても，ドルの一極集中の構図に大きな変化はみられておらず，為替スポット取引におけるドルを含む通貨ペアの取引額のシェアは，長らく8〜9割程度で安定している（図7-5）．ドルの相手方となる通貨についてみると，G7以外の通貨のシェアが上昇しており，新興国の通貨はその経済の発展に伴って着実に存在感を高めてきているとみられるが，それはあくまでもドルを基軸通貨とする国際金融システムの中での話と言える．

新興国の発展がみられる中でもドルの基軸通貨としての地位が揺らいでいないことの背景のひとつとして，新興国自身が基軸通貨であるドルに対する需要を高めてきたことが挙げられるだろう．

(％，ドルベース)

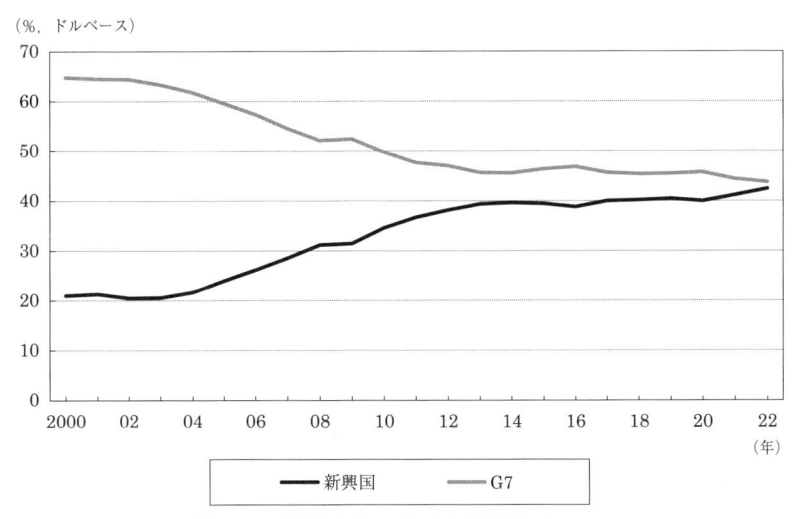

図7-4　世界 GDP に占める新興国のシェア

出所）IMF：World Economic Outlook database, October 2023.

(％，ドルベース)

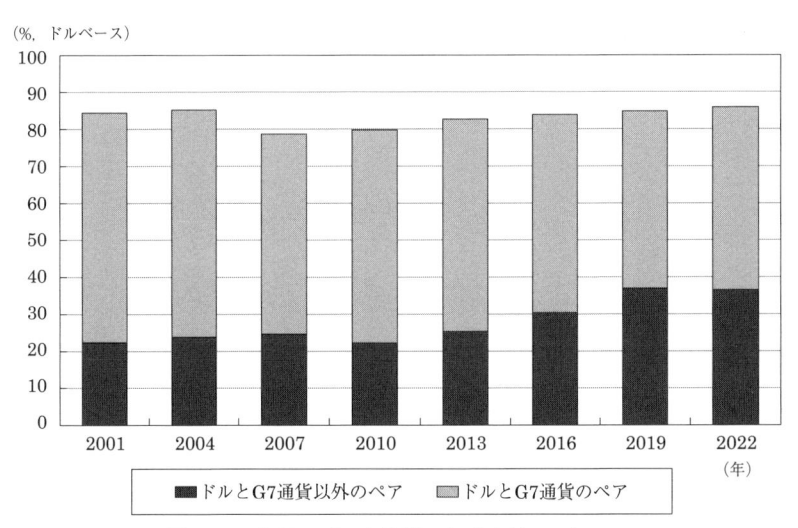

図7-5　為替スポット取引におけるドルのシェア

注）報告年の4月の1日当たりの平均取引高から計算.
出所）BIS：Triennial Central Bank Survey.

　新興国は，輸出主導での経済発展を実現する一方，グローバルな景気変動やそれに伴う海外資金の流出入，為替レートの変動の影響を受けやすくなっている．こうしたもとで，新興国では，特に，直接投資や証券投資，銀行間取引などの対外的な資本勘定取引については，内外情勢の変化に応じて，取引の制限強化などの政策的措置を実施してきている．IMF の「為替取極および為替管理に関する年次報告書（Annual Report on Exchange Arrangements and Exchange Restrictions, AREAER）」によれば，例えば，2021 年において，新興国では，資本勘定取引に関する制限の強化やその緩和などといった調整が合計 382 回実施されたことが報告されている．また，過度な為替レートの変動を避ける目的での為替介入についても，継続的に実施されてきている．

　こうした調整は，国内経済・金融の不安定化を防止するために効果を発揮していると考えられるが，海外資金を活用しつつ安定的な成長を達成するうえでは，新興国通貨の為替レートの変動リスクを誰が負うのかという点がポイントとなる．この点，新興国では，国内金融市場の規模や流動性，国内投資家層の厚みなどの面で発展途上であることから，海外投資家が，為替レートの変動リスクを金融市場においてヘッジすることが難しかったり，そもそも，為替レートの変動リスクを取りたがらないという問題がある．このため，新興国の国債や社債の多くは外貨建てとなっており，海外投資家は，新興国通貨の為替変動リスクをあまり取らずに投資を行うことができる．一方，新興国の輸出企業は，国内での研究開発費や設備投資資金，人件費等は，自国通貨でねん出する必要があるが，ドルなどの主要通貨建てでの負債発行を行った場合，売上も外貨建てであるケースが多いため，自国通貨の為替変動リスクを抱えることになる．

　こうした状況を指して，Eichengreen and Hausmann（1999）は，"Original Sin（原罪）"と表現している．こうした状況下では，国内景気が悪化した際，需要創出のための緩和的な金融政策対応を講じても，自国通貨を減価させることを通じて企業の債務負担の増大に繋がる面もあるため，期待通りの景気浮揚効果を発揮できない恐れがある．逆に，景気が過熱した際の金融引き締め策も，自国通貨の増価に伴って企業の債務負担が減じ，むしろ企業活動の後押しとなる可能性もある．このように，金融政策の景気の安定化効果が減

じられた状況を受け，海外投資家が為替変動リスクを取ることに一層慎重になれば，新興国企業が抱える為替変動リスクがますます増大していくため，"Original Sin" のメカニズムは一段と強まることになる．実際，Eichengreen, Hausmann, and Panizza（2023）は，経済規模が小さいほとんどの新興国にとって "Original Sin" のメカニズムは相当持続的であることを報告している．

　こうした構造のもと，新興国は，為替介入や外貨建て債務の返済等に備えて，外貨準備を積み上げてきている．国別の外貨準備についてはデータ上の制約も大きいが，Ito and McCauley（2020）によれば，先進国と比較して，新興国の外貨準備に占めるドルのシェアは明確に大きくなっている．多くの新興国にとっては，輸出主導の経済構造や "Original Sin" のメカニズムのもとで，自国通貨の為替レートの変動が経済・金融に大きな影響を及ぼすため，これを適切に制御することが重要となる．このことが，基軸通貨に対する需要の強さに繋がっているものと考えられる．

金融規制強化による為替変動リスクのヘッジ取引への影響

　さらに，グローバル金融危機後の金融規制の強化も，結果としてドルの一極集中を後押ししている可能性がある．よく知られているように，バーゼルⅢの枠組みでは，金融機関の過度なリスクテイクを防止するため，レバレッジの過度な拡大等に対して規制が強化されたほか，グローバルなシステム上重要な銀行（global systemically important banks, G-SIBs）への様々な規制も導入された．BIS グローバル金融システム委員会（Committee on the Global Financial System, CGFS）の 2020 年の報告をはじめ，こうした金融規制の強化が，為替変動リスクのヘッジ市場の機能に対して影響を与えた可能性を指摘する研究は幅広くみられる．

　金融規制強化の含意をみる前に，まずは，為替変動リスクのヘッジ取引の概要について，簡単に説明することとしたい．投資家が外国の債券を購入する際には，どれくらいの期間保有する見込みなのかという観点などを考慮し，購入する債券の残存期間の全てあるいは一部の期間に存在する為替変動リスクのヘッジを行う．ヘッジの際には，為替スワップ（Foreign exchange swap）

もしくは通貨スワップ（Currency basis swap）という取引が行われることが多い．前者は，2 通貨の資金を交換（例えば，140 億円と 1 億ドル）し，ある一定期間後に逆の交換を行うが，将来の交換に使用する為替レートを約定時点で予め決めておく，という取引であり，後者は，2 通貨の資金をお互いに貸し付け合う取引（例えば，140 億円を相手に貸し出す一方，相手からは 1 億ドルを借りる）である．両取引とも，経済的には同一であり，いわば，自国通貨を担保に他国通貨を一定期間借り入れるというイメージである．

　為替変動リスクをフルヘッジする場合は，例えば，通貨スワップ取引において手元の円資金見合いで 2 年間ドルを借り，その資金で 2 年物の米国債を購入する．2 年後のドル資金の返済には，その米国債の償還金を充てる．このことで，2 年間の為替レート変動によらず，約定時点でキャッシュフローを確定することができる．ある程度の為替変動リスクを取って収益を挙げようとする投資家が多いため，このようなフルヘッジが行われることは多くはないが，国際的な機関投資家や金融機関，グローバル企業の多くは，直接・間接にこれらの取引を活用して日々為替変動リスクのヘッジを行っている．このため，これらの市場の規模は大きく，BIS のサーベイ調査によれば，例えば，為替スワップ取引の 1 日当たりの取引額は，期間 1 週間超のものに限ってみても 1 兆ドルを超えている（図 7-6）．また，同調査によると，為替スワップおよび通貨スワップ取引の 9 割程度は，基軸通貨であるドルを含む通貨ペアのものであり，ドル以外の通貨ペアで為替変動リスクをヘッジする際にも，それぞれの通貨の対ドル市場で取引を行うことになるケースも多いと考えられる．

　ここで重要なのは，為替変動リスクのヘッジ取引において，ドル資金の貸し手となる金融機関のバランスシートは，（代わりに他の取引を減らしたりしない限り）拡大するということである．貸し手となるのは，広範な預金網といった安定したドル調達基盤を持つ金融機関となる場合が多いが，BIS CGFS (2020) は，レバレッジ比率規制をはじめ金融規制の強化がみられるもとで，ドルの供給先である米欧の大手金融機関は，為替変動リスクのヘッジ市場における取引やマーケットメイクを消極化したり，追加的な収益を要求している可能性を指摘している．Du *et al.* (2018) などは，その結果として，為替

（10億ドル）

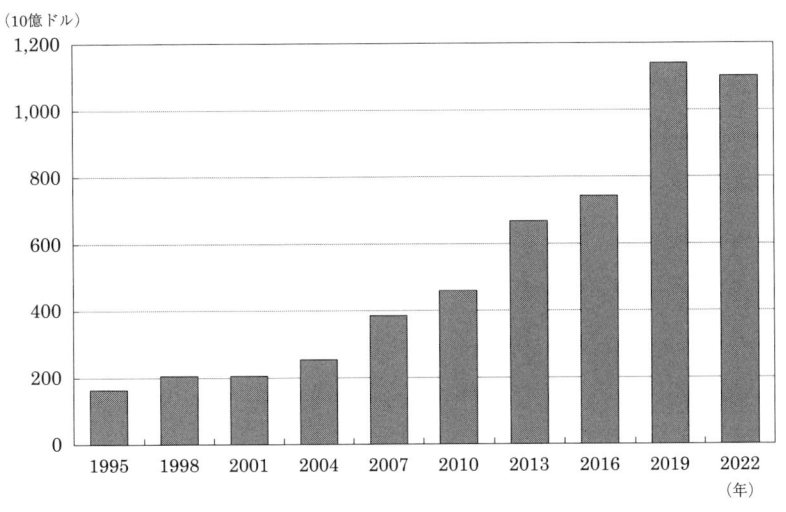

図 7-6　為替スワップの取引高（期間 1 週間超）

注）報告年の 4 月の 1 日当たりの平均取引高.
出所）BIS：Triennial Central Bank Survey.

　スワップ市場においてドルの供給が過少となり，為替変動リスクのヘッジコストの上昇に繋がっていると論じている．このことは，民間企業が為替変動リスクを避ける動きを一層強める方向で作用するとみられ，前述の Doepke and Schneider（2017）や Gopinath and Stein（2021）が示したような，ドルによる価格付けのメカニズムを下支えする可能性が考えられる．

　また，金融安定理事会（Financial Stability Board, FSB）による報告書（FSB 2022）は，規制対象となる銀行セクターの代わりに，ヘッジファンド等のノンバンクが為替変動リスクのヘッジ市場におけるドルの出し手としてのプレゼンスを拡大しており，これが市場の脆弱性の高まりに繋がっている可能性について指摘している．このほか，国・地域ごとの金融規制の適用状況の違いを利用した裁定取引が市場の攪乱要因になりうることも，多くの研究が指摘するところである．これらの動きも，為替変動リスクのヘッジ市場の機能低下に繋がり，民間企業が為替変動リスクを忌避するインセンティブを強めている可能性がある．

5. ドルを基軸通貨とする国際金融システムの含意

　ドルを基軸通貨とする国際金融システムは，世界経済・金融面でどのような含意を持つだろうか．まず，基軸通貨であるドルの価値変動は，世界経済や国際金融システムへ直接・間接に大きな影響を及ぼしうることは確かである．また，Fed と主要中央銀行とのスワップ取極など，ドル調達のセーフティネットの整備は，ストレス期における民間金融機関の流動性の確保や自国の為替レート不安定化への備えとして重要な意味を持っている．

ドルの価値変動による世界経済や国際金融システムへの影響

　ドルの価値変動による世界経済への影響について，Gopinath and Gourinchas（2022）は，ドルが 10% 増価すると，それが他通貨の減価に繋がり，結果として，世界各国のインフレ率は平均的に約 1% 上昇するとの推計を紹介し，特に，輸入品がドル建てであることが多い新興国において，その影響は顕著になりやすいと指摘している．また，Hofmann, Mehrotra, and Sandri（2022）や Obstfeld and Zhou（2023）は，国際貿易において多くの財・サービスがドルで価格付けされているもとで，ドルの増価が世界的な輸入価格の上昇に繋がり，世界貿易量の減少の一因となっていることを指摘している．

　こうした実体経済面への影響と並んで，ブレトンウッズ体制後の変動相場制の拡がりを受けて金融面での国際的な連関が強まった結果，金融の自由化等とも相まって，ドルの価値変動は，国際的な金融循環にも大きな影響を与えてきたと考えられる．この点については多岐にわたる研究がみられるが，例えば，Miranda-Agrippino and Rey（2020）は，米国の金融政策運営が，グローバルなリスク性資産の価格変動に強く影響を与えていることを示した．

ドルの流動性供給スキームの整備を通じた国際金融のセーフティネット

　ストレス期においては，予備的な需要を含め，基軸通貨であるドル資金に対する借入れ需要が高まりやすい．一方，ドル資金市場や為替スワップ市場

におけるドルの出し手は，ストレス期には運用収益よりもドルの手元流動性を厚くすることを優先する傾向があるため，こうした市場における流動性の低下や価格のボラティリティの上昇が起こりやすくなる．

　こうしたもとで，金融機関のドル流動性を確保するための国際的なセーフティネットはきわめて重要であり，Fed と主要中央銀行とのスワップ取極は大きな役割を果たしてきた．基本的なスキームとしては，まず，各中央銀行が，事前に Fed の承認を得たスケジュールにしたがって，ドル資金供給オペレーションをオファーし，オペ対象先の地元金融機関が入札を行う．次に，そこでのドル必要額について，各中央銀行は Fed との間で各通貨とドルとの交換を行うというものである．

　スワップ取極の歴史を簡単に振り返ると，1960 年代初頭，米国の金保有額が過少となる中，ドルの為替レート安定化のための為替介入の原資の供給を主目的として導入され，ブレトンウッズ体制が放棄された後，国際金融システムの安定化を目的に 1973 年と 1978 年に供給上限を拡大した．その後，1980 年代初頭からはほとんど利用実績がなくなり，1998 年にメキシコ，カナダを除いていったん廃止されたが，パリバショックが起こった 2007 年に再導入された．当初，欧州中央銀行（European Central Bank, ECB）とスイス国民銀行（Swiss National Bank, SNB）との間で締結されたスワップ取極は，最終的には，日本銀行を含む 14 の中央銀行に拡大した．グローバル金融危機が収束していくもとで，2010 年初に停止されたものの，同年の欧州債務危機の発生を受けて，再び Fed は，ECB，SNB，BOE，日本銀行，カナダ銀行の 5 つの中央銀行との間でスワップ取極を締結した．その後，2011 年には，上記 6 中央銀行の間でスワップが相互化され，2013 年には，そうした仕組みが（臨時の措置ではなく）常設化されることとなった．日本銀行がこのスワップラインの一員となっていることは，アジア時間におけるドルの流動性の確保という観点でもきわめて重要である．

　新型コロナウイルス感染症による危機に際しては，常設の 5 つの中央銀行に加え，臨時に 9 つの中央銀行に対してもスワップ取極を締結し，グローバル金融危機時と同様の 14 中銀に対してドルの流動性を供与できる体制とした．さらに，幅広い国・地域向けにドルのセーフティネットを提供しつつ，

海外当局によるドル流動性確保を企図した米国債売却を抑制するため，Fed
は，新たな仕組みである FIMA Repo Facility を導入した．この仕組みは，
米国債を保有する海外当局が，Fed に対してオーバーナイトのレポ取引を行
い，ドル資金を調達するというものであり，売却された米国債は，Fed の市
場調節用の勘定（System Open Market Account, SOMA）に保管され，その見
合いでドル資金が供給される．Choi *et al.* (2022) では，こうした仕組みは，
為替スワップ市場をはじめとする各市場において，ドルの資金調達環境の改
善に大きな効果を発揮したとしている．

　このように，基軸通貨であるドルは，グローバルな経済・金融に大きな影
響を及ぼしているが，その分，ドルのセーフティネットが適切に整備されて
いれば，ストレス期における金融市場等における混乱を収束させる効果も大
きくなる．この点，Fed による金融政策運営やスワップ取極等に向けたイニ
シアチブは，世界経済にとってきわめて重要である．

6.　ドルの一極体制は継続するか？

　ドルの一極体制については，前述のように，ドルを基軸通貨とする国際金
融システムを維持するための主要国間の国際協調や，通貨の "戦略的補完
性" を背景とした民間主体による基軸通貨に対する需要などを踏まえると，
当面継続すると考えるのが自然だろう．もっとも，永久に継続するのかどう
かはわからない．

　周知のように，米国のドルが基軸通貨の地位を得る前は，英国のポンドが
同様の位置づけにあった．ドルが基軸通貨としての地位を確立したのは第 2
次世界大戦後だが，米国の経済規模は，19 世紀後半頃からすでに世界一で
あった．にもかかわらず，当時，国際金融システムの中でのドルの地位は低
く，英国のポンドのみならず，フランスのフラン，イタリアのリラ等の欧州
主要国の通貨と比較しても，市場取引の流動性は乏しく，他国に外貨準備と
して保有されることもほぼ無かったと言われている．Eichengreen (2011)
は，こうした状況には，英国のポンドがすでに基軸通貨としての地位を確立

していたことや，米国にはまだ中央銀行が存在していなかったことなどが背景にあると指摘している．ポンドからドルへのシフトは，米国の経済的なプレゼンスの向上に伴って起こったというよりは，2 度の世界大戦によって英国を含む欧州の主要国が甚大なダメージを負ったことや，1913 年に Fed が設立されたことといった，きわめて大きなショックや制度的な変革によって進展した面もある．

最近の地政学的な動きの各国通貨政策への含意

現時点では，ドルの一極体制を変化させるほどのショックとして特定のシナリオが現実味を帯びているわけではないが，このところの米中関係やロシアによるウクライナ侵攻，新たな新興国の台頭などの地政学的な動きは，各国の通貨政策への影響という観点でも着目されてきている．

この点，IMF が 2023 年 4 月に公表したグローバル金融安定レポート（Global Financial Stability Report, GFSR）では，地政学的リスクが国際金融システムに与える影響について分析が行われている．ここでは，国連総会における投票行動の乖離から計算した "地政学的な隔たり（geopolitical distance）" が大きい地域に対しては，資本移動が総じて抑制的となっているとの分析結果が示されている．

ドルの手元流動性や Fed とのスワップ取極などのセーフティネットは，ストレス期に対する備えやバックストップとして機能するが，ドルの使用については，（紙幣や硬貨を使用するのでなければ）Fed あるいは Fed に当座預金口座を開設することを許可された金融機関による口座の管理や送金事務等が必要となるし，米国債の保有に関しても，その償還金の支払いや利払いは米国財務省から行われるものであり，米国当局は，必要に応じてドルの使用および米国債の取引を制限することができる．このため，地政学的な観点は，ドルや米国債の安全資産としての有用性を評価するうえで（特に，米国と外交上の距離がある国・地域にとっては）重要となる．実際に，米国やわが国を含む先進各国は，アフガニスタンやイランなどの特定の企業や個人に対して資産の凍結等の制裁措置を講じてきている．この点，ロシアのウクライナ侵攻に際しては，ロシアの主要金融機関や政府要人なども，こうした制裁措置の

表 7 − 1　複数法域においてシステミックに重要な CCP

名称	監督当局
BME Clearing	スペイン
CC&G	イタリア
CME Inc.	米国
Eurex Clearing	ドイツ
EuroCCP	オランダ
HKFE Clearing Corporation	中国
ICE Clear Credit	米国
ICE Clear Europe	英国
LCH Ltd.	英国
LCH SA	フランス
Nasdaq Clearing	スウェーデン
Options Clearing Corporation	米国
SIX x-clear	スイス

注）2022 年 10 月時点.

　対象に加えられた.

　さらに，国際的に活用されている決済システムについても，ほぼ全てが米国もしくは欧州主要国の監督下にある．例えば，FSB は，“複数法域においてシステミックに重要な中央清算機関（Systemically important CCPs in more than one jurisdiction)”として 13 の中央清算機関（CCP）を指定しているが，このうち 12 社は，米もしくは欧州主要国の監督下にある（表7-1）．ロシアのウクライナ侵攻を受け，英国に本拠地を置く CCP 最大手である LCH は，英国による制裁措置の導入に伴い，清算参加者だったロシア籍金融機関との取引を停止した．同様に，国際資金決済ネットワークである SWIFT も，EU の制裁措置導入等を受け，制裁対象となったロシアの銀行による利用を停止する措置を採った.

　こうした中，特に新興国においては，地政学的な観点から，代替的な通貨の活用拡大や外貨投資の多元化を通じてドルへの依存度を低減させる動きが広がっていく可能性も考えられる．2023 年 8 月に開催された BRICS サミットの本会議において，ブラジルのルラ大統領は “The creation of a currency for trade and investment transactions between BRICS members increases our payment options and reduces our vulnerabilities（BRICS メンバー間で貿

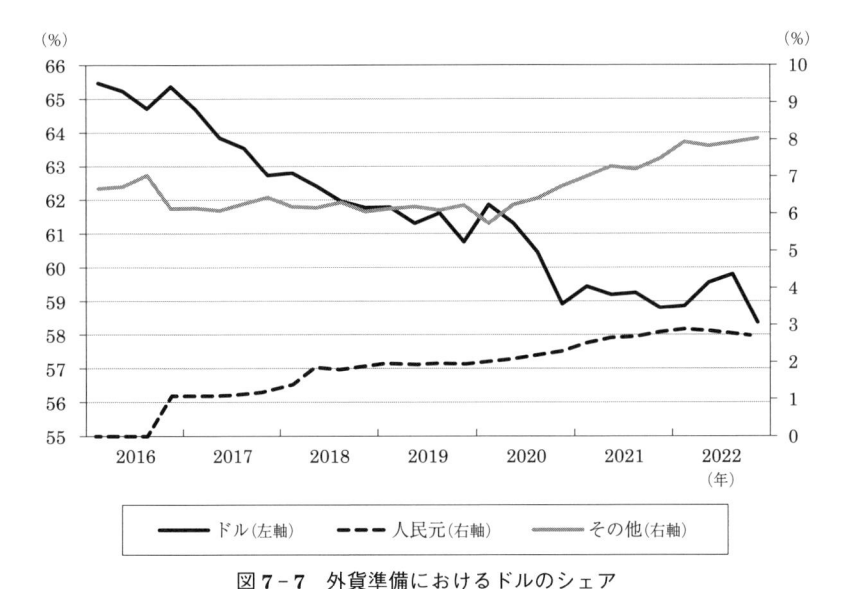

図7-7　外貨準備におけるドルのシェア

出所）IMF：Currency Composition of Official Foreign Exchange Reserves（COFER），International Financial Statistics（IFS）.

易や投資に使用できる通貨を発行することは，我々の決済の選択肢を増やし，脆弱性を低減させる)"と発言した．また，人民元を用いた二国間貿易決済について，南米や中東諸国等との間で進展がみられているとの報道もある．これらの背後で地政学的な観点がどれほど考慮されているのかは判然としないが，注目すべき動きである．

　世界の外貨準備高に占めるドルのシェアは，ここ20年で約7割から6割に約10％低下している（図7-7）．Arslanalp, Eichengreen, and Chima（2022）は，ここでのドルのシェア減少は，ユーロ，ポンド，円という他の主要通貨以外の通貨，特に人民元のシェア上昇に繋がっており，各国中央銀行による分散投資の進展を反映しているとしている．

　人民元については，2000年代初頭から，国際化に向けた制度上の整備が段階的に進められ，適格外国機関投資家およびその投資対象の拡充，オフショアの人民元クリアリング銀行の設置などが順次実施されてきた．2015年には，ドル，ユーロ，ポンド，円に続く，IMFの特別引出権（Special Drawing Rights, SDR）の構成通貨に採用され，人民元クロスボーダー決済システム（Cross-Border Interbank Payment System, CIPS）も稼働を開始した．Perez-Saiz and Zhang（2023）は，中国人民銀行との通貨スワップ取極の締結や，オフショアの人民元クリアリング銀行の設置等が行われている国・地域については，中国との決済における人民元決済比率が高いことを報告している．一方，全体の 25% の国・地域では，中国相手でも人民元決済比率は 0% となっており，このことは，クロスボーダー決済における人民元の使用は，今のところ，中国との経済的・地政学的な距離が近い先が中心となっていることを示唆している．先行き，通貨スワップ取極の拡充等を通じて各国との結び付きの深化が進めば，人民元のクロスボーダー決済での使用も徐々に拡大していく可能性がある．

7. おわりに

　本章で紹介したドルの一極体制の背後にある様々なメカニズムは，当面，大きく崩れることはないと考えられ，ドルを基軸通貨とする構造が今後も継続する可能性は高いと思われる．ただし，国際経済や金融システムにおいては，近年多くの構造変化が進行しており，例えば，中国は，世界貿易におけるプレゼンスを急ピッチで拡大しており，2021 年時点で，輸出額で世界 1 位，輸入額でも世界 2 位（1 位は米国）となっている．また，インドやブラジルをはじめとするグローバルサウスと呼ばれる新興国も，経済的・政治的な存在感を増してきている．さらに，デジタル技術の発展も，決済の効率化や新たな資産の組成等を通じて，国際金融システムに影響を与える可能性がある．2019 年 8 月，当時のイングランド銀行総裁であったカーニーは，中銀関係者が集まるジャクソンホール・シンポジウムでの講演において，ドルの代替として，主要国の中央銀行デジタル通貨（Central Bank Digital Currency, CBDC）を裏付けとする "合成覇権通貨（Synthetic hegemonic currency）" を発行するというアイデアを提示して話題となった（Carney 2019）．

　CBDC については，わが国を含む主要先進国だけでなく，中国やインド，

シンガポールといった多くの新興国においても，技術的な研究開発や制度的な検討，導入に向けた試験運用など，様々な取り組みが行われている．BISは，2019 年にイノベーション・ハブ（BIS Innovation Hub, BISIH）という新組織を立ち上げ，世界 7 カ所に当地の中央銀行と協働するかたちで拠点を設けたうえで，現在複数の CBDC 関連のプロジェクトを同時進行させている．これらのプロジェクトは，クロスボーダー取引の利便性向上に向けたシステム開発やデジタル決済におけるプライバシー保護の仕組みの検討など，通貨戦略的な含意を持つものというより，技術的・実務的な色彩が強いものが中心となっているが，多くのプロジェクトにおいて新興国が主導的な役割を果たしている．

　新興国は，既存の経済構造や制度が先進国と比較して制約になりにくいため，いわゆる「リープ・フロッグ（Leapfrogging）」と言われる急速な新サービスの普及・発展がみられることがある．実際に，カンボジアやナイジェリアなど，CBDC をすでに導入している新興国もみられるほか，CBDC の口座管理等への活用も期待されるデジタル ID についても，インドやシンガポールなどでは普及が大きく進んでおり，新興国が主要先進国を一歩リードしている面もある．

　もっとも，CBDC によるクロスボーダー取引が活発化していくには，たとえ多くの国で個別に CBDC の導入が進んだとしても，各国で CBDC の保有・使用制限等のアクセス・ポリシーが大きく異なりうることや，適切なマネー・ローンダリング及びテロ資金供与対策の適用など，追加的に解決すべき課題も数多く存在する点には留意が必要である．

　一国の通貨が世界の基軸通貨として活用されているということは，基軸通貨国の経済・金融情勢や地政学的な展開，それを踏まえた様々な政策的判断が世界経済に大きな影響を及ぼすことを意味している．こうした仕組みが世界経済にとって最適なのかという問題意識は，今後の国際金融システムを考えていくうえで引き続き重要なテーマである．

参考文献

Arslanalp, S., B. Eichengreen, and S.-B. Chima (2022), "The Stealth Erosion of Dollar Dominance and the Rise of Nontraditional Reserve Currencies," *Journal of International Economics*, Vol. 138 (C), article no. 103656.

Bank for International Settlements, Committee on the Global Financial System (BIS CGFS) (2020), "US Dollar Funding: An International Perspective," BIS CGFS Paper, No. 65.

Bordo, M. D. and R. N. McCauley (2018), "Triffin: Dilemma or Myth?" NBER Working Papers, No. 24195, National Bureau of Economic Research, Inc.

Carney, M. (2019), "The Growing Challenges for Monetary Policy in the Current International Monetary and Financial System," Speech at the Jackson Hole Symposium 2019.

Choi, M., L. S. Goldberg, R. Lerman, and F. Ravazzolo (2022), "The Fed's Central Bank Swap Lines and FIMA Repo Facility," *Economic Policy Review*, Vol. 28 (1), pp. 93–113.

Doepke, M. and M. Schneider (2017), "Money as a Unit of Account," *Econometrica*, Vol. 85 (5), pp. 1537–1574.

Du, W., J. Im, and J. Schreger (2018), "The U.S. Treasury Premium," *Journal of International Economics*, Vol. 112, pp. 167–181.

Eichengreen, B. (2005), "Global Imbalances and the Lessons of Bretton Woods," Proceedings, Federal Reserve Bank of San Francisco, issue Feb.

Eichengreen, B. (2011), *Exorbitant Privilege: The Rise and Fall of the Dollar and the Future of the International Monetary System*, Oxford: Oxford University Press.

Eichengreen, B. and R. Hausmann (1999), "Exchange Rates and Financial Fragility," NBER Working Papers, No. 7418, National Bureau of Economic Research, Inc.

Eichengreen, B., R. Hausmann, and U. Panizza (2023), "Yet it Endures: The Persistence of Original Sin," *Open Economies Review*, Vol. 34 (1), pp. 1–42.

Financial Stability Board (FSB) (2022), "Global Monitoring Report on Non-Bank Financial Intermediation 2022," 20 December 2022.

Gopinath, G., E. Boz, C. Casas, F. J. Díez, P.-O. Gourinchas, and M. Plagborg-Møller (2020), "Dominant Currency Paradigm," *American Economic Review*, Vol. 110 (3), pp. 677–719.

Gopinath G. and P.-O. Gourinchas (2022), "How Countries Should Respond to the Strong Dollar," IMF BLOG, 14 October 2022.

Gopinath, G. and J. C. Stein (2021), "Banking, Trade, and the Making of a Dominant

Currency," *Quarterly Journal of Economics*, Vol. 136 (2), pp. 783–830.
https://www.imf.org/en/Blogs/Articles/2022/10/14/how-countries-should-re
spond-to-the-strong-dollar

Gourinchas, P.-O. and H. Rey (2007), "From World Banker to World Venture Capitalist: US External Adjustment and the Exorbitant Privilege," in: R. H. Clarida (ed.), *G7 Current Account Imbalances: Sustainability and Adjustment*, Cambridge, Mass.: National Bureau of Economic Research, pp. 11–66.

Hofmann, B., A. Mehrotra, and D. Sandri (2022), "Global Exchange Rate Adjustments: Drivers, Impacts and Policy Implications," BIS Bulletins 62, Bank for International Settlements, 01 November 2022.
https://www.bis.org/publ/bisbull62.htm

International Monetary Fund (IMF) (2023), "Geopolitics and Financial Fragmentation: Implications for Macro-Financial Stability," Global Financial Stability Report, Chapter 3, pp. 81–101.

International Monetary Fund (IMF) (2024), "World Economic Outlook Database: April 2024".
https://www.imf.org/en/Publications/WEO/weo-database/2024/April

Ito, H. and R. N. McCauley (2020), "Currency Composition of Foreign Exchange Reserves," *Journal of International Money and Finance*, Vol. 102 (C), article no. 102104.

Kindleberger, C. P. (1965), *Balance of Payments Deficits and the International Market for Liquidity*, Essays in International Finance, No. 46, Princeton: International Finance Section Princeton University.

Krugman, P. R. (1984), "The International Role of the Dollar: Theory and Prospect," in: J. F. Bilson and R. C. Marston (eds.), *Exchange Rate Theory and Practice*, Chicago: University of Chicago Press, pp. 261–278.

Matsuyama, K., N. Kiyotaki, and A. Matsui (1993), "Toward a Theory of International Currency," *Review of Economic Studies*, Vol. 60 (2), pp. 283–307.

Miranda-Agrippino, S. and H. Rey (2020), "U.S. Monetary Policy and the Global Financial Cycle," *Review of Economic Studies*, Vol. 87 (6), pp. 2754–2776.

Obstfeld, M. and H. Zhou (2023), "The Global Dollar Cycle," NBER Working Papers, No. 31004, National Bureau of Economic Research, Inc.

Perez-Saiz, H. and L. Zhang (2023), "Renminbi Usage in Cross-Border Payments: Regional Patterns and the Role of Swaps Lines and Offshore Clearing Banks," IMF Working Papers, No. 2023/077, International Monetary Fund.

Triffin, R. (1960), *Gold and the Dollar Crisis: the Future of Convertibility*, New Haven: Yale University Press.

終　章

新冷戦時代における日本経済の課題

福田　慎一

1. はじめに

　本書では，世界経済で地政学リスクが高まるなかで，日本経済がいかなる影響を受けてきたかを分析すると同時に，今後の日本経済のあるべき姿を考察した．長い間，低インフレが続いてきた日本でも，ようやく物価上昇が顕著となっている．そうしたなか，世界的な1次産品価格の上昇に加えて，円安の進行が国内物価の上昇をもたらし，国民生活の負担感を大きく高めている．原油や穀物などの1次産品は，他の産出物による代替の難しさなどの理由から，地政学リスクの影響を受けやすい．その多くを海外からの輸入に頼る日本では，次々に高まる地政学リスクを見据え，経済構造のあり方に対してさらなる改革が求められている．

　地政学リスクが高まる世界経済では，中露などの権威主義国家と欧米日などの民主主義国家との分断がこれまで以上に強まっている．また，アジア，アフリカ，中南米にある，かつては「開発途上国」と呼ばれていた国々の多くが，近年「グローバルサウス（Global South）」と呼ばれるようになり，国際社会で大きな存在感を持つようになってきている．世界は「新冷戦」ともいえる困難な状況に陥りつつあり，世界経済の構図をこれまでとは全く異なるものとしつつある．日本経済でも，従来から存在する課題に加えて，経済安全保障や防衛費の増大など，新しい課題にいかに対処していくべきか，問題は山積している．「新冷戦」という複雑化した国際社会のなかで，わが国

でも高まる地政学リスクを見据えた経済・社会活動のあり方に，これまでとは全く異なるアプローチで取り組んでいく必要がある．

　これまでも，地政学リスクは当事者国だけでなく，それ以外の国々にも少なからぬ負のインパクトを与えることはあった．中東地域で紛争が激化するたびに，原油価格が急騰し世界経済に冷や水を浴びせたことはその一例である．しかし，ロシア・ウクライナ戦争や米中対立のように，その負の影響が当事者以外の国々に幅広くかつ深刻な形で及ぶ事例は，おそらく歴史上初めてかもしれない．これは，今日のグローバル経済が，各国がサプライチェーンというさまざまな相互依存関係を構築することで発展してきたからである．その複雑な構造の下では，チェーンの一部が遮断されただけでも世界経済に甚大な影響が発生する．ましてや，ロシアは世界有数の資源大国である．中国も，多くの国々にとっていまや最大の貿易相手国の1つである．このため，これらの国々との貿易が遮断された場合，世界全体の需要と供給のバランスが崩れ，世界経済が大混乱となることは想像に難くない．

　地政学リスクが高まるなか，既存のサプライチェーンを見直し，特定の国々に依存しない新しいグローバルな生産体制を再構築することは，今日の日本経済が喫緊に取り組まなければならない大きな課題である．しかし，既存のサプライチェーンは，「分業」の利益を最大限に生かすという経済合理性の観点からこれまで時間をかけて構築されたもので，その再編は決して容易ではない．もちろん，国際的政治情勢がこれまで以上に複雑化するなかで，各国が経済合理性のみを追求して国家戦略を決めることは許されるものではない．ただ，経済的損失があまりにも大きければ，その国家戦略は長続きせず，結局は対立する国々を利することにもつながる．2022年4月に発表された国際通貨基金（IMF）の「世界経済見通し」のサブタイトルは，「戦争が世界の経済回復を後戻りさせる」であった．経済を後戻りさせないためにも，政治と経済のジレンマを克服するべく，各国政府には長続きする国家戦略とは何かを模索し，新冷戦時代における新しい世界経済の構造を作り上げていくことが求められている．

2. 実体経済への影響

　近年のグローバル経済の発展は，先進国と新興国が複雑なサプライチェーン構造で結ばれることで実現してきた側面が少なくない．このため，これまでの相互依存関係を破壊する「世界経済の分断」がもたらす経済的コストは甚大である．地政学リスクが高まるなか，既存の相互依存関係に代わる新しいグローバル社会に順応する経済構造を構築することは，各先進国が取り組まなければならない大きな課題である．特に日本では，地政学リスクが高まるなか，さまざまなリスクに耐えられる強靭な経済構造を構築することが喫緊の課題であり，その実現には，企業の国際競争力を高めると同時に，労働市場を抜本的に改革する必要がある．

　第1章「日本のサプライチェーン危機——新陳代謝不足と企業改革の方向性」（中村純一）は，このような問題意識から，日本企業の脆弱性は経済の新陳代謝不足にあったことを明らかにし，その解決には何が必要かを議論した．地政学リスクの高まりを受けて，企業レベルではサプライチェーンの複線化や在庫戦略の見直し，政府レベルでは生産拠点の国内立地を支援する政策が進められている．しかし，経済の新陳代謝によって日本企業の弱さを克服しない限り，根本的な解決にはつながらない．地政学リスクの時代に必要な経済の新陳代謝とは，赤字を垂れ流して延命している企業に凡庸な黒字企業が取って代わることではなく，凡庸な黒字企業に高収益・高成長企業が取って代わることである．企業統治改革や資本市場の規律付けによって，低収益・低成長の大企業がM＆Aによる大胆な事業の入れ替えを行い，内なる新陳代謝を通じて生産性を高めることが重要であるといえる．

　一方，第2章「変革期の労働分配率——賃金と物価の好循環は何をもたらすのか」（肥後雅博）は，日本経済がバランスの取れた持続的な成長を実現するための処方箋を，労働分配率という視点から考察した．長い間低下基調を続けてきた日本の労働分配率は，2015年以降，人手不足を背景として緩やかな上昇トレンドに転じた．しかし，2023年に入って，地政学リスク

が高まるなか，予想を上回るインフレ加速を受けた実質賃金の下落により，労働分配率は再び低下傾向にある．一部には，賃金の引き上げによる「賃金と物価の好循環」を期待する声もある．ただし，先行き，日本経済がバランスの取れた持続的な成長を実現するには，労働分配率の上昇を一定の範囲にとどめる必要がある．そのためには，設備投資の増加や，企業の新陳代謝を通じた労働生産性の向上や，グローバル化の果実のさらなる取り込みなど，「パイ」の拡大がカギといえる．

3. 金融・財政への影響

　従来からさまざまな構造問題を抱えてきた日本経済では，「新冷戦」とも呼ばれる地政学リスクの高まりのなかで，金融と財政の両面においても，他の主要国にはない新たな課題に直面している．複雑化する国際社会のなかで，長い間低迷が続く日本経済をいかに金融と財政の両面から再生し，持続的な成長経路に導いていくかは，決して解決の道筋をみつけることが容易な課題ではない．

　金融面では，新たな世界経済の構造に対応する金融市場の競争力強化が大きな課題である．過去30年余りの間，世界の金融市場に占める日本のプレゼンス低迷が顕著であった．時価評価で測った金融セクターの世界トップ20をみると，日本の金融機関は，1980年代末にはその半数以上を占めていたが，今日では1社もランク入りしていない．それには，バブル崩壊後の日本経済の低迷が大きく影響しているが，日本の金融市場の競争力の低下も一因である．このため，地政学リスクが高まるなかで，日本の金融市場の競争力強化に向けて，いかなる改革が必要かを考察することは重要である．

　第3章「銀行中心型システムの将来──日本社会の特性にあわせた改革」（随清遠）は，このような問題意識から，今日の金融仲介部門＝銀行が抱える課題を考察した．金融仲介部門では，近年，一部大手銀行を中心に収益の大幅な改善がみられている．しかし，その多くは海外業務への依存を反映したもので，必ずしも国内における金融仲介が効率的になったわけではない．

銀行中心型のシステムの有効性は，元本や利息の確実な返済の確保を起点としており，このシステムには優良企業ほど銀行を離れていくという自己否定的要素をはらんでいる．このため，日本の金融市場の競争力強化には，これまでの仕組みを抜本的に見直し，市場型金融システムへと移行することが重要であるといえる．

　第4章「金利上昇と流動性依存——SVB破綻から学ぶ金融緩和政策出口への備え」（長田健）は，預金保険制度，金利上昇，流動性依存という3つの要因に着目し，将来起こりうる銀行取付に対して，日本の銀行システムが十分に備えられているかの考察を行った．日本では，預金保険カバー率は90％を超えており，仮に金利の急上昇があったとしても，近年米国で起こったような銀行破綻は当面は心配ないと考えられる傾向にある．しかし，急激な金利上昇という要因や「流動性依存」の観点からは，日本経済も米国経済のようなリスクを蓄積している状態にあり，対岸の火事だと安心することはできない．金利上昇と流動性依存という2つの要因はいずれも量的金融緩和政策の解除と大きく関わっている．本章では，それらのメカニズムを整理し，それぞれの課題について議論した．

　一方，財政面では，財政赤字の累積をいかに食い止めるかが，これまで以上に重要な課題となっている．日本経済では，少子高齢化が急速に進展するなか，すでに財政赤字の累積はきわめて深刻なレベルに達している．そうしたなか，「新冷戦」とも呼ばれる地政学リスクが高まるなかで，増大する防衛費をどのように調達するかが新たな課題となっている．巨額に膨らんだ国債残高を鑑みれば，国債発行によって増大する防衛費を経常的に賄うことは適切でない．他方，防衛費を賄うための増税には，世論の反対は少なくない．限られた予算のなかで防衛費をいかに賄うか，見通しが全く立っていないのが実情である．

　第5章「財政の持続可能性——開放経済モデルによるグローバル分析」（山田潤司）は，このような問題意識から，開放経済の世代重複モデルを用いて日本の経済・財政の見通しを示した．自由な貿易と自由な国際資本移動を前提とした開放経済モデルでは，海外との貿易や資本移動が存在しない閉鎖経済モデルに比べて，将来の日本の経済成長は高まり，財政状況も改善す

るというメリットがある．しかし，仮に地政学的リスクの高まりによって世界の分断が進むようであれば，このメリットは失われ，日本の経済や財政の課題がこれまで以上に深刻化することになる．このため，高成長を実現し，財政を持続可能にするためには，生産性の上昇や税・労働制度の抜本的な見直しに加えて，人口減少と少子高齢化への対策を強化していくことが必要となる．加えて，地政学的リスクが高まるなかでも，海外経済とのつながりをいかに維持していくかが重要といえる．

4．金融政策への影響

　地政学リスクの高まりに端を発する世界的なインフレは，各国の金融政策のあり方にも大きな影響を及ぼした．他の主要国では，急速な物価上昇に対応してすでに大幅な利上げが実施された．これに対して，日本では，物価上昇が顕在化し始めたなかでも，超低金利政策が続けられた．しかし，円安が進行し，食料品やエネルギー関連など，日常生活に欠かせない品目で大きな価格上昇が発生するなか，日本でも金融政策をいかに正常化させるかが大きな課題となっている．わが国の場合，他の主要国とは異なり，物価高の下でも従来からのデフレマインドが完全に解消されたわけではない．このため，インフレ下でもデフレマインドが残るというジレンマを抱えたまま，いかなる金融政策のかじ取りが望ましいか，日本銀行も難しい課題に直面している．

　第 6 章「植田総裁の下での金融政策の新たな船出――自然言語処理は何を教えてくれたか」（慶田昌之）は，このような問題意識から，黒田総裁から植田総裁への交代の時期における総裁定例記者会見の発表文書について，自然言語処理のひとつであるトピック分析によって，日本銀行の政策スタンスの変化を把握することを試みた．分析の結果，白川総裁から黒田総裁への交代の時期（2013 年）と類似した変化があることが見出された．一方，今回の変化（黒田総裁から植田総裁への交代）は 2013 年の時期と比較して，ドラスティックではないこと，また植田総裁に特有のトピックが検出されることがわかった．特に，マイナス金利政策の解除（2024 年 3 月）が目前に迫ってい

た時期に得られたトピック分析の結果をもとに，「マイナス金利」という単語が総裁の発言に現れていたかを検討したところ，「マイナス金利」は記者の質問には多く出てくるにも関わらず，総裁が回答部分で意図的に使用することを避けている可能性を確認できた．

　もっとも，世界的インフレの下で各国の為替レートが大きく変動するなかでも，各国の金融政策が為替レートに与えた影響は限定的であったという見方が一般的である．特に，米国の長期金利が大きく上昇した局面では，米国の長期金利は各国の為替レートに大きな影響を与えた一方，各国の金融政策は米ドルの増価を反転させる上で有効ではなかった．これは，世界的に不確実性が高まるなか，予想以上に急速に行われた米国の金融政策の引き締めにより国際金融市場において米ドル不足が顕在化したことが大きな要因であった．

　かつては，グローバルな危機が発生した場合，米ドルだけでなく，日本円やスイスフランなども，しばしば逃避先（safe haven）としての役割を果たすこともあった．しかし，今日，米ドルが唯一の逃避先としての役割を果たすことが多くなっている．その背景には，米国が，依然として世界最大の経済大国であるというだけでなく，地政学的リスクが高まるなかで，政治と軍事いずれの面でも他国を圧倒する覇権を握っていることがある．また，世界的に資源や食糧の供給に不確実性が高まるなか，エネルギー・食料の生産国であることも，その国際通貨としての支配的な地位の裏付けとなっていると考えられる．

　第7章「基軸通貨と世界経済の構造変化——高まる地政学リスクとドル一極集中の行方」（丸尾優士）は，このような問題意識から，地政学リスクが高まりつつある世界経済における米ドルの基軸通貨としての地位を再考察した．米ドルが世界の基軸通貨としての地位を築いた背景には，米国の経済力や信用力の高さだけでなく，その存在が世界経済の成長や国際金融システムの安定のために重要であるという考え方が各国当局や民間主体の間で共有され，実際にその便益を得てきたことがある．また，新興国の台頭や金融規制の強化といった近年の構造変化が，基軸通貨である米ドルへの需要を下支えしてきた．これら米ドル需要の背後にある経済的なメカニズムは強固なも

のであり，米ドルを基軸通貨とする構造が今後も継続する可能性は高いことが明らかにされた．

5．物価高の下でのデフレマインド

　世界的なインフレが進行するなか，これまで値上げが限定的であった日本でも物価の上昇が徐々に顕著となり，それに対して各方面からさまざまな懸念が示されている．しかし，一時は 10% 近いインフレ率を記録した欧米の主要国と比べると，日本のインフレ率は比較的緩やかであった．総務省が発表する消費者物価指数は，生鮮食品を除く総合指数の前年同月比が 2023 年 1 月には 4.2% に達し，1981 年 12 月以来 41 年ぶりの上昇幅となった．政府日銀が目標とする 2% を大幅に超えた形で，長年物価が低迷してきた日本経済についにインフレの時代が来たとの論調が広がっている．ただ，現在の物価上昇はエネルギーや食料品などの輸入価格が上昇したことによるコスト・プッシュ・インフレで，それによって日本国内のデフレマインドが真の意味で払しょくされたとは言い難いのが実情である．また，世界的にインフレが進行するなかで，その深刻さは他の先進国に比べると小さいものであった．

　かつての日本経済では，原油価格などエネルギー価格が上昇すると，消費者物価が大きく上昇することが少なくなかった．1973 年に発生した第 1 次石油ショックや 1978 年に発生した第 2 次石油ショックは，その典型的な出来事である．特に，第 1 次石油ショックでは，消費者物価指数の対前年比増加率が 1974 年には 20% を超え，のちに「狂乱物価」といわれる深刻な物価上昇が発生した．これら 2 回の石油ショックはいずれも供給サイドの要因でコスト・プッシュ・インフレが発生し，それが深刻な景気の低迷につながるスタグフレーションを引き起こしたといえる（図終-1）．

　このようなかつて見られたエネルギー価格と一般物価との密接な関係は，1990 年代以降はっきりとしなくなっている．これは，部分的には，省エネや代替エネルギーへの転換など，エネルギー価格の変動に影響を受けにくい構造に日本経済が変化したことも一因である．しかし，エネルギー価格は，

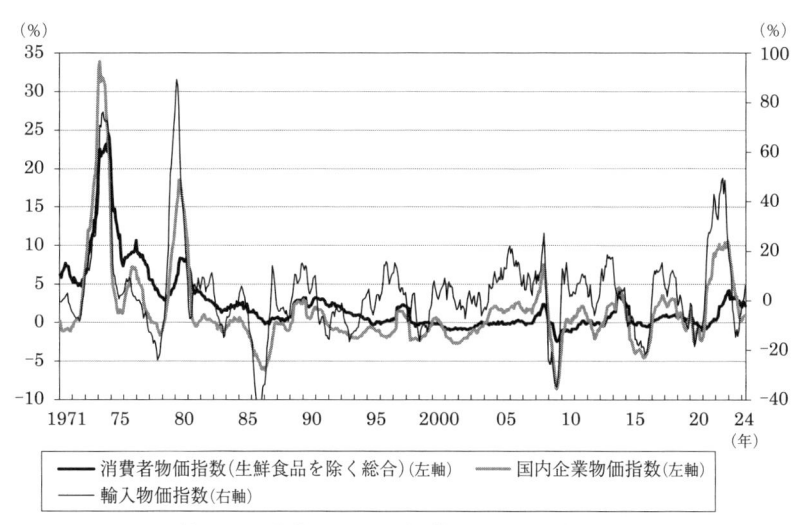

図終 - 1　物価指数の上昇率（対前年同月比）の推移

出所）国内企業物価と輸入物価指数は日本銀行．消費者物価指数は総務省．

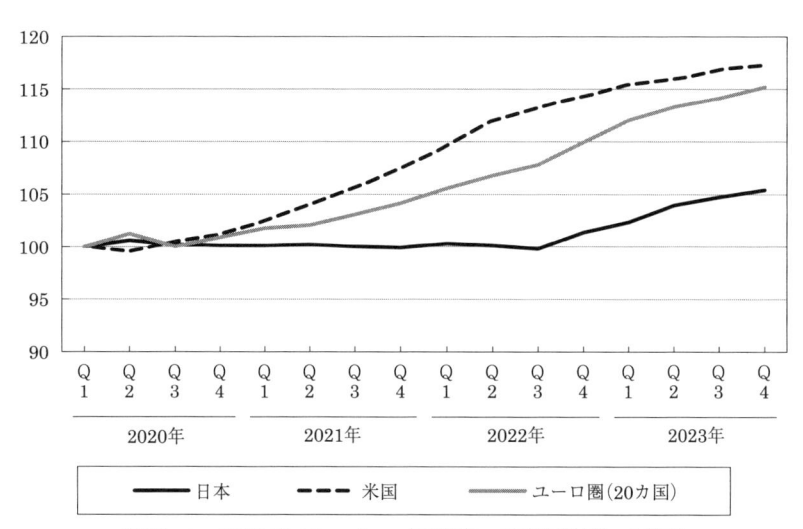

図終 - 2　GDP デフレーター（四半期，季節調整値）の推移

注）2000 年第 1 四半期を 100 と正規化．
出所）内閣府・経済社会総合研究所および OECD stat.

国内企業物価など「川上」での物価とは依然として一定の関係がみられるの
に対して，消費者物価指数など「川下」の物価との関係は希薄となってきた．
このことは，「川上」での物価の変化が「川下」の物価に波及しにくくなっ
ている「デフレ経済」の構造が，問題を考える上でより重要となってきたこ
とを示唆している．

　実際，国内付加価値の物価指数であるGDPデフレーターの動きをみると，
その前年同期比は2022年第4四半期以降大きなプラスに転じているものの，
その累積的な上昇幅は依然として限定的である．これは，国内企業が輸入物
価の上昇を国内販売価格に十分に転嫁できていない実態を如実に示している．
世界的にインフレが顕在化するなか，日本とは対照的に米国や欧州では，消
費者物価指数だけでなくGDPデフレーターも大きく上昇した．2000年第1
四半期を100と正規化した場合，約4年間で日本は5%余りの上昇にすぎな
かったが，ユーロ圏では14%余り，米国では17%余り上昇している（図終
-2）．特に米国では，2022年第1四半期と第2四半期のGDPデフレーター
が前期比（年率換算）でそれぞれ8.3%と9.0%と大幅な上昇率を記録した．
米国経済では，賃金と物価の上昇スパイラルが深刻となるなかでも，企業が
コスト上昇分を国内販売価格に転嫁できたことの証左である．

　エネルギー価格が上昇しても極端なスタグフレーションにならない日本の
状況は，一見好ましく思えるかもしれない．しかし企業は，販売価格の引き
上げによってコスト上昇の影響を軽減している面がある．それができないわ
が国の経済構造は，他の先進諸国以上に，コスト上昇が企業活動に大きなダ
メージを与える可能性があることを意味する．この構造は，他の先進国と比
べて，賃金が上昇しにくい環境も生み出し，人々の生活に負のスパイラルを
生み出している．このような「デフレ」構造は，コロナ以前からわが国の抱
えてきた構造的な課題である．

　足元のデータをみても，わが国では，消費者物価指数の上昇に賃金の上昇
が追いついてこなかった．厚生労働省「毎月勤労統計調査」によれば，物価
変動の影響を除いた実質賃金の上昇率は，2022年春以降，対前年同期比で
マイナスが続いた．このような賃金上昇を伴わない物価上昇は，必然的に消
費マインドを悪化させる．各種サーベイ調査でも消費者のマインドは，コロ

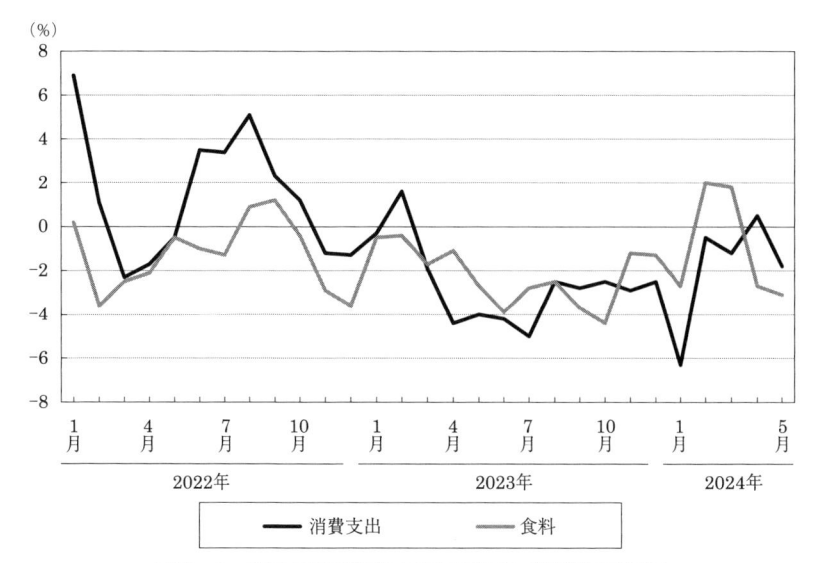

図終 - 3　家計の実質消費支出の変化率（対前年同期比）

出所）総務省「家計調査（家計収支編）」の 2 人以上の世帯.

ナ禍から経済が回復する過程でも一進一退の状況を続けた．総務省「家計調査」における消費支出も，物価の影響を取り除いた実質値では，2022 年 11 月以降のほとんどの月で対前年比がマイナスとなっていた．その傾向は，生活必需品である「食料」の消費支出でも顕著であった（図終-3）.

　生活必需品を中心に値上げが広がるなか，わが国でも物価高騰対策は国民の大きな関心事である．しかし，日本経済に真に必要な対策は，物価が上昇しても消費意欲が低下しない強靭な経済構造を作り上げることである．それに向けた構造改革は，すぐに成果が出るものではない．しかし，デフレマインドという負のスパイラルから抜け出すには，経済の新陳代謝を促すことで，より競争力のあるセクターへ労働力や資金を再配分することが不可欠である．そのような構造改革を大胆に行うことが，結果的には国民生活を豊かにするための早道である.

6.　金融政策の新局面

　国際通貨基金（IMF）が 2024 年 2 月，対日経済審査の終了に伴って，今後の日銀の金融政策に関する声明を発表した．声明では，短期金利の引き上げを「段階的に慎重なペースとタイミング」で行う必要があると提言した．その直後の 2024 年 3 月，日銀はマイナス金利政策や長短金利操作（イールドカーブ・コントロール）を終了し，金利がプラスに推移する「普通の金融政策」への移行が始まった．マクロ環境の大きな変化を受けて，日銀による異次元の金融緩和政策も大きな転機を迎えつつあるといえる．しかし，マイナス金利政策が終了した後も，超低金利政策や 2% のインフレ目標については引き続き堅持される見込みである．日本に根強く残るデフレマインドの下では，欧米の主要国のような大胆な利上げは難しいのが実情である．

　日本のデフレマインドの背景にあるのは，人口減少や財政赤字をはじめとする構造的な問題であり，それによる生産性の低迷については金融政策で変えられるものではない．デフレマインドは，政府と日銀が一体となって取り組まなければ決して解決できないと言ってよく，日銀の新体制には政府とのコミュニケーションをしっかりとっていくことが必要である．大規模な金融緩和の効果に関しては，その副作用も含めて依然としてさまざまな見方が存在するが，確固としたエビデンスに基づいて建設的に意見を伝え合いながら議論を深めていく必要があるといえる．

　現在の異次元緩和については，保有する大量の国債を売却すれば市場で大きな混乱が生じる可能性が高いだけに，新体制移行後も急激な変更は難しく，植田総裁は任期全体の間で時間をかけて正常化を模索していくしかない．ただ，異次元緩和によって日本経済の資金の流れが大きく歪んできたことも事実である．現状の日本は，家計金融資産が 2,000 兆円超あるものの，その半分以上が銀行や日銀を通じて国債を買う構図になっている．それによって，本来は民間企業（民間非金融法人企業）に向かうべきお金が，政府セクターに回る歪んだ資金の流れが生まれている．これは，家計資産の大半が，銀行を

通じて民間企業に流れていた 1980 年代までとは大きな違いである．日銀の今の金融政策がなければ，そもそも国はこれほどの国債は発行できなかったといえる．巨額の財政赤字が累積の一途をたどり，日本で長期金利が上昇しないのもこのためである．そのような異常な事態を金融政策が結果としてサポートしてしまっている面があることも，日銀の新体制は認識して政策運営を行う必要がある．

7. 熱狂なき株価上昇

　2023 年以降，日本では株価の急上昇が起こった．2023 年年初には 25,000 円台であった日経平均株価は，約 1 年後の 2024 年 1 月に 35,000 円を突破，その後も上昇を続け，同年 3 月には 40,000 円を超えた．これは，1990 年につけたバブル経済期のピーク水準を約 34 年ぶりに上回る高値である．その後，株価はしばしば調整局面にも見舞われているが，それでも 2024 年 7 月の段階では依然として高値を維持している．

　ただ，現在の日本では，不思議と人々の間にバブル経済の際にみられた高揚感はみられない．バブル経済と呼ばれた 1980 年代後半から 90 年代初頭の日本では，「ジャパン・アズ・ナンバーワン」というフレーズに象徴されたように，人々の将来見通しは異常なまでに楽観的であった．収入が右肩上がりに上昇するなか，多くの人々は，金銭感覚が麻痺したのではないかと思われるほど好景気に酔い，高額な消費にお金を使った．これに対して現在の日本では，株価が高騰する下でも，経済に明るい将来見通しを持っている人々はほとんどいない．

　内閣府の「消費動向調査」など各種サーベイの結果をみても，消費者態度指数（2 人以上の世帯，季節調整値）は，このところやや改善傾向にあったとはいえ，依然としてその値は 40 を下回っており，「悪い」という答えが「良い」という答えを大きく上回ることを示唆する（図終-4）．これは，バブル経済の際の意識とは大きく異なるものである．足元の国内個人消費の動向でも，物価の影響を取り除いた実質ベースでは，対前年比で減少する月が目立つ．

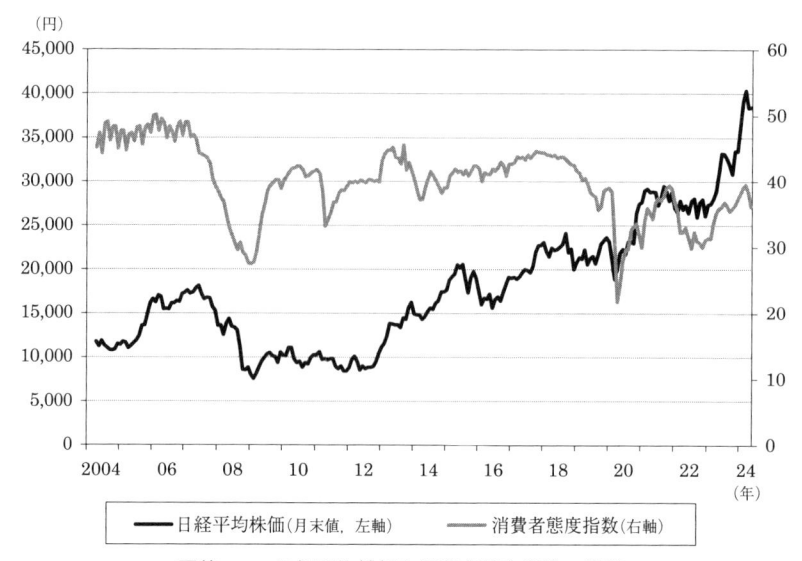

図終-4　日経平均株価と消費者態度指数の推移

注）消費者態度指数は，2人以上の世帯の季節調整値.
出所）日本経済新聞および内閣府・経済社会総合研究所「消費動向調査」.

堅調な経済成長のもと，個人消費が実質ベースで毎年大きく上昇し続けたバブル経済とは好対照である.

　国内で消費者意識が高まらない理由の1つは，足元の高い物価上昇に賃金上昇が追いついていないことも一因である. いくら株価が上昇しても，賃金上昇率が物価上昇率を大きく下回れば，消費者の財布の紐はおのずと固くなる. しかし，日本経済が抱える構造的な問題が，消費者意識が高まらないより重要な理由といえる. コロナ禍を経て，少子高齢化はこれまで以上のスピードで進行することが見込まれる. その一方，政府債務残高は，すでにGDP（国内総生産）の2.5倍を超える巨額なものとなってしまった. 社会保障費が今後さらに増大するなか，財政健全化は夢のまた夢である. そうしたなか，明るい将来見通しを持って消費を拡大する人々がほとんどいないのは無理からぬことだ.

　それではなぜ，日本で株価が高騰しているのであろうか. その最大の要因は，日本経済がさまざまな面でグローバル化したことである. その結果，国

内の経済活動と日本の企業活動との間に「デカップリング」が発生し，国内経済が盛り上がりを欠くなかでも，日本企業の利益や株価がそれとは無関係に上昇する傾向が生まれた．

　国内の個人消費が低迷するなかでも，日本企業の業績は2023年度は好調であった．多くの上場企業で，純利益が過去最高を更新した．これは，対外直接投資やサプライチェーンの強化によって，コスト削減と海外での売上増加を着実に実現してきたことの果実である．その結果，足元で急速な円安が進行すると，海外向けの輸出が利益を大きく押し上げた．また，円建てで評価した企業の対外資産価値が上昇したことも，株価を押し上げる要因になった．

　日本国内でも，訪日外国人観光客数の急回復が，旅行や流通・小売りなどの業種の利益を押し上げた．コロナ禍で激減した訪日外国人旅行者数は，パンデミックが終息に向かうにつれて，2023年以降急速に回復した．中国からの来訪数は本格的な回復には至らなかった．しかし，他地域からの入国は総じて大きく増加し，特に韓国からの観光客数は大きく増加した．国内の個人消費が盛り上がりを欠くなかでも，訪日外国人観光客が国内需要の支えとなり，関連銘柄を中心に株価を押し上げたといえる．

　さらに，株式市場自体でも，海外投資家の旺盛な買いが株価を押し上げた．東京証券取引所が公表するデータによれば，2023年は国内の法人や個人が大きく売り越した一方，外国人投資家は日本株を大きく買い越した．この傾向は，2024年に入っても続いた．株価がバブル経済以来の高値となるなかでも，国内投資家は慎重な見方を崩していなかった．それにもかかわらず，海外投資家の旺盛な買い圧力で，日本の株価は大きく上昇したといえる．

　もっとも，グローバル化の進展は，日本経済にとって諸刃の剣でもある．なぜなら，グローバル化は，対外環境が良い場合には好循環をもたらすが，逆の場合には悪循環を起こしうるからである．当面は，企業の対外進出や外国人観光客の増加が，日本企業を潤す可能性が高い．しかし，企業の対外進出は，サプライチェーンがひとたび分断されると，深刻な国内生産の停滞を招く．訪日外国人観光客数も，これまで何度も外交関係の悪化の影響で急減することがあった．日本経済は，これまで以上に地政学リスクの影響を受け

やすくなっているといえる.

　株式市場でも，旺盛な海外投資家の買いがいつ反転するかはわからない. 2023 年以降，好調な米国株からの波及効果に加えて，中国経済への懸念から資金が中国からシフトし，外国人投資家による日本株買いを誘発してきた. 急速な円安で，日本株が外国人投資家にとって割安になったことも追い風であった. しかし，同様のことが今後も続く保証は必ずしもない. 株式市場でそれまで大幅な買い越しだった海外投資家が，突如大幅な売り越しに転じたことは，これまでも珍しいことではなかった.

　グローバル化が，日本経済に大きなプラスの効果をもたらしてきたことは間違いない. しかし，日本は，その恩恵が続いている間に，国内の経済基盤を強化し，国内の経済活動を活性化させることが重要である. 長らくデフレが続いてきた日本でも，物価が上昇し，デフレ脱却への期待が高まっている. しかし残念ながら，国内の消費者意識は依然として高まっていない. 日本経済が抱える構造的な問題を解決し，物価上昇に負けない生産性の向上を実現していくことが，今の日本経済には強く求められている.

8.　おわりに

　世界各国は，従来からさまざまな構造的な問題を抱えてきた. しかし，日本経済が抱える構造的な問題は，他の先進主要国と比べてもはるかに深刻である. 地政学リスクが高まるなか，日本では，先送りされてきた財政再建や社会保障改革，大規模な金融緩和からの出口戦略，人口減少に伴う人手不足といったさまざまな問題を解決することが喫緊の課題となっている. また，長らくデフレ基調が続いてきた日本でも生活必需品を中心に物価が急騰するなど，さまざまな歪みが新たに発生しつつある. 日本経済は，従来からの課題に加えて，新たな課題に直面し，大きな転機を迎えつつあるといえる.

　残念ながら，世界経済の地政学リスクが収まる光明は一向にみられない. そうしたなか，これまでのサプライチェーンを大胆に見直し，急激な為替レートや資源価格の変動に耐えられるような経済構造を構築することが強く求

められている．新時代のグローバル経済に対応する構造改革と，それによる生産性の向上が，わが国では急務である．その実現には，中長期的な観点から，どのような産業を拡大し，どのような産業を縮小させるかのメリハリも必要になる．ただ，その実現には，場合によって痛みを伴う改革も必要となる．

　これまでの経済政策では，当面の課題を解決するという立場からバラマキ的な政策も少なくなかったという印象は否めない．その結果，持続的な成長につながる経済の新陳代謝は，諸外国に比べて大きく遅れてしまった．今後は，中長期的な観点から日本経済が抱える病巣をもう一度見直し，一貫性のある政策を続けることが強く求められている．政府には，これまで以上に経済の構造改革に真剣に取り組む姿勢が強く求められている．

　今日の世界経済では，イノベーション（技術革新）を真っ先に実現した企業が，その後も市場で大きなシェアを持ち続ける傾向が顕著となっている．これは，ネットワークの外部性によって，性能そのものよりも「多くの人が使っているから便利」といった理由で利用者が増え続ける財・サービスが多くなっているからである．このため，世界各国の企業は，先行者の利益を確保しようと，これまで以上に革新的な技術開発に血眼になって取り組むようになってきた．残念ながら，これまでの日本では，企業が当面の利益を確保するため，賃金だけでなく，当面の利益に結びつきにくい研究開発を抑制し続けてきた．その結果，資金余剰を膨らませた日本企業は，先進的な技術開発に後れを取り，その国際競争力を徐々に低下させていった．近視眼的なコストカット体質が，日本経済を縮小均衡に導いてしまったといえる．

　日本経済で好循環を実現する上での急務の課題は，革新的なイノベーションこそが持続的な成長の源泉であるという問題意識を改めて共有し，縮小均衡につながってきた体質を大胆に見直すことである．それには，巨額な余剰資金を当面の賃上げにだけ使うのでなく，先を見据えた革新的な研究開発に大胆に投じていくことが不可欠である．それが結果的には，急激な外的環境の変化に耐えられるような強靭な経済構造を構築し，新たな技術大国という拡大均衡へ日本経済を導くものといえる．

索　引

編者・執筆者紹介

[編　者]

福田　慎一（ふくだ　しんいち）　序章，終章

東京大学大学院経済学研究科教授．1960 年，石川県生まれ．東京大学経済学部卒業．
1989 年，イェール大学より Ph.D.（経済学）取得．横浜国立大学経済学部助教授，一
橋大学経済研究所助教授，東京大学大学院経済学研究科助教授を経て，2001 年より
現職．現在，一般財団法人日本経済研究所理事および東京大学先端科学技術研究セン
ター教授を兼務．専門はマクロ経済学，金融，国際金融．
〈主要業績〉
『コロナ時代の日本経済——パンデミックが突きつけた構造的課題』編著，東京大学
　　出版会，2022 年．
『金融論——市場と経済政策の有効性［新版］』有斐閣，2020 年．
『技術進歩と日本経済——新時代の市場ルールと経済社会のゆくえ』編著，東京大学
　　出版会，2020 年．
『21 世紀の長期停滞論——日本の「実感なき景気回復」を探る』平凡社新書，2018 年．
『金融システムの制度設計——停滞を乗り越える，歴史的，現代的，国際的視点から
　　の考察』編著，有斐閣，2017 年．
『「失われた 20 年」を超えて』（シリーズ世界のなかの日本経済：不確実性を超えて）
　　NTT 出版，2015 年．

[執筆者]（掲載順）

中村　純一（なかむら　じゅんいち）　第 1 章

東洋大学経済学部経済学科教授．1966 年，東京都生まれ．1989 年，慶應義塾大学経
済学部卒業．1993 年，東京大学大学院経済学研究科修士課程修了．修士（経済学）．
1989 年，日本開発銀行（現・日本政策投資銀行）入行．一橋大学経済研究所経済制
度研究センター准教授，日本政策投資銀行設備投資研究所副所長などを経て，2023
年より現職．専門は企業金融，設備投資，日本経済．
〈主要著書〉
"A 50-year History of 'Zombie Firms' in Japan: How Banks and Shareholders Have
　　Been Involved in Corporate Bailouts?" *Japan and the World Economy,* Vol. 66,
　　article no. 101188, 2023.

Japanese Firms During the Lost Two Decades: The Recovery of Zombie Firms and Entrenchment of Reputable Firms, Springer, 2017.

"Why Did 'Zombie' Firms Recover in Japan?" with Shin-ichi Fukuda, *World Economy*, Vol. 34 (7), pp. 1124-1137, 2011.

肥後 雅博（ひご まさひろ） 第2章

東京大学大学院経済学研究科教授．1965年，北海道生まれ．1988年，東京大学理学部地球物理学科卒業．1990年，東京大学大学院理学系研究科修士課程修了．修士（地球物理学専攻）．1997年，ミシガン大学 M.A.（経済学専攻）．1990年，日本銀行入行．調査統計局物価統計課長，国際局国際調査課長，調査統計局参事役（統計担当），総務省参与・統計委員会担当室次長，日本銀行京都支店長を経て，2020年から現職．専門は経済統計．

〈主要著書〉

『統計　危機と改革――システム劣化からの復活』（西村清彦，山澤成康との共著）日本経済新聞出版社，2020年．

"Constructing Building Price Index Using Administrative Data," with Yumi Saita, Chihiro Shimizu, and Yuta Tachi, *Journal of Official Statistics*, Vol. 39 (2), pp. 229-251, 2023.

"What Caused the Downward Trend in Japan's Labor Share?" *Japan and the World Economy*, Vol. 67, article no. 101206, 2023.

随　清遠（ずい せいえん，Qing-yuan Sui） 第3章

横浜市立大学国際商学部教授．1962年，中国天津市生まれ．1986年，筑波大学第三学群社会工学類卒業．1992年，東京大学大学院経済学研究科博士課程修了．東京大学より博士（経済学）取得．東京都立大学助手，横浜市立大学商学部講師・助教授を経て現職．専門は金融論．

〈主要業績〉

「中国の経済成長と国際資本移動」『フィナンシャル・レビュー』第137号，110-136頁，2019年．

「銀行の配当政策と不良債権処理」『金融経済研究』第41号，19-39頁，2018年．

Money and Government: A Study of China and Japan from a Historical Perspective, Springer, 2022.

長田　健（おさだ　たけし）　第 4 章

埼玉大学大学院人文社会科学研究科・経済学部教授. 1980 年, 山梨県生まれ. 2004 年, 一橋大学商学部卒業. 2009 年, 一橋大学大学院商学研究科単位取得満期退学. 2011 年, 一橋大学より博士（商学）取得. 2008 年, 日本学術振興会特別研究員 （DC2・PD）. 2010 年, 一橋大学商学研究科特任講師. 2011 年, 西武文理大学サービス経営学部専任講師. 2015 年, 埼玉大学大学院人文社会科学研究科・経済学部准教授. 2022 年より現職. 専門は銀行論, 金融.

〈主要業績〉

『日本金融の誤解と誤算——通説を疑い検証する』（伊藤修・植林茂・鵜飼博史との共編著）勁草書房, 2020 年.

「資本注入政策のキャピタル・クランチ促進効果」『金融経済研究』第 31 号, 49-68 頁, 2010 年.

"Banks Restructuring Sonata: How Capital Injection Triggered Labor Force Rejuvenation in Japanese Banks," with Kazuki Onji and David Vera, *B. E. Journal of Economic Analysis & Policy*, Vol. 17 (2), pp. 1-25, 2017.

山田　潤司（やまだ　じゅんじ）　第 5 章

富山大学経済学部准教授. 1982 年, 広島県生まれ. 2006 年, 東京大学経済学部卒業. 2012 年, 東京大学大学院経済学研究科博士課程単位取得退学. 修士（経済学）. 2012 〜 2015 年, 富山大学経済学部講師. 2015 年より現職. 専門はマクロ経済学, 日本経済.

〈主要業績〉

「多世代重複モデルを使った財政の維持可能性の検証」『フィナンシャル・レビュー』第 144 号, 61-72 頁, 2021 年.

"The Growth Strategy of Abenomics and Fiscal Consolidation," with Kensuke Miyazawa, *Journal of the Japanese and International Economies*, Vol. 37, pp. 82-99, 2015.

慶田　昌之（けいだ　まさゆき）　第 6 章

立正大学経済学部准教授. 1974 年, 東京都生まれ. 上智大学経済学部卒業. 東京大学大学院経済学研究科修士課程修了. 東京大学大学院経済学研究科博士課程満期退学. 修士（経済学）. 2009 〜 2016 年, 立正大学経済学部専任講師. 専門はマクロ経済学, 金融論, 国際金融.

〈主要業績〉

"How Loud is a Soft Voice? Effects of Positive Screening of ESG Performance on the Japanese Oil Companies," with Yosuke Takeda, RIETI Discussion Paper Series 24-E-002, 2024.

"The Art of Central Bank Communication: A Topic Analysis on Words used by the Bank of Japan's Governors," with Yosuke Takeda, RIETI Discussion Paper Series 19-E-038, 2019.

"A Semantic Analysis of Monetary Shamanism: A Case of the BOJ's Governor Haruhiko Kuroda," with Yosuke Takeda, RIETI Discussion Paper Series 17-E-011, 2017.

丸尾 優士 （まるお ゆうじ） 第 7 章

日本銀行企画局企画役．1981 年，山口県生まれ．2005 年，東京大学経済学部卒業．2015 年，ボストンカレッジ経済学修士．2005 年，日本銀行入行．調査統計局，金融市場局，国際局，決済機構局，総務人事局，ニューヨーク連邦準備銀行（出向）などを経験．現在は企画局．

地政学的リスクと日本経済
新たな冷戦時代における構造改革

2024 年 9 月 24 日　初　版

［検印廃止］

編　者　福田慎一

発行所　一般財団法人　東京大学出版会

代表者　吉見俊哉

153-0041 東京都目黒区駒場 4-5-29
https://www.utp.or.jp/
電話　03-6407-1069　Fax 03-6407-1991
振替　00160-6-59964

印刷所　株式会社三秀舎
製本所　牧製本印刷株式会社

ここに表示された価格は本体価格です．ご購入の
際には消費税が加算されますのでご了承ください．